Die Entstehung und Entwicklung
des modernen chinesischen Kunstlieds
unter dem Einfluss des deutschen Lieds
(1920–1940)

Dissertation zur Erlangung des Doktorgrades
an der der Fakultät „Musik", Universität der Künste Berlin

Bibliografische Information der Deutschen Nationalbibliothek
Die Deutsche Nationalbibliothek verzeichnet diese Publikation in der
Deutschen Nationalbibliografie; detaillierte bibliografische Daten sind
im Internet über http://dnb.d-nb.de abrufbar.

978-3-95983-119-2 (Paperback)
978-3-95983-120-8 (Hardcover)

© 2018 Schott Music GmbH & Co. KG, Mainz

www.schott-campus.com

Alle Rechte vorbehalten
Nachdruck in jeder Form sowie die Wiedergabe durch Fernsehen,
Rundfunk, Film, Bild- und Tonträger oder Benutzung für Vorträge,
auch auszugsweise, nur mit Genehmigung des Verlags.

Jingyu Zhang

Die Entstehung und Entwicklung des modernen chinesischen Kunstlieds unter dem Einfluss des deutschen Lieds (1920–1940)

INHALT

Einleitung		5
Danksagung		11
Technische Hinweise		12

1	DER KUNSTLIEDBEGRIFF IN CHINA	15
1.1	Die Übersetzung des Begriffs ins Chinesische	15
1.2	Inhaltliche Definition des Begriffs »Kunstlied«	20
1.3	Exkurs: Das altertümliche chinesische Kunstlied	33

2	QING-ZHU UND HUA-LI-SI (IRMGARD HEINRICH) – DAS ERSTE MODERNE CHINESISCHE KUNSTLIED	39
2.1	Einleitung	39
2.2	Biographien	40
2.3	Qing-Zhus ästhetische Gedanken über das Kunstlied	49
2.4	Analyse der Kunstlieder von Qing-Zhu	55
2.5	Qing-Zhus deutsche Ehefrau Hua-Li-Si und ihre chinesischen Kunstlieder	80

3	XIAO YOU-MEI – DAS KUNSTLIED UND DIE NEUE MUSIKERZIEHUNG IN CHINA	89
3.1	Einleitung	89
3.2	Biographie	90
3.3	XIAO You-Meis Betrag zur Entwicklung des chinesischen Liedes	104

4	DIE LIEDER VON ZHAO YUAN-REN – LINGUISTIK TRIFFT KOMPOSITION	129
4.1	Einleitung	129
4.2	Biographie	130
4.3	Zhaos Beitrag zur Entwicklung des chinesischen Kunstlieds	135

5	HUANG ZI UND SEINE SCHÜLER – DIE BLÜTEZEIT DES MODERNEN CHINESISCHEN KUNSTLIEDS	159
5.1	Einleitung	159
5.2	Biographie	159
5.3	HUANG Zis Beitrag zur Entwicklung des chinesischen Kunstliedes	170
5.4	Die Schüler von Huang Zi und ihre Bedeutung für die Entwicklung des chinesischen Kunstliedes	190
6	TAN XIAO-LIN – DER CHINESISCHE SCHÜLER VON PAUL HINDEMITH	201
6.1	Einleitung	201
6.2	Biographie	202
6.3	Die Kunstlieder von TAN Xiao-Lin und sein Beitrag für die Verbreitung der modernen deutschen Kompositionstechnik in China	206
6.4	Analyse von TAN Xiao-Lins Kunstliedern am Beispiel von *Bieli*	207
6.5	Anforderungen an Sänger und Begleitung	219
7	ABSCHLIEßENDE BEMERKUNGEN	223
7.1	Zusammenfassung	223
7.2	Ausblick	232

ANHANG	233
Abbildungsverzeichnis	233
Verzeichnis der Notenbeispiele	237
Noteneditionen	239
Literaturverzeichnis	241

Einleitung

Der Meister sprach: »Es ist durch die Lieder,[1] dass der Geist erweckt wird. Es ist durch die Formen, dass der Charakter gebildet wird. Es ist durch die Musik, dass die Vollendung erreicht wird.«[2]

Der chinesische Philosoph Konfuzius sprach diesen berühmten Lehrsatz vor ca. 2500 Jahren, er belegt die weit zurückreichende Kultur im Bereich der musikalischen Lyrik in China. Die chinesische Dichtkunst blickt auf eine Jahrtausende alte Hochkultur zurück. Durch die Besonderheit der chinesischen Sprache als Tonsprache, bei der die Betonung der Silben eine bedeutungsgebende Funktion hat, weisen die klassischen chinesischen Gedichte eine Sprachmelodie auf, die ihnen eine originäre Schönheit verleiht und zur Entwicklung besonderer Rezitationsmethoden und -melodien führte. So hat gesungene Lyrik als Kunstform in China eine über 2000-jährige Geschichte, darunter beispielsweise die bis heute überlieferten Lieder des »Qin ge« aus der Song-Dynastie (960–1279 n. Chr.), die ein ganz ähnliches Konzept aufweisen wie das klassische westliche Kunstlied. Als Vertonung klassischer Gedichte für Solostimme und instrumentale Begleitung dienten sie dem intellektuellen Bürgertum zum Ausdruck persönlicher Empfindungen sowie dem gedanklichen Austausch.

In den 1920er Jahren entstand unabhängig davon die Kunstform des modernen chinesischen Kunstlieds in China. Es hat seine Wurzeln im deutschen Kunstlied, welches in China auf fruchtbaren Boden traf und sich in den Folgejahren rasch weiterentwickelte. Es entstanden neue chinesische Lieder von höchstem künstlerischen Niveau, die trotz Ächtung zu Zeiten der Kulturrevolution bis heute sowohl bei Musikern als auch in der Bevölkerung bekannt und beliebt sind. Dazu zählen zum Beispiel Qing-Zhus Lied *Da jiang dong qu* [Ostwärts fließt der große Strom] von 1920, XIAO You-Meis Lied *Wen* [Fragen] von 1921, ZHAO Yuan-Rens Lied *Jiao wo ruhe bu xiang ta* [Sag' mir, wie ich ihn

---

[1] »Lieder« bezieht sich hier auf das antike chinesische Liederbuch *Shijing* [Buch der Lieder], welches zwischen dem 10. und 7. Jh. v. Chr. entstand. Es enthält eine Sammlung von 305 Liedern, deren Texte bis heute enthalten sind, wohingegen die Melodien leider nicht überliefert sind. Der Erzählung nach soll Konfuzius selbst die Werke ausgewählt und in dem Buch zusammengestellt haben. Überliefert ist zumindest, dass er dieses Buch zum Ausdruck seiner Gedanken verwendete und die Lieder aus seiner Sicht moralisch interpretierte.

[2] Kong-Zi, *Lun yu*, Tai bo VIII, 8 (Die Analekten des Konfuzius VIII, 8), um 500 v. Chr. 子曰：»兴于诗，立于礼，成于乐«.

nicht vermissen soll][3] von 1926, HUANG Zis Lied *Chun si qu* [Frühlingsgedanken] von 1932 sowie TAN Xiao-Lins Lied *Bieli* (engl. Titel: *Parting*) aus dem Jahr 1946.

Zu den Zielen der vorliegenden Arbeit gehört es, die Entstehung und Entwicklung des chinesischen Kunstlieds in seinem historischen und kulturellen Kontext zu erforschen. Das chinesische Kunstlied ist in sofern interessant, als es seine Grundlage in einer europäischen Kunstform hat, die sich dann in einem völlig anderen Kulturkreis mit einer eigenen, Jahrtausende alten, reichhaltigen Kultur weiter entwickelte. Wann und auf welchem Wege kam China mit dem deutschen Lied in Kontakt? Welche Schwierigkeiten ergaben sich bei der Rezeption des deutschen Kunstlieds in China? Wie gelang es, so unterschiedliche Musikstile und -konzepte mit den zusätzlichen Herausforderungen durch die Charakteristika der chinesischen Sprache zu einer gelungenen Gesamtkomposition zu verbinden? Welche Rahmenbedingungen führten zur Entwicklung des chinesischen Kunstlieds, dessen Verbreitung und Beliebtheit?

Diese zentralen Fragestellungen werden anhand von fünf ausgewählten chinesischen Liedkomponisten und ihren Kompositionen im Zeitraum der 1920–1940er Jahre analysiert. Qing-Zhu und XIAO You-Mei gelten als Begründer und Wegbereiter des chinesischen Kunstlieds. Qing-Zhu komponierte nach heutigem Wissen das erste moderne chinesische Kunstlied der Geschichte und XIAO You-Mei schuf neben seinen Kompositionen die Rahmenbedingungen für die weitere Entwicklung, indem er Chinas erste Hochschule für Musik nach deutschem Vorbild gründete. Beide lebten und studierten in den 1920er Jahren in Deutschland und lernten dort das deutsche Lied sowie die westliche Musikkultur und das westliche Bildungssystem aus erster Hand kennen. Anhand ihrer Biografien und der Analyse ihrer Liedkompositionen wird die Entstehungsphase des modernen chinesischen Kunstlieds ergründet. Es wird weiterhin Bezug auf die anfänglichen Herausforderungen der frühen chinesischen Komponisten genommen sowie auf die Rezeption der ersten chinesischen Kunstlieder in China. ZHAO Yuan-Ren und HUANG Zi studierten an namenhaften Universitäten in den USA (Harvard bzw. Yale) und lernten das deutsche Lied dort kennen und lieben. ZHAO Yuan-Ren, dessen Liedkompositionen ihm den Titel »chinesischer Schubert« einbrachten, leistete als studierter Linguist einen entscheidenden Beitrag zur Weiterentwicklung des chinesischen Kunstlieds, indem er Möglichkeiten aufzeigte, Sprachmelodie und

---

[3] Deutsche Übersetzung des Liedtitels übernommen aus: Barbara Mittler, Art. »Zhao Yuanren«, in: *MGG2*, Personenteil 17 (2007), Sp. 1442.

Liedmelodie gelungen zu verbinden. HUANG Zi, der als erster chinesischer Kunstliedkomponist ein professionelles Kompositionsstudium im Westen absolviert hatte, schuf auf Basis seiner reifen Technik und seines kulturellen Hintergrunds herausragende Kunstlieder und bildete als Kompositionslehrer weitere Generationen von chinesischen Liedkomponisten aus. Seine Schaffensperiode gilt bis heute als Blütezeit des chinesischen Kunstlieds. TAN Xiao-Lins Interesse am Kunstlied wurde in China von HUANG Zis Kompositionsunterricht geweckt. Er studierte in den USA Liedkomposition bei Hindemith und brachte dessen modernen Kompositionsansatz zurück nach China, wo er zahlreiche bedeutende Lieder komponierte und als Kompositionslehrer eine neue Generation von Musikern ausbildete.

Um den Hintergrund, die Motivation und den individuellen Stil der verschiedenen Komponisten zu untersuchen, wurden im Rahmen der vorliegenden Arbeit zahlreiche zeitgenössische Dokumente recherchiert. Um zu gewährleisten, dass in der Untersuchung unterschiedliche Perspektiven Berücksichtigung finden, wurden neben Forschungsergebnissen von Musikwissenschaftlern aus Festlandchina gezielt auch Veröffentlichungen aus Taiwan und Hongkong einbezogen. Die Grundlage bilden historische Originaldokumente wie alte Zeitschriften und Bücher aus der Zeit der Republik China (1919–1949) bzw. von gegenwärtigen Wissenschaftlern kompilierte Gesamtwerke der damaligen Komponisten auf Basis von bis heute erhaltenen Schriftstücken. Die von den frühen Liedkomponisten selbst zu Lebzeiten veröffentlichten Bücher, Artikel und Ausführungen zu ihren Liedern dienen als direkte Belege ihres Verständnisses ihrer Liedkompositionen und des Kunstlieds. Für die Zusammenstellung der biographischen Informationen wurden neben Werken zur allgemeinen chinesischen Musikgeschichte auch zahlreiche aktuelle musikwissenschaftliche Arbeiten in China sowie wiederentdeckte historische Dokumente einbezogen. Sofern vorhanden, wurden dabei Veröffentlichungen von Autoren bevorzugt, die in direktem persönlichen Kontakt zu den Komponisten standen, wie beispielsweise Familienangehörige, Schüler oder Lehrer. So schrieben z. B. der Bruder LIAO Fu-Shu, der Sohn LIAO Nai-Xiong und die Enkelin LIAO Cong des Komponisten Qing-Zhu, ihrerseits bedeutende chinesische Musikwissenschaftler bzw. Musiker, Memoiren und Bücher in seiner Erinnerung. Über ZHAO Yuan-Ren verfasste seine Tochter ZHAO Ru-Lan, Musikwissenschaftlerin in den USA, zahlreiche Artikel und stellte sein Gesamtmusikwerk zusammen. Es existieren weiterhin die Protokolle von Interviews mit ZHAO Yuan-Ren, die er amerikanischen Wissenschaftlern zu Lebzeiten gab. Über HUANG Zi veröffentlichten seine Schüler, beispielsweise HE Lu-Ting, von 1949–1984 Direktor der Staatlichen Hochschule für Musik Shanghai, eine

Reihe von Artikeln. Über TAN Xiao-Lins Werk schrieb sein früherer Lehrer Paul Hindemith eine Bewertung als Vorwort der Sammlung seines Gesamtwerks.

Für die Analyse der Liedkompositionen und Kompositionsmethoden wurden typische Liedbeispiele ausgewählt und im Hinblick auf die Beeinflussung durch das deutsche Lied sowie auf chinesische Stilelemente untersucht. Zusätzlich zur eigenen Analyse wurden veröffentlichte Artikel, Fußnoten oder einführende Bemerkungen der Komponisten selbst, sowie Ergebnisse und Analysen anderer Musikwissenschaftler mit einbezogen.

Was den Stand der musikwissenschaftlichen Forschungen im Bereich des Kunstlieds betrifft, existieren umfangreiche Arbeiten über das Lied im Allgemeinen sowie zum deutschen Lied, französischen Lied, englischen Lied oder russischen Lied im Besonderen. Beispiele sind *Geschichte des deutschen Liedes vom Zeitalter des Barock bis zur Gegenwart*[4] von Günther Müller, *Das deutsche Lied – Probleme und Gestalten*[5] von Ernst Büden oder die ausführliche Zusammenfassung des Standes der Forschung in der Musikenzyklopädie *Die Musik in Geschichte und Gegenwart*.[6] Weiterhin interessierten sich in der Vergangenheit bereits zahlreiche Autoren für den Einfluss anderer Kulturräume auf die europäische Musik. Die heutige musikwissenschaftliche Forschung verfolgt dagegen häufig einen umgekehrten Ansatz. Es ist von zunehmendem Interesse, auch den Einfluss des deutschen Liedes auf andere, nicht europäisch geprägte Kulturräume zu untersuchen. Als Beispiele sind hier »Lied und musikalische Lyrik in Afrika«[7] von Tobias Robert Klein, »»Poesie und Musik«. Das japanische Klavierlied um 1920«[8] von Hermann und Machiko Gottschewski oder »Musik und Lyrik in der Musikgeschichte der USA«[9] von Wolfgang Rathert anzuführen. In Bezug auf China liegen zahlreiche Arbeiten zum allgemeinen Kultur-

---

[4] Günther Müller, Geschichte des deutschen Liedes – Vom Zeitalter des Barock bis zur Gegenwart, Bad Homberg vor der Höhe 1959.
[5] Ernst Büden, Das deutsche Lied – Probleme und Gestalten, Hamburg 1939.
[6] Peter Jost, Art. »Lied«, in: *MGG2*, Sachteil 5 (1996), Sp. 1259–1307.
[7] Tobias Robert Klein, »Lied und musikalische Lyrik in Afrika«, in: Hermann Danuser (Hrsg.), *Musikalische Lyrik*, (Handbuch der musikalischen Gattungen 8), Laaber 2004, Bd. 2, S. 385–408.
[8] Hermann und Machiko Gottschewski, »»Poesie und Musik« Das japanische Klavierlied um 1920«, in: Danuser (Hrsg.), *Musikalische Lyrik*, S. 364–383.
[9] Wolfgang Rathert, »Musik und Lyrik in der Musikgeschichte der USA«, in: Danuser (Hrsg.), *Musikalische Lyrik*, S. 331–363.

austausch zwischen China und dem Westen vor, beispielsweise *Akkulturationsphänomene in der gegenwärtigen Musikkultur Chinas*[10] von ZHANG Que oder *Chinas Musik und Musikerziehung im kulturellen Austausche mit den Nachbarländern und dem Westen*[11] von ZENG Jin-Shou. Weiterhin gibt es eine Anzahl von Abhandlungen zur Entstehung der »Neuen Musik«[12] in China oder der chinesischen Musikgeschichte im Allgemeinen, darunter *Zhongguo xin yinyue shi lun*[13] [Kritischer Blick auf die Geschichte der Neuen Musik in China] des Hongkonger Professors LIU Ching-Chih oder *Zhongguo jin xian dai yinyue shi*[14] [Die Musikgeschichte des modernen China] von WANG Yu-He. Bei diesen sehr umfassenden Werken liegt der Fokus allerdings nicht speziell auf dem Kunstlied.

In China beschäftigen sich die Musikwissenschaften über Jahrzehnte hinweg bis heute mit dem chinesischen Kunstlied und dessen Komponisten. Ein Großteil der veröffentlichten Arbeiten konzentriert sich dabei jedoch auf Leben und Biographie einzelner bedeutender Liedkomponisten, womit der Fokus auf der Kunstform des Liedes fehlt und kein übergreifender Zusammenhang in Bezug auf Entstehung und Entwicklung des chinesischen Kunstlieds hergestellt werden kann. Als Beispiele sind die Werke *Yi Qing Zhu – Shiren zuoqujia de yisheng*[15] [Erinnerungen an Qing-Zhu – Sein Leben als Dichter und Komponist] von LIAO Nai-Xiong, *XIAO You-Mei liu ri nianfen, huiguo riqi ji canjia qing ting kaoshi shijian kao bian- jiu ziliao chong du yu xin shiliao chu tan*[16] [Untersuchung

---

[10] ZHANG Que, *Akkulturationsphänomene in der gegenwärtigen Musikkultur Chinas*, Hamburg 1992.

[11] ZENG Jin-Shou, Chinas Musik und Musikerziehung im kulturellen Austausche mit den Nachbarländern und dem Westen, Bremen 2003.

[12] In China werden unter dem Begriff »Neue Musik« (Xin yinyue) Kompositionen verstanden, die als Folge der »Neuen Kulturbewegung« unter westlichem Einfluss als Gegenstück zur traditionellen chinesischen Musik entstanden.

[13] LIU Ching-Chih, *Zhongguo xin yinyue shi lun* (A Critical History of New Music in China), Hongkong 2009.

[14] WANG Yu-He, *Zhongguo jin xian dai yinyue shi* [Die Musikgeschichte des modernen China], Beijing 2009.

[15] LIAO Nai-Xiong, *Yi Qing Zhu – Shiren zuoqujia de yisheng* [Erinnerungen an Qing-Zhu – Sein Leben als Dichter und Komponist], Beijing 2008.

[16] HUANG Xu-Dong und WANG Pu, »XIAO You-Mei liu Ri nianfen, huiguo riqi ji canjia Qing ting kaoshi shijian kao bian jiu ziliao chong du yu xin shiliao chu tan« [Untersuchung zu XIAO You-Meis Studium in Japan, seiner Rückkehr nach China und seiner Teilnahme an der Qing-Hof Prüfung anhand alter und neuer Dokumente], in: *Yinyue Yanjiu/Music Research* 50 (2007), H. 3, S. 56–61.

zu XIAO You-Meis Studium in Japan, seiner Rückkehr nach China und seiner Teilnahme an der Qing-Hof Prüfung anhand alter und neuer Dokumente] von HUANG Xu-Dong und WANG Pu, *XIAO You-Mei zhuan*[17] [Biografie von XIAO You-Mei] von LIAO Fu-Shu, »XIAO You-Mei liu de shi liao xin tn«[18] [Neue Entdeckungen aus geschichtlichen Dokumenten von XIAO You-Meis Studienzeit in Deutschland] von SUN Hai oder »HUANG Zi nian pu«[19] [Chronik von HUANG Zi] von DAI Peng-Hai zu nennen. Andere Arbeiten befassen sich schwerpunktmäßig mit der Analyse einzelner bekannter Kompositionen wie z. B. »Qing-Zhu song ›River of no return‹ analysis«[20] von WANG Chieh oder »Qiantan HUANG Zi de Yishu gequ ›Chun si qu‹«[21] [Analyse des Kunstlieds ›Chun si qu‹ von HUANG Zi] von CHEN Jing. Der Standpunkt der Autoren ist zumeist ein rein chinesischer und stellt den Beitrag der Komponisten sowie die Probleme bei der Entwicklung der »Neuen Musik« in China heraus. Dagegen fehlt der Aspekt der Beeinflussung durch das deutsche Lied, und auch hier wird keine umfassende Betrachtung der Entstehungsgeschichte des chinesischen Kunstlieds gegeben.

Die vorliegende Arbeit unternimmt den Versuch, die Entstehung und frühe Entwicklungsgeschichte des chinesischen Kunstlieds mit besonderem Augenmerk auf dem Einfluss des deutschen Lieds gesamtheitlich zu ergründen. Die ausführlich recherchierten Biographien der fünf Komponisten dienen dabei als Hintergrund, um den historischen und kulturellen Kontext darzulegen. Es wird sowohl der direkte Beitrag in Form von Liedkompositionen als auch der indirekte Beitrag durch Veröffentlichungen, Lehrmaterial oder Musikerziehung dargestellt, da beide Aspekte gleichermaßen bedeutend für die Entwicklung des Kunstlieds in China sind. Die Werke werden exemplarisch vorgestellt, analysiert und hinsichtlich Sprache, Lyrik und Musik mit der Form des deutschen Kunstliedes verglichen. Schließlich werden auch Elemente der traditionellen chinesischen Musik herausgestellt.

---

[17] LIAO Fu-Shu, *XIAO You-Mei zhuan* [Biografie von XIAO You-Mei], Zhejiang 1993.
[18] SUN Hai, »XIAO You-Mei liu de shi liao xin tan« [Neue Entdeckungen aus geschichtlichen Dokumenten von XIAO You-Meis Studienzeit in Deutschland], in: *Yinyue yanjiu/Music Research* 50 (2007), H.1, S. 33.
[19] DAI Peng-Hai, »HUANG Zi nian pu« [Chronik von HUANG Zi], in: *Yinyue yishu* [Kunst der Musik, Journal der Staatlichen Hochschule für Musik Shanghai] 3 (1981), H. 2, S. 16.
[20] WANG Chieh, »Qing-Zhu song – ›River of no return‹ analysis«, in: *Journal of Tainan University of Technology in Taiwan* 28 (2009), S. 97–98.
[21] CHEN Jing, »Qiantan HUANG Zi de yishu gequ *Chun si qu*« [Analyse des Kunstlieds *Chun si qu* von HUANG Zi], in: *Journal of Nantong Teachers College* 7 (1997), H. 4, S. 40.

Danksagung

An erster Stelle möchte ich mich bei Frau Professor Dr. Susanne Fontaine für ihre ständigen Ermutigungen und ihre Geduld sowie die Betreuung und Unterstützung meiner Arbeit bedanken. Sie verfolgte meine Forschungsarbeit an diesem Thema stets mit großem Interesse und gab mir unzählige wertvolle Hinweise zu Inhalt und Vorgehen. Ich bedanke mich bei Prof. Dr. Dörte Schmidt und Prof. Dr. Koch für ihr Interesse und ihre Fragen, die mich zu vielerlei neuen Ideen inspirierten. Ich danke Herrn Albrecht Wiedmann, Tontechniker am Ethnologisches Museum Dahlem, Berlin, für die Unterstützung bei Tonaufnahme zur Analyse der chinesischen Sprache sowie bei Dr. Tobias Faßhauer vom Institut für Musikwissenschaft und Medienwissenschaft an der Humboldt-Universität zu Berlin für seine wertvollen Hinweise zu Hindemiths Kompositionstheorien. Weiterhin danke ich Herrn Prof. Dr. QIAN Ren-Ping, Sektionschef der Wissenschafts- und Forschungsabteilung der Staatlichen Hochschule für Musik Shanghai, für die zahlreichen Diskussionen zum Begriffsverständnis des Kunstliedes in China sowie Hinweise zu kostbaren historischen Quellen, Fotos und Manuskripten.

Ich möchte mich auch bei meiner Deutschlehrerin Frau Inge Weidele bedanken, die meine Übersetzungen vom Chinesischen ins Deutsche mit großer Geduld und Hilfsbereitschaft mit mir diskutierte und mir bei der deutschen Grammatik und Rechtschreibung half. Ganz herzlich möchte ich meinen Eltern danken, die mich nach der Geburt meines Sohnes unendlich viel bei Haushalt und Kinderbetreuung unterstützten, damit ich mich auf meine Forschungen konzentrieren und diese Arbeit zum Abschluss bringen konnte. 在此衷心地感谢我的父母，一直以来默默地全力地支持我，代我做了许许多多的家务，帮我照顾恺，让我能安心地集中精力坚持顺利地完成博士论文。更感谢您们对我的勉励与理解！Mein besonderer Dank gilt meinem Ehemann Bernt Schellin für sein Verständnis und seine Aufmunterungen zu jeder Zeit sowie für die unzählbaren Wochenenden, die wir gemeinsam mit Diskussionen vor dem Computer verbracht haben. Ich danke auch meinem Sohn Kai für seine Geduld und sein Verständnis in den vielen Stunden, in denen ich nicht mit ihm spielen konnte. Viele Personen, die mir bei dieser Arbeit geholfen haben, sind ungenannt geblieben. Auch ihnen sei an dieser Stelle herzlich gedankt. Die vorliegende Arbeit wäre ohne ihre Hilfe und Unterstützung nicht zustande gekommen.

Berlin, im Juli 2017 Zhang, Jingyu

Technische Hinweise

Bei der Transkription chinesischer Texte und Literaturangaben wird in dieser Arbeit das in der VR China gängige Pinyin-System verwendet. Weiterhin werden zusammengehörige Wortsätze zusammen geschrieben, z. B. Yinyue [Musik] und nicht Yin Yue. Der erste Buchstabe von Eigennamen und Ortsbezeichnungen sowie der erste Buchstabe am Satzbeginn wird groß geschrieben.

Eingebürgerte Transkriptionen wie »Peking« (statt Beijing) werden, wenn sie nicht Teile bibliographischer Angaben bilden, beibehalten.

Die Schreibweise von Eigennamen, beispielsweise von Musikern, Autoren oder Universitäten, orientiert sich an der aktuellen Schreibweise in deren Herkunftsort, um Quellen für die Recherche leichter zugänglich zu machen, z. B. LIU Ching-Chih (in Hongkong übliche Schreibweise) statt LIU Jing-Zhi (in Festlandchina gebräuchliche Schreibweise im Pinyin-System).

In der chinesischen Sprache wird immer zuerst der Familienname und danach der Rufname genannt. Um Missverständnissen vorzubeugen, werden in dieser Arbeit die Familiennamen in Großbuchstaben geschrieben, wenn sie in Kombination mit dem Vornamen genannt werden. Wenn der chinesische Vorname aus zwei Schriftzeichen besteht, wird die Umschrift der Namen mit einem Bindestrich geschrieben. Beispiel: TAN Xiao-Lin (Familienname: Tan, Vorname: Xiao-Lin). Wenn nur der Familienname genannt wird, wird nach deutscher Schreibweise nur der erste Buchstabe groß geschrieben.

Ein Großteil der Informationen und Zitate in dieser Arbeit basiert auf chinesischsprachigen Texten. Auf das Zitieren der Originaltexte mit chinesischen Schriftzeichen zusätzlich zu den Übersetzungen ins Deutsche wird verzichtet, um den Umfang zu begrenzen. Die Übersetzungen stammen von der Autorin, wenn nichts anderes gesagt ist. Die Originaltexte können über die genannten Quellenangaben aufgefunden werden.

Sofern bei Titeln von Artikeln und Liedern keine bereits existierende Übersetzung ins Deutsche oder Englische gefunden wurde, wurden sie von der Autorin sinngemäß selbst übersetzt. Die Übersetzungen sind im Text mit eckigen Klammern kenntlich gemacht.

In China sind die Begriffe »Gequ« [Lied] und »Yishu gequ« [Kunstlied] nicht synonym, und es existieren seit der Entstehung des modernen chinesischen Kunstlieds Diskussionen und verschiedene Interpretationen des Kunstliedbegriffs. Um Missverständnisse zu vermeiden, wird in dieser Arbeit daher durchgängig der Begriff »Kunstlied« verwendet, auch wenn dies für den deutschen Leser ungewöhnlich und überdeutlich erscheinen mag.

Das Verständnis vom Kunstlied in dieser Arbeit orientiert sich an der »engeren Definition« des Kunstliedbegriffs als einer bewusst (künstlich) geschaffenen, anspruchsvollen Vertonung einer lyrischen Vorlage eines namentlich bekannten Komponisten in Abgrenzung zum Kirchenlied und Volkslied. Es handelt sich weiterhin um ein Solo-Stück und ein eigenständiges Werk, welches nicht Teil einer Oper, eines Theaterstückes oder einer Kantate ist.[22]

Für die 1927 in Shanghai gegründete »Guoli yinyue zhuanke xuexiao« [Staatliche Hochschule für Musik Shanghai] existieren in der deutschsprachigen Literatur unterschiedliche Übersetzungen. Beispielsweise werden in der Musikenzyklopädie *Die Musik in Geschichte und Gegenwart* (MGG) die Begriffe »Shanghaier Fachschule für Musik«[23], »Shanghaier Musikfachhochschule«[24] »Shanghaier Konservatorium«[25] und »Staatliches Musikkonservtorium«[26] sowie »Musikfachhochschule Shanghai«[27] verwendet. Dies mag zum einen daran liegen, dass in Europa und USA die Begriffe »Hochschule für Musik« und »Konservatorium« (engl. conservatory, frz. conservatoire) nebeneinander existieren. Zum anderen wurde der offizielle Name der Hochschule in China nach der Gründung mehrere Male gerändert. Von der Gründung im Jahr 1927 bis 1929 war der Name »Guoli yinyue yuan« [Staatliche Hochschule für Musik Shanghai], ab September 1929 »Guoli yinyue zhuanke xuexiao« [Staatliche Musikfachhochschule Shanghai] und nach 1956 »Shanghai Conservatory of Music«. Der Einfachheit halber wird in dieser Arbeit durchgängig der Begriff »Staatliche Hochschule für Musik Shanghai« verwendet.

Chinesisch ist eine Tonsprache, in der die Töne eine bedeutungsunterscheidende Funktion haben. In der Hochsprache Mandarin gibt es vier verschiedene Töne. Zum Beispiel bedeutet »bā« mit hoher, gleichbleibender Tonlage (1. Ton) »acht«, »bá« mit nach oben ansteigender Tonhöhe (2. Ton) »ziehen«, »bǎ« mit abfallender und danach ansteigender Tonhöhe (3. Ton) »Zielscheibe« und »bà« mit fallender Tonhöhe (4. Ton) »Vater«.

---

[22] Vgl. Kapitel 1.2 dieser Arbeit.
[23] Barbara Mittler, Art. »Luo Zhongrong«, in: *MGG2*, Personenteil 11 (2004), Sp. 613.
[24] Barbara Mittler, Art. »Chen Tianhe«, in: *MGG2*, Personenteil 4 (2000), Sp. 832.
[25] Barbara Mittler, Art. »Huang Zi«, in: *MGG2*, Personenteil 9 (2003), Sp. 430.
[26] Martin Gimm, Art. »Jiang Dingxian«, in: *MGG2*, Personenteil 9 (2003), Sp. 1041.
[27] Barbara Mittler, Art. »He Luting«, in: *MGG2*, Personenteil 8 (2002), Sp. 1130.

1 Der Kunstliedbegriff in China

Als die Gattung des Kunstliedes Anfang des 20. Jahrhunderts nach China kam, gab es dort keine einheitliche Übersetzung und inhaltliche Definition dieses Begriffs. Chinesische Intellektuelle, Musiker und Musikwissenschaftler, die zu Studienzwecken ins westliche Ausland gegangen waren, brachten ihr persönliches Verständnis und ihre Erfahrungen mit zurück in ihre Heimat und gaben sie dort, in Veröffentlichungen oder als Dozenten im Unterricht, weiter. Einige Definitionen und Übersetzungen trafen auf Akzeptanz und sind bis heute in China gültig, andere verschwanden oder wurden ersetzt. Das folgende Kapitel gibt anhand von ausgewählten Beispielen einen Einblick in die Entstehung des Kunstliedbegriffs in China und zeigt den heutigen Stand der Diskussionen dazu auf.

1.1 Die Übersetzung des Begriffs ins Chinesische

Das Kunstlied wurde in der chinesischen Musikliteratur nach heutigem Kenntnisstand zum ersten Mal 1924 in dem Buch *Xiyang yinyue yu shige*[28] [Westliche Musik und Poesie] des chinesischen Musikwissenschaftlers WANG Guang-Qi[29] beschrieben. Wang, der in Deutschland eine musikalische Ausbildung

---

[28] WANG Guang-Qi, *Xiyang yinyue yu shige* [Westliche Musik und Poesie], Shanghai 1924.

[29] Vgl. WANG Yu-He, *Zhongguo jin xian dai yinyue shi* [Die Musikgeschichte des modernen Chinas], Beijing 2009. WANG Guang-Qi kam im Jahr 1920 als Journalist nach Deutschland und war schwerpunktmäßig in Frankfurt tätig. Aus Liebe zur Musik begann er dort 1922 eine Geigenausbildung und studierte ab 1923 an der staatlich akademischen Hochschule für Musik in Berlin Klavier und Geige. Nach 1927 studierte er das Fach Musikwissenschaft an der Universität zu Berlin, der heutigen Humboldt-Universität zu Berlin, und promovierte 1932–1934 an der Rheinischen Friedrich-Wilhelms-Universität Bonn, an der er 1934 den Doktorgrad der Philosophie mit einer musikwissenschaftlichen Arbeit über die chinesische Oper erwarb. Er starb 1936 im Alter von nur 44 Jahren in Bonn. Wang veröffentlichte in China zahlreiche Bücher und Artikel über westliche Musik und Musiktheorie und stellte umgekehrt die traditionelle chinesische Musik in Deutschland vor. Er war weiterhin der erste, der die traditionelle chinesische Musik mit Mitteln der westlichen Musiktheorie kategorisierte und erforschte. Zu seinen bedeutenden Büchern zählen unter anderem: *Ouzhou yinyue jinhualun* [Entwicklung der europäischen Musik], Shanghai 1923, *Dongfang minzu zhi yinyue* [Die Musik der östlichen Völker], Shanghai 1929, *Deguo guomin xuexiao yu changge* [Gesang in der deutschen Volksschule] und *Xiyang Zhipuxue tiyao* [Übersicht der westlichen Kompositionslehre], Shanghai 1923.

genossen hatte und später auch dort im Fach Musikwissenschaft promovierte, stellt darin die zwölf Liedkomponisten Franz Schubert, Felix Mendelssohn Bartholdy, Robert Schumann, Carl Loewe, Franz Liszt, Peter Cornelius, Robert Franz, Adolf Jensen, Johannes Brahms, Hugo Wolf, Max Reger und Richard Strauss mit Beispielen ihrer Lieder vor. Damit die chinesischen Leser den Inhalt der Lieder und deren poetische Stimmung besser verstehen konnten, übersetzte er außerdem den Text der Lieder ins Chinesische. Sein Buch leistete damit einen bedeutenden Beitrag zur Verbreitung des deutschen Liedes und wichtiger Liedkomponisten in China. Über das Kunstlied schrieb Wang im Vorwort:

> »In der westlichen ›musikalischen Lyrik‹ werden zwei Arten unterschieden. Eine Art ist das ›Meishu Shige‹ (Kunstlied), das zumeist von berühmten Musikern auf Grundlage der Werke großer Dichter sorgfältig komponiert wurde. Die andere Art ist das ›Minjian Geyao‹ (Volkslied), zumeist im Volk überlieferte und beliebte Melodien, die von Musikern gesammelt und katalogisiert wurden. Die im heutigen China beliebten westlichen Melodien gehört fast ausnahmslos zur Gruppe der ›Minjian Geyao‹ (Volkslieder). Aber die ausgewählten Bespiele in diesem Buch gehören zur Gattung ›Meishu Shige‹ (Kunstlied).«[30]

Wang übersetzte den Begriff »Kunstlied« mit dem von ihm neu geschaffenen Ausdruck »Meishu shige« (美术诗歌), wobei »Meishu« Kunst im Allgemeinen bedeutet und »Shige« Poesie, Lyrik oder gesungene Gedichte. Diese Übersetzung klingt für chinesische Ohren etwas konstruiert und wird der Bedeutung des Begriffs nicht richtig gerecht. »Meishu Shige« klingt nach kunstvoll bearbeiteten Gedichten, aber man kann nicht daraus ableiten, dass es sich um ein Lied zum Singen handelt. Wahrscheinlich auch deswegen fand dieser Begriff keine weite Verbreitung und hat sich bis heute nicht durchgesetzt.

Die im heutigen China einheitlich gebräuchliche Übersetzung für Kunstlied ist »Yishu gequ« wobei »Yishu« die Bedeutung von »Kunst« im Sinne von »künstlerisch« hat und »Ge«, im modernen Chinesisch »Gequ«, ein allgemeiner Begriff für Lieder ist. Recherchen historischer Dokumente ergaben, dass es XIAO You-Mei[31] war, der in seinem 1928 veröffentlichten Buch *Allgemeine*

---

[30] WANG Guang-Qi, *Xiyang yinyue yu shige*, S. 1.

[31] Ausführlicher Lebenslauf und Beitrag für die Entwicklung des chinesischen Kunstlieds siehe Kapitel 3.

Musiklehre das Lied aufführte und erstmals mit »Yishu ge« (藝術歌) übersetzte.³² Dazu schrieb Xiao noch eine kurze Erklärung:

»Es sind zwei Arten von Liedern zu unterscheiden: Die erste Gruppe umfasst Lieder ohne Begleitung und wird ›Danyin minge‹ [einstimmiges Volkslied] genannt. Lieder mit Begleitung werden ›Yishu ge‹ [Kunstlied] genannt, wobei die Funktion der Begleitung nicht nur eine Ergänzung oder Unterstützung der Harmonik darstellt, sondern dazu dient, den Inhalt des Stücks und dessen tiefere Bedeutung zu vermitteln.«³³

In demselben Buch findet sich im Kapitel »Vokalmusik« bei der Vorstellung der verschiedenen Gattungen der Vokalmusik auch bereits der Begriff »Yishu gequ« (藝術歌曲), was belegt, dass von Anbeginn »Ge« und »Gequ« als synonyme Begriffe verwendet wurden. Ein weiteres Beispiel für die zeitgleiche Verwendung beider Begriffe findet sich in dem Buch *Yinyue*³⁴ des berühmten chinesischen Liedkomponisten HUANG Zi, in dem er in Lektion 22 zum Thema »Sololieder« beide Begriffe für das Kunstlied innerhalb eines Absatzes verwendet.

Der bekannte chinesische Musikwissenschaftler GUO Ke-Jian vermutet, dass XIAO You-Meis Begriffsschöpfung »Yishu ge« von dem um 1900 im Japanischen gebräuchlichen Begriff »芸術« [Geijutsu] für »Kunst« inspiriert wurde.³⁵ Die Schriftzeichen stammen wiederum ursprünglich vom altertümlichen chi-

---

³² LIAO Fu-Shu, »Cong yishu gequ de dingming shuoqi« [Diskussionen ausgehend von der Begriffsdefinition des Kunstlieds], in: *Renmin yinyue/People's Music* 50 (1999), H. 9, S. 14–15. Dieses monatliche Magazin erscheint seit 1950. Der chinesische Musiktheoretiker LIAO Fu-Shu schreibt in diesem Artikel: »Der Begriff Kunstlied wurde in den zwanziger Jahren von XIAO You-Mei als ›yishu ge‹ vom deutschen Begriff ›Kunstlied‹ ins Chinesische übersetzt.« LIAO Fu-Shu ist der jüngere Bruder des bekannten chinesischen Liedkomponisten Qing-Zhu (siehe Kapitel 2). Er wurde seit seiner Jungend von seinem Bruder und seiner deutschen Schwägerin beeinflusst und hatte somit direkten Zugang zur deutschen Sprache und der Kunstform des Liedes. Er war weiterhin mit XIAO You-Mei persönlich bekannt. Sein Material und die von ihm veröffentlichten Informationen stammen daher aus erster Hand.
³³ XIAO You-Mei, *Putong yue xue* [Allgemeine Musiklehre], Shanghai 1928, S. 127.
³⁴ HUANG Zi, ZHANG Yu-Zhen, YING Shang-Neng und WEI Han-Zhang, *Yinyue – Fuxing chuji zhongxue yinyue jiaokeshu* [Musik – Lehrbuch für die Neubelebung der Mittelschule], Shanghai 1933, Bd. 1, S. 63.
³⁵ GUO Ke-Jian, »Kunstlied / Art song kao bian« [Forschungsdebatte über das »Kunstlied«], in: *Renmin yinyue/People's Music*, 57 (2006), H. 12, S. 68–69.

nesischen Begriff »藝術« [Yishu] ab.³⁶ Diese Theorie ist zwar nicht anhand von historischen Quellen zu belegen, aber durchaus nicht unwahrscheinlich, da XIAO You-Mei selbst sieben Jahre in Japan (1902–1909) und weitere sieben Jahre in Deutschland (1913–1920) Musik studiert hatte und die Musikkultur und -begriffe beider Länder gut kannte.

XIAO You-Meis Begriffsschöpfung traf auf hohe Akzeptanz und wurde auch von anderen zeitgenössischen Musikern und Komponisten verwendet. So schrieb beispielsweise der bekannte chinesische Liedkomponist ZHAO Yuan-Ren im Vorwort seines 1928 veröffentlichten *Liederalbum der neuen Gedichte*:

> »Der Weg der Lieder in diesem Band folgt dem ›Yishu ge‹ (art song) im Stil Schuberts und Schumanns. Die Stücke sind für Musikliebhaber zu singen und spielen, aber können auch als Lehrmaterial für Musik-Akademien herangezogen werden. Die Begleitung der Lieder in diesem Band ist als vollwertiges Musikwerk komponiert.«³⁷

Seit den 1930er Jahren wird im chinesischsprachigen Raum (VR China, Taiwan, Hongkong) primär der auch heute noch gebräuchliche Begriff »Yishu gequ« verwendet; in der Bedeutung ergab sich kein Wandel, da »Ge« und »Gequ« synonyme Begriffe darstellen.

Auf chinesisch existiert weiterhin auch das auf Lautübertragung basierende Lehnwort »Li De« (利德) als Begriff für das deutsche Lied, es ist aber weit weniger verbreitet. Die Bedeutung dieses Begriffs umfasst nur das deutschsprachige Lied, ähnlich wie im westlichen Sprachraum beispielsweise im Französischen der Begriff »le lied« oder im Englischen der Ausdruck »the lied« Einzug in andere Sprachen fand, um das deutschsprachige Kunstlied des 19. Jahrhunderts von anderen Formen des Liedes abzugrenzen. Demgegenüber wird für das Kunstlied im Allgemeinen immer der Begriff »Yishu gequ« ver-

---

³⁶ Die japanischen Kanji sind aus den chinesischen Schriftzeichen hervorgegangen – ein großer Teil davon entspricht bis heute den chinesischen Zeichen. Die japanische und die chinesische Schrift wurde im Laufe der Geschichte mehrfach vereinfacht. Deshalb existieren heute zahlreiche Schriftzeichen in mehreren Varianten, z. B. als Langzeichen, die in Taiwan und Hongkong verwendet werden, als Kurzzeichen in der VR China und Singapur und als Shinjitai in Japan. Beispielsweise wird das Wort »Kunst« mit chinesischen Langzeichen 藝術 geschrieben, mit den modernen chinesischen Kurzzeichen 艺术 und als japanische Variante 芸術. Aber sie stammen alle vom gleichen Ursprung ab.
³⁷ ZHAO Yuan-Ren, Vorwort der Liedsammlung *Xin shige ji* [Liederalbum der neuen Gedichte], Shanghai 1928, o. S.

wendet. So werden beispielsweise Lieder in anderen Sprachen als »Faguo yishu gequ« [französisches Kunstlied], »Eguo yishu gequ« [russisches Kunstlied], »Zhongguo yishu gequ« [chinesisches Kunstlied] oder »De Ao yishu gequ« [deutsches und österreichisches Kunstlied] übersetzt[38].

---

[38] Die Unterscheidung in deutsches und österreichisches Kunstlied ergibt sich direkt aus dem chinesischen Begriff »De Ao yishu gequ« , in dem »De« für »Deguo« (Deutschland) und »Ao« für »Aodili« (Österreich) steht.

1.2 Inhaltliche Definition des Begriffs »Kunstlied«

1.2.1 Begriffsdefinition in der Frühphase des chinesischen Kunstlieds in den 1920er und 1930er Jahren

Da die Gattung des Kunstliedes neu in China war und somit chinesische Musiker und Musikwissenschaftler die Merkmale und den Charakter der Gattung nicht aus erster Hand kannten, beruhte das Kunstliedverständnis in den 1920er und 1930er Jahren zunächst auf den Veröffentlichungen einiger weniger Chinesen, die während ihrer Studien im Ausland mit dem Kunstlied in Kontakt gekommen waren. Die unterschiedlichen persönlichen Meinungen über das Kunstlied führten in Verbindung mit der neu geschaffenen Übersetzung zu einer uneinheitlichen Definition des Kunstliedbegriffs und die fehlende Abgrenzung führte zu Diskussionen, die in China bis heute anhalten. Als Beispiel wird im Folgenden auf das Lied-Verständnis zweier der bekanntesten frühen chinesischen Liedkomponisten HUANG Zi (1904–1938) und Qing-Zhu (1893–1959) näher eingegangen.

Als einer der ersten im Ausland Studierten (1924–1929, Oberlin College und Yale University, USA) schreibt der bedeutende chinesische Liedkomponist und Musikpädagoge HUANG Zi in seinem 1933 veröffentlichten Buch *Yinyue – Fuxing chuji zhongxue yinyue jiaokeshu*[39] über das Lied:

> »Lieder können grundlegend in zwei Kategorien unterteilt werden: ›Minge‹ [Volkslied] und ›Yishu ge‹ [Kunstlied]. [...] Melodie und Begleitung des Volkslieds sind einfach und schlicht, aber sehr natürlich und fließend. Wegen dieses Ziels gelingt es den Komponisten nicht immer, dass Musik und Inhalt übereinstimmen und ein tiefer musikalischer Gesamtausdruck geschaffen wird. Die Komposition des Yishu gequ [Kunstlied] ist anders. Hier ist es unabdingbar, dass die Stimmung des Liedes, der Rhythmus, die Syntax der Musik usw. haargenau auf den zugrunde liegenden Text angepasst werden. Durch die Verwendung der Harmonik und Begleitung werden die Stimmung und das Gefühl des zugrunde liegenden Gedichtes tiefgehend ausdrückt. Deswegen ist die Syntax des Kunstliedes vergleichsweise frei. Wenn dies nicht so wäre, könnte die Musik den einzelnen Passagen des Textes nicht so gut angepasst werden. Die Begleitung des Kunstliedes ist sehr komplex,

---

[39] HUANG Zi, ZHANG Yu-Zhen, YING Shang-Neng und WEI Han-Zhang, Yinyue – Fuxing chuji zhongxue yinyue jiaokeshu [Musik – Lehrbuch für die Neubelebung der Mittelschule], Bd. 1–6, Shanghai 1933–1935.

denn wenn es nicht so wäre, könnte für den Text keine passende Hintergrundstimmung geschaffen werden.«[40]

Bemerkenswert an seiner Beschreibung ist sein Verständnis für den Unterschied zwischen den beiden Liedgattungen Volkslied und Kunstlied. Er schreibt, dass auch Volkslieder Komponisten haben, und sie sich vor allem durch die Einfachheit der Komposition vom Kunstlied abgrenzen. Er versteht das Kunstlied primär als künstlerisch hochwertige Liedkomposition. Der zweite Aspekt des deutschen Begriffs »Kunst« im Sinne von »künstlich geschaffen« fehlt in seiner Definition im Gegensatz zum westlichen Verständnis des Begriffs.

Huang schreibt weiterhin:

»Die in diesem Buch veröffentlichten Lieder und die Lieder, die wir im Alltag singen, gehören zur Kategorie Minge [Volkslied]. […] Die in diesem Buch zusammengestellten Lieder sind zumeist eigens für dieses Lehrbuch geschrieben und dem Niveau der Schüler angepasst. Die Komponisten versuchen so gut wie möglich, die Musik mit dem Inhalt und der Sprache der zugrunde liegenden Gedichte übereinstimmen zu lassen. Dieser Aspekt ist sehr bemerkenswert für dieses Werk, da er in den meisten anderen Musiklehrbüchern ignoriert wird. […] Die Texte der Lieder in diesem Buch haben literarischen Wert […] und wurden von WEI Han-Zhang[41] kompiliert.«[42]

Obwohl die Lieder des Buches auf Basis von »literarisch wertvollen« Gedichten eigens komponiert sind und sie sich laut Huang besonders dadurch auszeichnen, dass die Komponisten die Musik passend zum Inhalt geschrieben hätten, betrachtet er sie dennoch als Volkslieder. Deutlich wird dies auch anhand des in Notenbeispiel 1 dargestellten Vergleichs zweier Kompositionen von HUANG Zi aus diesem Lehrbuch, den Liedern *Yu hou Xihu* [Der Westsee nach dem Regen] und *Xifeng de hua* [Das Wort des Westwinds].[43]

Über das Lied *Yu hou Xihu* schreibt Huang:

---

[40] Ebd., Bd. 1, S. 63.
[41] WEI Han-Zhang war ein bekannter zeitgenössischer Dichter und Professor für Lyrik an der Staatlichen Hochschule für Musik Shanghai.
[42] HUANG Zi, ZHANG Yu-Zhen, YING Shang-Neng und WEI Han-Zhang, Yinyue – Fuxing chuji zhongxue yinyue jiaokeshu, Vorwort o. S.
[43] Beide Lieder gehören nicht zu den bekannten Kunstliedern von HUANG Zi, sondern sind von ihm komponierte einfache Lehrbespiele für den Unterricht in der Mittelschule, damit sie von den Schülern in kurzer Zeit erlernbar sind.

»Das Lied ›Yu hou Xihu‹ [Der Westsee nach dem Regen] in der 19. Lektion dieses Buchs ist ein Prototyp des Kunstliedes. Die Begleitung am Anfang weist auf die Freude über das Ende des Regens und den klaren Himmel hin. Danach beschreibt die Begleitung die Bewegung der Weiden am See und der Wellen. Das ganze Lied hat einen leichten und klaren Stil, der der Klarheit des Wetters und der angenehmen Atmosphäre am See entspricht.«[44]

Das ebenfalls von HUANG Zi komponierte Lied *Xifeng de hua* [Das Wort des Westwinds] dagegen rechnet er zur Gruppe der Volkslieder, obwohl es ebenfalls ein eigens komponiertes Lied auf Basis eines ausgewählten Gedichts ist. Er ist der Meinung, dass Melodie und Begleitung zu einfach sind und der musikalische Ausdruck somit nicht tief genug, um *Xifeng de hua* als Kunstlied bezeichnen zu können. Nach der heute allgemein gültigen westlichen Definition können beide Stücke durchaus als Kunstlied gelten, wobei das Lied *Xifeng de hua* [Das Wort des Westwinds] im Volksliedstil komponiert wurde. HUANG Zis Auffassung verbreitete sich durch das von ihm geschriebene Lehrmaterial, seinen langjährigen Unterricht als Dozent an der Staatlichen Hochschule für Musik Shanghai und nicht zuletzt aufgrund seiner Berühmtheit als Kunstliedkomponist im damaligen China. So blieb die unklare Abgrenzung zwischen Volkslied und Kunstlied für lange Zeit bestehen.

Ein weiterer bekannter Vertreter der frühen chinesischen Liedkomposition ist Qing-Zhu[45], der neben seinen Liedern auch zahlreiche Bücher und Artikel über Musik veröffentlichte. In seinem Buch *Yinyue tong lun* [Allgemeiner Überblick über Musik] schreibt Qing-Zhu über das Kunstlied:

> »Die sogenannten Yishu yuege [Kunstlieder] sind allesamt sehr gelungene Lieder, die von den Komponisten auf Grundlage von Gedichten geschaffen wurden. Im Vergleich zum Volkslied sind die Texte des Kunstliedes gebildeter und feiner und auch deren Sinngehalt ist tiefergehend. Das Volkslied besteht häufig aus mehreren Strophen Text, die mit ein und derselben Melodie gesungen werden, so dass Bedeutung und Sinn des Textes nicht immer mit der Melodie des Liedes zusammenpassen. Zur Vermeidung dieses Problems sind Kunstlieder nach Inhalt und Form des Textes durchkomponiert. Nur wenn der Text gleiche, sich wiederholende Teil beinhaltet, kann eine unveränderte Melodie verwendet werden. […] Neben dem gän-

---

[44] Ebd., S. 63.
[45] Ausführlicher Lebenslauf und Beitrag für die Entwicklung des Chinesischen Kunstliedes siehe Kapitel 2.

gigen ›Yishu yuege‹[46] [Kunstlied], gibt es noch sogenannte zweistimmige, dreistimmige oder vierstimmige Chorlieder. Da diese Chorlieder des Wortes ›Kunst‹ würdig sind, lasse ich sie mit der Kunstliedmusik verschmelzen.«[47]

Auch Qing-Zhu stellt das künstlerische Niveau als wesentliches Merkmal der Gattung des Kunstliedes heraus, so dass seiner Meinung nach auch mehrstimmige Chorlieder zu dieser Kategorie gezählt werden können. Bis heute werden in China Lieder, die ein hohes künstlerisches Niveau aufweisen, also eine besondere Originalität bzw. eine hohe Qualität und Komplexität der Tonsatzes, häufig allein aufgrund dieser Tatsache als Kunstlied bezeichnet.

---

[46] Die chinesischen Begriffe »Ge 歌«, »Yuege 乐歌« und »Gequ 歌曲« sind in der modernen chinesischen Sprache synonyme Ausdrücke für den allgemeinen Begriff »Lied«. Sie beziehen sich auf alle Formen von Liedern, nicht alleine das Kunstlied, das aber darin enthalten ist.

[47] Qing-Zhu, *Yinyue tong lun* [Allgemeiner Überblick über Musik], Shanghai 1933, S. 46–47.

Notenbeispiel 1: Vergleich der Lieder (a) *Yu hou Xihu* [Der Westsee nach dem Regen] und (b) *Xifeng de hua* [Das Wort des Westwinds] von HUANG Zi[48]

---

[48] HUANG Zi, ZHANG Yu-Zhen, YING Shang-Neng und WEI Han-Zhang, *Yinyue – Fuxing chuji zhongxue yinyue jiaokeshu*, S. 56 und S. 28.

1.2.2 Heutige Begriffsdefinition und Diskussion in China

Das heutige Verständnis des Kunstliedbegriffs in China wird im Folgenden exemplarisch anhand zweier aktueller chinesischer Musik-Lexika dargestellt und mit der westlichen Definition verglichen.

Im Band *Musik und Tanz* der *Großen chinesischen Enzyklopädie* (Zhongguo da baike quanshu, Yinyue wudao juan) werden die Begriffe Lied, Kunstlied, deutsches Kunstlied, französisches Kunstlied (Mélodie) und chinesisches Kunstlied in jeweils einem eigenen Eintrag beschrieben. Im Artikel über den Oberbegriff »Gequ« [Lied] wird die Unterteilung der verschiedenen Liedtypen wie folgt beschrieben:

> »Das Lied kann in zwei große Kategorien unterteilt werden, das Volkslied und das komponierte Lied. Das Lied kann allerdings auch nach anderen Klassifikationskriterien unterteilt werden, zum Beispiel nach Stil und Inhalt der Liedtexte in Ballade, lyrisches Lied, Revolutionslied, militärisches Lied usw., nach der Musikform in Strophenlied und durchkomponiertes Lied, nach der Besetzung des Gesangs in Sologesang, mehrstimmigen Gesang und Chorlied, nach Stil und Darbietungsform in Massen-Gesang (eng.: mass song), Kunstlied, Popgesang usw.«[49]

Die Definition des Kunstliedes wird hier lediglich anhand der Merkmale »Stil und Darbietungsform« vorgenommen, die Abgrenzung vom Volkslied und Kirchenlied sowie die Zugehörigkeit zur Kunstmusik fehlt. Im untergeordneten, sehr kurz gehaltenen Artikel über das »Yishu gequ« [Kunstlied] heißt es dann:

> »Von Ende des 18. Jahrhunderts bis in den Anfang 19. Jahrhunderts hinein entstand in Europa das romantische Musikgenre des Kunstlieds. Die Merkmale sind: Die Texte basieren größtenteils auf berühmten Gedichten und konzentrieren sich darauf, die Innenwelt und die Gefühle der Figuren auszudrücken. Die Melodien sind ausdrucksvoll, Darstellungstechniken und Kompositionstechniken sind komplex. Diese Art Lieder werden meist mit Klavier begleitet, und die Begleitung ist ein integraler, untrennbarer Teil des Gesamtstücks. Das Kunstlied ist meist als Konzert-Solostück konzipiert.«[50]

---

[49] WANG Qi-Zhang, Art. »Gequ« [Lied], in: *Zhongguo da baike quanshu – Yinyue wudao juan* [Die große chinesische Enzyklopädie], Bd. Musik und Tanz, Beijing 1989, S. 209–211.

[50] WANG Qi-Zhang, Art. »Yishu gequ« [Kunstlied], in: *Zhongguo da baike quanshu – Yinyue wudao juan* [Die große chinesische Enzyklopädie], Bd. Musik und Tanz, Beijing 1989, S. 210–211.

Diese sehr knappe Beschreibung ist auf typische Merkmale des Kunstliedes fokussiert, eine Abgrenzung von anderen Formen des Liedes fehlt auch an dieser Stelle. Der Artikel über das »Deguo yishu gequ« [Deutsches Lied] ist sehr ausführlich geschrieben (mehr als 5000 Wörter)[51] und spiegelt die heutige westliche Auffassung des Kunstliedes im engeren Sinne im Detail wider. Der Text geht weiterhin auf die Entwicklung des deutschen Kunstliedes ein und stellt wichtige Komponisten und typische Werke vor. Dies zeigt, dass es über den Begriff des deutschen Liedes wenig Unklarheiten gibt bzw. keine Differenzen in der Interpretation bestehen. Allerdings fehlt auch in diesem Artikel die klare Abgrenzung gegen das Volkslied. Der Artikel über das »Zhongguo yishu gequ« [chinesisches Kunstlied] weist einige interessante Eigenheiten auf. Das chinesische Kunstlied wird darin als besonderes Genre der chinesischen Musik beschrieben, welches sich im 20. Jahrhundert in China stark entwickelt hat. Chinesische Liedkomponisten wie ZHAO Yuan-Ren und HUANG Zi hätten einen großen Beitrag für die Entwicklung des chinesischen Kunstlieds geleistet, indem sie auf Basis traditioneller und zeitgenössischer chinesischer Gedichte zahlreiche Werke komponiert haben. Als sehr typische Beispiele werden drei Stücke von ZHAO Yuan-Ren, zwei Werke von HUANG Zi und eines von Qing-Zhu genannt. Bemerkenswert ist dabei, dass eines dieser Beispiele, das Stück *Haiyun* von ZHAO Yuan-Ren, ein Chorlied ist. In der Beschreibung der weiteren Entwicklung des chinesischen Kunstlieds Mitte/Ende der 1930er Jahre werden zusätzliche Beispiele anderer chinesischer Komponisten genannt. Darunter werden die Stücke *Huanghe song* und *Huanghe yuan* des Komponisten XIAN Xing-Hai als besonders gelungene chinesische Kunstliedkompositionen hervorgehoben. Diese beiden Solostücke stammen aus dem berühmten und bis heute in China sehr populären Werk *Huanghe da hechang*, welches eine Kantate ist, die sowohl Solo- als auch Chorpartien enthält. Da die Artikel der Enzyklopädie von verschiedenen Autoren mit unterschiedlichem Hintergrund stammen, ist es plausibel, dass die Aussagen bezüglich der Interpretation des Kunstliedbegriffs durchaus uneinheitlich sind.

---

[51] JIANG Ying, Art. »Deguo yishu gequ« [Das deutsche Lied], in: *Zhongguo da baike quanshu – Yinyue wudao juan* [Die große chinesische Enzyklopädie], Bd. Musik und Tanz (1989), S. 116–119. JIANG Ying ist eine bekannte Gesangspädagogin und Sopranistin in China, die von 1937 bis 1941 in Deutschland Gesang studierte. Während des Zweiten Weltkriegs ging sie in die Schweiz und studierte dort weiter Operngesang und graduierte 1944 an der Musikhochschule Luzern.

In einem anderen Musik-Standardwerk, dem *Enzyklopädischen Lexikon der Musik* (Yinyue baike cidian)[52], wird die Definition des »Yishu gequ« [Kunstlied] folgendermaßen geschildert:

> »Der Zweck des Komponisten ist das Vermitteln eines tiefgehenden künstlerischen Ausdrucks. Kunstlieder sind nach Werken von Dichtern komponierte Lieder, zumeist Solo-Lieder, die sehr sorgfältig komponiert sind und häufig mit dem Klavier begleitet werden. Die Lieder haben hohe Anforderungen an die Gesangstechnik und werden häufig auf Konzerten aufgeführt. [...] Dieses Musikgenre war Ende des 18. Jahrhunderts in Europa sehr populär. In Frankreich wird diese Form ›Shang Song (Chanson)‹ genannt und in Russland ›Langman Qu (романс / Romanze)‹.«[53]

Zusammenfassend lässt sich sagen, dass sich die jüngere /aktuell anerkannte Fachliteratur in China auf die Beschreibung typischer Merkmale des Kunstliedes beschränkt, dass aber keine Abgrenzung zu anderen Formen erfolgt. Insbesondere für das chinesische Kunstlied ist das Verständnis im Vergleich zum Begriff des deutschen Kunstlieds sehr weit gefasst, so dass auch allgemein Lieder mit hohem künstlerischen Niveau darunter gefasst werden können. Verstärkt wird dieses Verständnis durch die chinesische Übersetzung des Begriffs Kunstlied als »Yishu gequ«, da »Yishu« die Bedeutung von »künstlerisch« betont.

Das weit gefasste Begriffsverständnis und die Unterschiede zur klar umrissenen Definition des deutschen Kunstlieds lassen Spielraum für verschiedene Interpretationen und für Diskussionen des Kunstliedbegriffs, letztere werden in China von der Entstehung des chinesischen Kunstlieds bis in die heutige Zeit geführt. Zu den prominenten Beispielen aus der jüngeren Vergangenheit zählen Veröffentlichungen wie »Cong Yishu gequ de dingming shuoqi«[54] [Diskussionen ausgehend von der Begriffsdefinition des Kunstlieds] von LIAO Fu-Shu und »Guanyu yishu gequ zhi wo jian«[55] [Meine Meinung über das Kunstlied] von WANG Yu-He, beide aus dem Jahr 1999, »Yishu gequ de fazhan wenti«[56] [Probleme der Entwicklung des Kunstlieds] von YE Lin aus

---

[52] MIU Tian-Rui, Art. »Yishu gequ« [Kunstlied], in: *Yinyue baike cidian* [Enzyklopädisches Lexikon der Musik], (1998), S. 706.
[53] Ebd., S. 706.
[54] LIAO Fu-Shu, »Cong yishu gequ de dingming shuoqi«, S. 14–15.
[55] WANG Yu-He, »Guanyu yishu gequ zhi wo jian« [Meine Meinung über das Kunstlied], in: *Renmin yinyue/People's Music* 50 (1999), H. 9, S. 11–12.
[56] YE Lin, »Yishu gequ de fazhan wenti« [Die Entwicklungsprobleme des Kunstlieds], in: *Renmin yinyue/People's Music* 51 (2000), H. 8, S. 5–7.

dem Jahr 2000, »Dui woguo yishu gequ chuangzuo xianzhuang ji xiangguan wenti de sikao«[57] [Gedanken über Zustand und Probleme chinesischer Kunstliedkompositionen] von LIU Cong aus dem Jahr 2001, »Xin shiqi yishu gequ huigu«[58] [Rückblick auf die modernen Kunstlieder] von LI Xi-An aus dem Jahr 2002, »Shi de yinyue – guanyu yishu gequ yu gequ de taolun«[59] [Lyrische Musik – Diskussionen zu Kunstlied und Lied] von SU Xia aus dem Jahr 2002, »Kunstlied / Art song« kao bian«[60] [Forschungsdebatte über das »Kunstlied«] von GUO Ke-Jian aus dem Jahr 2006 und »Zai tan zhongguo yishu gequ de dingyi yu tezheng«[61] [Neue Forschungen zu Definition und Merkmalen des chinesischen Kunstlieds] von HAN Hua aus dem Jahr 2009.

Weiterhin veranstaltete das Kultusministerium China in Kooperation mit dem Chinesischen Musikverband am 8. Juli 1999 ein Symposium zur Förderung der chinesischen Kunstliedkomposition in Peking. Zu den Zielen gehörte eine umfassende Zusammenstellung von Liedkompositionen und ihrer Aufführungen in China als Basis, sowie die Planung von Maßnahmen zur Förderung neuer Kunstliedkompositionen und zur weiteren Verbreitung der Kunstform in China. Zu diesem Anlass veröffentlichten viele renommierte chinesische Musikwissenschaftler ihre Meinung über das chinesische Kunstlied und ihre Auffassung von dieser Gattung. Der Musikwissenschaftler LIAO Fu-Shu machte dabei auf einen wichtigen Aspekt aufmerksam, der in den bisherigen Diskussionen in China gefehlt hatte. In seinem Artikel »Cong yishu gequ de dingming shuoqi« [Diskussionen ausgehend von der Begriffsdefinition des Kunstlied] erläuterte er die zweite Bedeutung des Präfix »Kunst« im Sinne von »künstlich«:

---

[57] LIU Cong, »Dui woguo yishu gequ chuangzuo xianzhuang ji xiangguan wenti de sikao« [Meine Gedanken über den Status und die Probleme chinesischer Kunstliedkompositionen], in: *Renmin yinyue / People's Music* 52 (2001), H. 9, S. 17–19.
[58] LI Xi-An, »Xin shiqi yishu gequ huigu« [Rückblick auf die modernen Kunstlieder], in: *Renmin yinyue / People's Music* 53 (2002), H. 1, S. 6–19.
[59] SU Xia, »Shi de yinyue – guanyu yishu gequ yu gequ de taolun« [Musikalische Lyrik – Diskussionen zu Kunstlied und Lied] in: *Renmin yinyue / People's Music* 50 (2002), H. 2, S. 14–16.
[60] GUO Ke-Jian, »Kunstlied / Art song kao bian«, S. 68–71.
[61] HAN Hua, »Zai tan zhongguo yishu gequ de dingyi yu tezheng« [Neue Forschungen über die Definition und Merkmale des chinesischen Kunstlieds], in: *Yinyue yu yishu* [Musik und Kunst] 30 (2009), H.12, S. 143–144.

> »Der Begriff ›Kunst‹ ist im Chinesischen das Wort ›Yishu‹ (艺术), der Begriff ›Lied‹ ist ›Gequ‹ (歌曲), die Kombination der beiden Wörter ›Yishu gequ‹ stellt somit eine überaus gelungene Übersetzung für den Begriff ›Kunstlied‹ dar. […] Aus dieser Begriffsschöpfung leitet sich ohne Zweifel ein besonderer Schwerpunkt auf dem künstlerischen Anspruch der Lieder ab. […] Bei der Rückverfolgung des deutschen Begriffs ›Kunst‹ aber stellt man fest, dass er mehr als nur eine Bedeutung hat: im Sinne von Fähigkeiten oder Fertigkeiten auf der einen Seite sowie im Sinne von ›künstlich geschaffen‹, wenn ›Kunst‹ als Präfix verwendet wird, wie z. B. in den Begriffen ›Kunstseide‹, ›Kunstleder‹, ›Kunstdünger‹ sowie zahlreichen weiteren. Deshalb liegt der Schwerpunkt von ›Kunst‹ in dem Begriff ›Kunstlied‹ nicht nur auf der Bedeutung von ›künstlerisch‹ sondern auf ›künstlich von Menschen geschaffen‹.«[62]

Die Debatte über Musik als Kunst, vor allem Instrumentalmusik, verstanden als Form begriffsloser Erkenntnis, ist für die deutschen Diskussionen ab dem Ende des 18. Jahrhunderts zentral. Dieser Aspekt erscheint offenbar in der chinesische Diskussion über den Begriff »Kunst« jedoch nicht. Beispielsweise schreibt der bekannte Direktor des Instituts für Musikforschung am Zentralkonservatorium China WANG Yu-He[63] in seinem Beitrag »Guanyu yishu gequ zhi wo jian« [Meine Meinung über das Kunstlied] im Rahmen desselben Symposiums:

> »Generell gesprochen gehört das Kunstlied zur Kategorie der Kammermusik. Sowohl die Komposition als auch die Darbietungsform sollten die tiefe Bedeutung der Lyrik in schlichter Schönheit und raffinierter Form vermitteln, deswegen eignet sich das Klavier hervorragend für die Begleitung und ein Wohnzimmer oder Kammermusiksaal für die Aufführung. […] Aber basierend auf der geschichtlichen Entwicklung und der besonderen Situation in China ist es verständlich, dass so manche hochwertige, ausgezeichnete Lieder aus Theater- oder Filmmusik sowie bearbeitete Volksmusik und künstlerisch wertvolle Chorlieder zur Kategorie des Kunstlieds gerechnet werden. […] Es gibt Stimmen die sagen, die Abgrenzung des Kunstlied-Begriffs sollte sich nicht streng an der zentraleuropäischen Lehrmeinung orientieren, sondern wir Chinesen sollten eine eigenes Verständnis dafür entwickeln. Natürlich muss das Verständnis des Begriffs Kunstlied nicht komplett auf die engere Definition des Genres begrenzt werden, es kann aufgrund der geschichtlichen Entwicklung und der besonderen Situation in China eine angemessene Ausweitung erfolgen. Aber ich persönlich bin der Meinung, dass auch dem gemeinsa-

---

[62] LIAO Fu-Shu, »Cong yishu gequ de dingming shuoqi«, S. 14–15.
[63] WANG Yu-He ist ein bedeutender zeitgenössischer Musikwissenschaftler in China. Er ist Professor und Direktor des Instituts für Musikforschung am Zentral-Konservatorium in China.

men internationalen Verständnis Rechnung getragen werden muss, um Missverständnisse im internationalen Austausch zu vermeiden. Insbesondere sollte die Erklärung für das Genre des Kunstlieds nicht zu breit und oberflächlich erfolgen. Auf gar keinen Fall jedoch sollte das Kunstlied als allgemeine Bezeichnung für sämtliche künstlerisch wertvolle Lieder verwendet werden.«[64]

Im Jahr 2007 fand an der Northwest University for Nationalities in Lanzhou eine landesweite Forschungskonferenz zum chinesischen Kunstlied (»Zhongguo yishu gequ yantaohui«) statt, auf der neue Forschungsergebnisse zu den Aspekten »Definition der Gattung«, »Forschungen zur Ästhetik«, »geschichtlicher Rückblick«, »Forschungen zur Komposition«, »Forschungen zur Klavierbegleitung« sowie »Gesangsausbildung« vorgestellt wurden.[65] Dies und viele weitere Beispiele belegen die bis heute anhaltende lebhafte Auseinandersetzung mit dem Kunstliedbegriff in China.

Im deutschen Raum dagegen hat der Liedbegriff eine lange Geschichte, die bis ins frühe Mittelalter (etwa 9. Jahrhundert) zurück reicht, wobei die Trennung in geistliches und weltliches Lied bzw. Volkslied und Kunstlied erst Mitte des 19. Jahrhunderts einsetzte und sich zur Jahrhundertwende etablierte. Das heutige Begriffsverständnis des Kunstliedes (bzw. des in Deutschland synonym verwendeten Begriffs des Liedes) teilt sich in eine engere, klar umrissene Definition und eine umfassende Definition, die alle Formen des Liedes mit einem gewissen künstlerischen Anspruch umfasst.[66]

Bei der engeren Definition steht im Vordergrund, dass es sich beim Kunstlied um eine bewusst (künstlich) geschaffene, anspruchsvolle Vertonung einer lyrischen Vorlage durch einen namentlich bekannten Komponisten mit oft ernstem Hintergrund handelt. Die Gattung ist deutlich von den Gattungen Kirchenlied und Volkslied abzugrenzen. Zur engeren Definition gehört weiterhin, dass es sich um ein Solo-Stück handelt (da ein Chorlied durch seine Mehrstimmigkeit den Text des zugrunde liegenden Gedichtes nicht klar vermitteln kann) und es ein selbstständiges Werk darstellt, das nicht Teil einer Oper, eines Theaterstückes oder einer Kantate ist. Der enge Begriff umfasst geschichtlich gesehen Lieder, deren Entstehung in den Zeitraum von Schu-

---

[64] WANG Yu-He, »Guanyu yishu gequ zhi wo jian« [Meine Meinung über das Kunstlied], in: *Renmin yinyue/People's Music* 50 (1999), H. 9, S. 12.

[65] LI Shu-Ming (Hrsg.), *Zhonggou yishu gequ lun* [Artikel zur Diskussion des chinesischen Kunstlieds], Shanghai 2009.

[66] Zum westlichen Verständnis des Liedbegriffs siehe Peter Josts Artikel »Lied«, *MGG2.*, Sp. 1259–1263.

berts ersten Goethe-Vertonungen (1814) bis zu den Werken von Richard Strauss und Arnold Schönberg fällt.

Für Lieder, die im anderssprachigem Raum oder deutlich vor/nach der Epoche des romantischen Kunstlieds entstanden, gibt es jedoch keine klaren Kriterien. Es erfolgte keine weiterführende Kategorisierung und Normierung; Begriffe wie »Lied«, »Kunstlied« und »Volkslied« wurden zum Teil sogar vermieden zugunsten allgemeiner gefasster Oberbegriffe wie z. B. der »Musikalischen Lyrik«[67]. In der Musikenzyklopädie *Die Musik in Geschichte und Gegenwart* (MGG) beispielsweise heißt es zum erweiterten Kunstliedbegriff:

> »Die Abgrenzung zu benachbarten Gattungen oder Formen lässt Raum für vielfältige Misch- und Sonderformen, die hier nicht weiter behandelt werden können. [...] Im 20. Jh. setzte sich in theoretischen Abhandlungen zum Lied immer stärker die historische Perspektive unter Verzicht einer Analyse der Gegenwart oder gar einer normativen Forderung gegenüber zukünftigen Liedkompositionen durch.«[68]

Und weiter:

> »[…] das Kunstlied im umfassenden Sinne, das die ganze zweitausendjährige Geschichte der Gattung und damit alle Lieder erfasst, die einen gewissen (im einzelnen z. T. schwer bestimmbaren) Kunstanspruch erheben.«[69]

Dies lässt Raum für Diskussionen, die in China, insbesondere in Bezug auf das chinesische Kunstlied, bis heute anhalten.

---

[67] Vgl. Andreas Meyer, »Musikalische Lyrik im 20. Jahrhundert [1920–2000]«, in: Hermann Danuser (Hrsg.), *Musikalische Lyrik* (Handbuch der musikalischen Gattungen 8), Laaber 2004, Bd. 2, S. 225–318.

[68] Peter Josts Artikel vermittelt einen Überblick über die westliche Vorstellung von der Idee des Liedes. Vgl. Peter Jost, Art. »Lied«, *MGG2*, Sp. 1263 und Sp. 1266.

[69] Ebd., Sp. 1263.

1.3 Exkurs: Das altertümliche chinesische Kunstlied

Das Kunstlied im allgemeinen Sinn ist eine Vokalmusik-Gattung, basierend auf der Integration von Dichtkunst, Vokalmusik und Instrumentalmusik. Bereits lange Zeit bevor das moderne chinesische Kunstlied Anfang des 20. Jahrhunderts entstand, gab es im antiken China eine weit zurückreichende Tradition der Verknüpfung von Gedichten und Musik in Form von Liedern. Nach der erweiterten Definition des Liedbegriffs können diese Werke als »altertümliches chinesisches Kunstlied« bezeichnet werden, da es in der Tat einige Parallelen zur Kunstform des Liedes nach westlichem Verständnis gibt. Es handelt sich bei einem Großteil der Werke um Vertonungen klassischer chinesischer Gedichte für Sologesang mit Begleitung durch ein einzelnes Instrument, die geschrieben wurden, um die Gefühle des Komponisten auszudrücken. Weiterhin waren sie nicht für religiöse Zeremonien oder Anlässe bei Hofe bestimmt, sondern galten dem Gedankenaustausch in hochgebildeten bürgerlichen Kreisen.

Die Entstehung und Entwicklung des modernen chinesischen Kunstlieds geht auf Einflüsse aus dem westlichen Ausland, insbesondere aus Deutschland, zurück und hat keinerlei direkte Verbindung zum altertümlichen Kunstlied. Erst lange nach der Entstehung des modernen Kunstlieds gab es Versuche einiger chinesischer Liedkomponisten, Werke des altertümlichen chinesischen Kunstlieds neu zu vertonen.[70] Dennoch könnte die weit in die Geschichte zurückreichende Tradition die Aufnahme und schnelle Weiterentwicklung der modernen Kunstform des Liedes in China begünstigt haben. Im Folgenden wird ein kurzer Überblick zur Geschichte des altertümlichen Liedes in China gegeben.

Als eines der frühesten Beispiele der Vertonung von Gedichten in China gilt das chinesische Liederbuch *Shijing* [Buch der Lieder], dessen Entstehung auf einen Zeitraum zwischen dem 10. und 7. Jahrhundert v. Chr. datiert wird. Dieses Buch enthält eine Sammlung von 305 Liedern, die von Konfuzius selbst zusammengestellt worden sein soll. Die Texte sind bis heute erhalten, aber die Melodien der Lieder sind leider verloren gegangen. Die darin enthaltenen Lieder können deshalb nicht unbedingt als Kunstlieder im heutigen

---

[70] Ein prominentes Beispiel ist das Lied *Xinghua tian ying*, welches sowohl von LUO Zhong-Rong als auch von JIN Xiang neu vertont wurde.

Sinne gelten, sind aber ein Beleg für eine nahezu 3000-jährige Geschichte der musikalischen Lyrik in China.

Bei der Liedart des sogenannten »Qin Ge« ist die Notation der Melodie dagegen bis heute überliefert, und zahlreiche Lieder sind bewahrt worden. Es handelt sich um ein Lied-Genre, bei dem Vokalmusik, Instrumentalmusik und Dichtkunst kunstvoll verbunden sind, weshalb es in China als Vertreter des chinesischen »Yishu gequ« [Kunstlied] in der Frühzeit gesehen wird.[71] Der Begriff leitet sich vom klassischen Instrument Qin (teilweise auch Guqin genannt) ab, einer siebensaitigen steglosen Langzither. Die Qin war das bevorzugte Instrument von Gelehrten, Malern und Dichtern, Philosophen und Herrschern, und wurde als Solo- und Begleitinstrument für Gesang eingesetzt. Konfuzius galt beispielsweise als geübter Qin-Spieler und -Komponist, und selbst bis heute gilt die Qin noch als Instrument der Intellektuellen. Der Begriff »Ge« ist ein allgemeines chinesisches Wort für Lieder. Die chinesische Qin-Kunst entwickelte sich in der Han- und Tang-Dynastie sehr weit. Durch die diversen Spieltechniken der beiden Hände können vielfältige Klangfarben ausgedrückt werden. Während der Tang- (618–907 n. Chr.) und Song-Dynastie (960–1279 n. Chr.), der Blütezeit der chinesischen Dichtkunst, gab es zahlreiche Musiker, die Gedichte als Lieder für Gesang und Qin vertonten. Manche Dichter waren auch selbst Musiker, wie z. B. WANG Wei, der berühmte Dichter aus der Tang-Dynastie, der ein fachkundiger Musiker und Beamter des Hofes für Ritualmusik war, oder JIANG Bai-Shi, der bekannte Dichter und Musiker aus der Song-Dynastie.

Das in dem folgenden Notenbeispiel 2 gezeigte Qin-Lied *Gu yuan* von JIANG Kui aus der Song-Dynastie (entstanden ca. 1155–1221 n. Chr.) gilt als bislang frühestes überliefertes Stück mit vollständigen Noten für die Qin-Begleitung. Die Qin-Notation »Jian zi pu« (Zeichennoten) wurde bereits in der Tang-Dynastie verwendet und stellt eine wichtige Voraussetzung für die Entwicklung der chinesischen musikalischen Lyrik dar. Die Zeichennoten geben sowohl die Tonhöhe an als auch den zu verwendenden Fingersatz der linken Hand und die Spieltechnik der rechten Hand. Die Singstimme ist vermutlich übereinstimmend. Das alte chinesische Notationssystem gibt dem Künstler großen Interpretationsspielraum, was dieser Kunstform eine besondere Faszination verleiht. Es bildeten sich verschiedene Schulen, deren Stil von Genera-

---

[71] ZHANG Chou und MAO Kuang-Ping (Hrsg.), *Zhongguo yishu gequ xuanji* [Chinesische Kunstlied-Anthologie] Shanghai 2007, Vorwort.

tion zu Generation mündlich weitergegeben wurde. Notenbeispiel 3 zeigt das gleiche Stück in westlicher Notation.

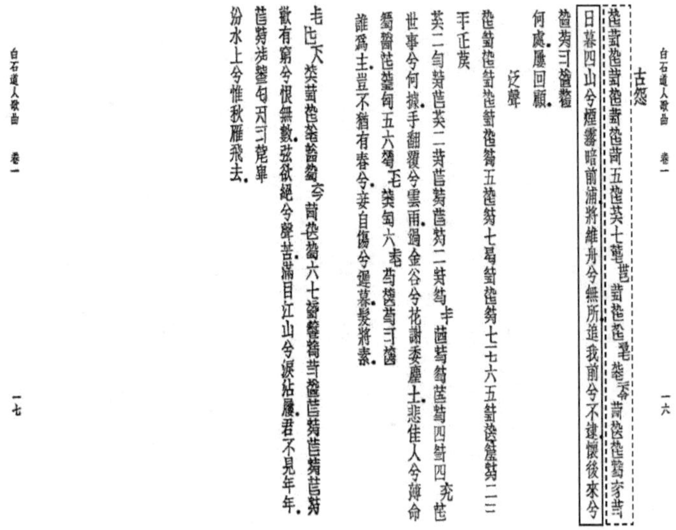

Notenbeispiel 2: Das Qin-Lied *Gu yuan* von JIANG Baishi aus der Song-Dynastie (ca. 1155–1221 n. Chr.). Die Notation wird von rechts nach links und in jeder Spalte von oben nach unten gelesen. Jeweils zwei Spalten gehören zusammen, die Zeichen in der jeweils rechten Spalte (beispielhaft durch eine gestrichelte Linie markiert) repräsentieren die Noten für die Qin-Begleitung und die jeweils zweite Spalte enthält den Liedtext (durchgezogene Linie).[72]

---

[72] YU Yuan-Cong (Hrsg.), Baishi Daoren gequ [Sammlung der Qin-Lieder von Baishi Daoren], Bd. 1, Beijing 1939, S. 16–17. Die Originalversion des Liedes stammt aus der Song-Dynastie (ca. 1155 – 1221 n. Chr.).

Notenbeispiel 3: Das Qin-Lied *Gu yuan* von JIANG Kui aus der Song-Dynastie (ca. 1155–1221 n. Chr.) im westlichen Notensystem.[73]

In der repräsentativen Liedsammlung *Chinesische Kunstlied-Anthologie* aus dem Jahr 2007 sind 33 Kunstlieder zusammengestellt, zumeist Qin Ge aus der Frühzeit des chinesischen Lieds. Für zwanzig dieser Lieder wurde von gegen-

---

[73] ZHANG Chou und MAO Kuang-Ping (Hrsg.), *Zhongguo yishu gequ xuanji*, Bd. 1, S. 89.

wärtigen chinesischen Liedkomponisten eine Neubearbeitung mit Klavier-Stimme dazu geschrieben, um die Stücke an die Form des modernen Kunstlieds anzupassen. Es gibt auch einige Werke, wie z. B. das Lied *Xinghua tian ying* [Aprikosenblüten fallen vom Himmel], die von verschiedenen Komponisten neu vertont wurden, so dass nun mehrere Versionen in unterschiedlichen Stilen existieren.[74]

---

[74] Vgl. ZHANG Chou und MAO Kuang-Ping (Hrsg.), *Zhongguo yishu gequ xuanji*, Bd.1, S. 1–3 und S. 54–59.

2 Qing-Zhu und Hua-Li-Si (Irmgard Heinrich) – Das erste moderne chinesische Kunstlied

2.1 Einleitung

Qing-Zhu (1893–1959, Geburtsname LIAO Shang-Guo[75]) brachte die Kunstform des Liedes von Deutschland mit nach China und schrieb nach heutigem Kenntnisstand das erste moderne chinesische Kunstlied der Geschichte. Er ist bis heute als bedeutender Musikkritiker, Musikästhetiker und Liedkomponist in China hoch angesehen.

Dabei war Qing-Zhu eigentlich gar kein Musiker, sondern er durchlief in seinem wechselhaften Leben zwischen politischen Turbulenzen in Europa und China eine ganze Reihe beruflicher Stationen. Er kam 1912 für ein Militärstudium nach Deutschland, lernte dort die westliche Musik kennen und in diesem Kontext seine spätere Ehefrau, eine gebildete Musikerin und Liebhaberin des Kunstliedes. In Folge des intensiven Austausches zwischen den beiden auf den Gebieten der Musik, Philosophie und Poesie entstanden die ersten Versuche der Verbindung klassischer chinesischer Gedichte mit dem westlichen Kunstlied. Einige dieser Lieder werden bis heute aufgrund ihrer reifen und hochwertigen Komposition hoch geschätzt. Qing-Zhu komponierte im Jahr 1920 das Lied *Da jiang dong qu*, das als erstes chinesisches Kunstlied nach westlichem Vorbild in der chinesischen Musikgeschichte gilt.[76] Insgesamt umfasst sein Werk 32 Lieder, die im Zeitraum von 1920–1932 entstanden, die meisten davon Kunstlieder.

Außerdem war Qing-Zhu ein Pionier auf dem Gebiet der Musikästhetik; gemeinsam mit seiner deutschen Ehefrau brachte er das westliche Musikverständnis nach China und verbreitete es dort. Obwohl er auf dem Gebiet der Musik, als Redakteur, Musikkritiker und -ästhetiker, nur vergleichsweise kurze Zeit tätig war, veröffentlichte er mehr als 60 Artikel über Musik in China. Seine Schriften führten unter den chinesischen Künstlern und Gelehrten zu

---

[75] LIAO Shang-Guo änderte 1928 seinen Namen in Qing-Zhu, um politischer Verfolgung zu entgehen und weiterhin berufstätig zu bleiben. Details dazu siehe Abschnitt »Biographie«.
[76] Vgl. WANG Yu-He, *Zhongguo jin xian dai yinyue shi* [Die Musikgeschichte des modernen China], Beijing 2009.

kontroversen Diskussionen und stellten einen Startpunkt für die weitere Entwicklung des chinesischen Kunstliedes dar.

Großen Einfluss auf das Werk von Qing-Zhu hatte dabei seine deutsche Ehefrau Irmgard Heinrich, die ihm 1926 nach China folgte, dort unter dem Namen Hua-Li-Si als Gesangs- und Klavierdozentin tätig war und wie ihr Mann klassische chinesische Gedichte in Liedern vertonte und veröffentlichte. Einen Großteil seiner musikalischen Ausbildung, darunter Geige, Klavier, Gesang und Komposition, erhielt Qing-Zhu von seiner Frau, die darüber hinaus in ihm die Begeisterung für die Kunstform des Liedes weckte.

2.2 Biographien

LIAO Shang-Guo (später unter dem Künstlernamen Qing-Zhu berühmt geworden) wurde im Jahr 1893 in Kanton geboren und starb im Jahr 1959 in Shanghai.

In seiner Jugend war China geprägt vom Ende der Opiumkriege, dem Verfall der kaiserlichen Monarchie und einer schwachen Wirtschaftslage. Deshalb hatten chinesische Intellektuelle wie Liaos Vater zu dieser Zeit ein großes Interesse daran, die moderne Technik des Westens (z. B. Dampfschifffahrt, Eisenbahn, Telegraphie, maschinelle Produktion) zu erlernen. Liao nahm nach dem Abschluss der Mittelschule[77] zunächst eine Ausbildung in Industrielehre an der Fachschule Guangzhou auf. Nach dem verlorenen Ersten Japanisch-Chinesischen Krieg, nach Übergriffen des Westens auf China und mehreren »unfairen Friedensverträgen« wie z. B. dem »Boxerprotokoll« spitzte sich die Situation zu: China wurde in Einflusszonen aufgeteilt, die von Europäern, Japanern und Amerikanern kontrolliert wurden, welche dort Kriegsflotten und Truppenbestände stationierten. Diese Lage bewegte viele Chinesen zum Umdenken, unter ihnen auch LIAO Shang-Guo. Eine Rettung des Landes konnte ihrer Meinung nach nur erreicht werden, wenn man nicht nur an technischen

---

[77] Hintergrundbemerkung zum Schulsystem in China: Unter dem Begriff Mittelschule (Zhongxue) wird in China im Allgemeinen die Schulzeit zwischen der Grundschule (Xiaoxue) und dem Studium (Daxue) verstanden, also ähnlich wie das Gymnasium in Deutschland. Innerhalb der Mittelschule werden in Chinas Schulsystem zwei Phasen unterschieden. Die ersten drei Jahre werden als »Chuji zhongxue« oder verkürzt »Chu zhong« bezeichnet und die zweite Stufe, die ebenfalls drei Schuljahre umfasst, wird als »Gaoji zhongxue« oder verkürzt »Gao zhong« bezeichnet.

Fortschritt, sondern auch an die Landesverteidigung dachte, die nur mit einer starken und disziplinierten Armee gelingen konnte. Deshalb studierte er mit siebzehn Jahren an einer Militärakademie in Guangdong, die noch zur Zeit der Qing-Dynastie gegründet worden war. Ein Jahr später, im Jahre 1911, beteiligte er sich an der von Sun Yat-Sen vorangetriebenen Xinhai-Revolution, die mit der Gründung der Republik China am 1. Januar 1912 endete. Dabei bekam er zwei Silbermedaillen für »Verdienste in der Revolution« verliehen und wurde anschließend von der Revolutionsregierung der Provinz Kanton für ein Militärstudium nach Deutschland ausgewählt.[78] Deutschland war besonders interessant für Liao, denn das effiziente preußische Militärwesen galt im damaligen China als sehr modern, und Otto von Bismarck war vielen in China ein Vorbild.[79] Die Provinz Kanton, aus der Liao stammte, war damals als sehr fortschrittlich bekannt. Aber der zuständige Beamte der chinesischen Botschaft in Berlin gehörte zu einer eher konservativen Richtung, die revolutionären Ideen sehr kritisch gegenüberstand. Und so konnte Liao nach seiner Ankunft in Deutschland im Jahr 1912 statt Militärwesen nur Rechtswissenschaften an der Friedrich-Wilhelms-Universität Berlin (heutige Humboldt-Universität zu Berlin) studieren.

Das Studium an deutschen Universitäten schrieb keinen Pflichtstundenplan vor und ließ den Studenten die Freiheit, sich neben dem eigenen Fach auch in anderen Interessengebieten weiterzubilden. LIAO Shang-Guo besuchte daher mit großem Interesse auch Vorlesungen in Philosophie, Geschichte, Literatur, Kunst und Musik, was ihm ausreichend Möglichkeit bot, die abendländische Kultur und besonders Musik kennen zu lernen. Nach einem Besuch eines Beethoven- Konzertes (sechste Symphonie, *Pastorale*) in der Berliner Philharmonie war Liao tief berührt und entschloss sich, Geige zu lernen. Er inserierte folgende Annonce in einer Berliner Zeitung: »Unbedarfter chinesischer Student sucht Geigenlehrer, um Beethovens Violinkonzert spielen zu können!«[80] So lernte er Irmgard Heinrich (1895–1969) kennen, eine Musikstudentin aus Berlin. Sie stammte aus guter Familie und hatte bereits als Kind Musikunterricht bekommen. Als Jugendliche war ihr vom Opernkapellmeister des königlich preußischen Orchesters Adolf Steinmann Klavier-, Geigen-, Theorie- und Gesangsunterricht gegeben worden. Danach studierte sie an einem Musikkon-

---

[78] Vgl. LIAO Chong, *Der deutsche Chinese – Das wechselvolle Leben des Komponisten Qing-Zhu*, Augsburg 2009, S. 10–11. Die Autorin LIAO Chong ist eine Enkelin von Qing-Zhu.
[79] Vgl. ebd., S. 10.
[80] Ebd., S. 20.

servatorium in Berlin Geige und Gesang.[81] Sie widmete sich insbesondere dem Kunstlied und liebte Poesie, und so entdeckte sie wahrscheinlich auch die chinesische Dichtkunst, die damals erst allmählich in Deutschland bekannt wurde. In Europa war alles im Umbruch, alte Werte wurden in Zweifel gezogen, und somit machte sich eine allgemeine Unsicherheit und Orientierungslosigkeit breit. Asiatische Kunst wurden von vielen Europäern erstmals zur Kenntnis genommen und zum Teil als »Ruhepunkt« empfunden. In dieser Zeit entstanden z. B. Hans Bethges Nachdichtungen klassischer orientalischer Lyrik. Der erste Band *Die chinesische Flöte* hatte eine Gesamtauflage von knapp 100.000 Exemplaren, und Texte daraus wurden von mehr als 180 Komponisten vertont. Darunter war auch Gustav Mahlers Werk *Das Lied von der Erde*.

Zwischen Liao und seiner Lehrerin Irmgard Heinrich entstand ein intensiver, tiefer und persönlicher Austausch zwischen Deutschland und China: Sie brachte ihm die deutsche Kultur näher und er ihr die Gedichte der Tang- und Song-Dynastie, die Philosophie von Laotse und die Weltanschauung des Taoismus. Sie sang ihm häufig die Lieder von Franz Schubert, Robert Schumann, Johannes Brahms und Hugo Wolf vor und begleitete sich selbst dabei auf dem Klavier. Deshalb wollte Liao auch Klavier spielen lernen. Außerdem las er auf ihre Anregung hin auch viele Gedichte von Joseph von Eichendorff, Heinrich Heine, Johann Wolfgang von Goethe und Friedrich Schiller. Vieles lernte er auswendig, um es seiner Lehrerin bei Gelegenheit vorzutragen. Darüber hinaus lernte er von ihr ein wenig Komposition und Harfe. Zwischen 1912 und 1914 ermöglichte ein Stipendium der Provinz Kanton ihm ein weitgehend sorgenfreies Leben.[82]

---

[81] Vgl. ebd., S. 21 und S. 24.
[82] Vgl. ebd., S. 20, 21 und 25.

Abbildung 1: LIAO Shang-Guo mit Irmgard Heinrich im Grunewald, Berlin 1920[83]

Nach Ausbruch des Ersten Weltkrieges erhielt Liao keine finanzielle Unterstützung mehr aus China und konnte auch nicht in seine Heimat zurückkehren. Aus diesem Grund musste Liao sein Studium unterbrechen und konnte sich auch nicht mehr den »schönen Künsten« widmen. Zwischen 1917 und 1918 beteiligte sich China auf Seiten der Alliierten am Krieg gegen Deutschland, der 1919 mit der Pariser Friedenskonferenz endete. Der daraus resultierende Versailler Vertrag brachte für China entgegen der eigenen Erwartungen weitere negative Konsequenzen, was die westlichen und japanischen Konzessionsgebiete in China betraf. Deshalb entstand in China aus Studentenprotesten die »Bewegung des 4. Mai«[84], die sich gegen die »Ungleichen Verträge« wandte und sich für eine Modernisierung des Landes einsetzte. Als führende intellektuelle Persönlichkeit und wegen seiner guten Deutschkenntnisse hielt

---

[83] Ebd., S. 240.
[84] Vgl. WANG Gui-Lin, GUO Da-Jun (Hrsg.), *Zhongguo xiandai shi* [Moderne Chinesische Geschichte], Dritte Ausgabe, Bd. 1, Beijing 2010. Die Anerkennung der »Einundzwanzig Forderungen« durch die chinesische Regierung, welche Japan Konzessionsgebiete und umfassende Rechte in China einräumten, führte zu Wut und Frustration im Land. Aus Studentenprotesten am 4. Mai 1919 entstand eine Massenprotestbewegung, welche alle Schichten der Gesellschaft verband. Sie ist eng verknüpft mit der »Neuen Kulturbewegung« (Xin wenhua yundong), die in der Zeit von 1915 bis 1925 Chinas Intellektuelle in dem Bestreben verband, moderne westliche Errungenschaften wie Gleichberechtigung und Demokratie sowie Fortschritte in Technik, Wissenschaft und Kultur in China einzuführen und das Bildungsniveau der Bürger zu heben.

Liao in diesem Zeitraum viele Vorträge in Deutschland, um auf die Situation in China aufmerksam zu machen und die Bewegung des 4. Mai zu unterstützen. Damit er noch besser und verständlicher öffentlich sprechen konnte, nahm er extra Aussprache-Unterricht bei deutschen Schauspielern. Aufgrund seiner guten Deutschkenntnisse arbeitete Liao auch als Dolmetscher für den in China sehr berühmten chinesischen Journalisten und früheren kaiserlichen Berater LIANG Qi-Chao[85], während dessen Aufenthalts in Deutschland Anfang 1919. Beim offiziellen Empfang von LIANG Qi-Chao und seiner Begleitung trug Liaos Verlobte Irmgard eines ihrer selbstkomponierten Lieder *Qing ping diao* vor,[86] dessen ursprüngliche Textquelle von dem bekannten chinesischen Dichter LI Bai aus der Tang-Dynastie stammte.

Nach dem Ende des Ersten Weltkrieges konnte Liao in Berlin weiterstudieren und heiratete Irmgard Heinrich nach Abschluss seiner Promotion in Rechtswissenschaften im Jahr 1921. Ihre Eltern waren gebildet, einflussreich und konservativ und verkehrten außerdem durch ihre Verbindung mit der »Königlich-Kaiserlichen Porzellanmanufaktur« in vornehmen Kreisen. Ein chinesischer Schwiegersohn war ihnen unerwünscht. Da Irmgard Heinrich Liao sehr liebte und viel Willenskraft hatte, verzichtete sie auf ihr Erbe und nahm bei ihrer Heirat seinen Namen an, was damals ein sehr mutiger Schritt war.[87] In dieser Zeit war der künstlerische und kulturelle Austausch des jungen Paares besonders intensiv, und Liaos erstes bekanntes Kunstlied *Da jiang dong qu* entstand (zur musikalischen Analyse des Liedes siehe Kap. 2.4.1).

Das private Glück ließ Liao die Probleme in seinem Heimatland nicht vergessen. Aus diesem Grund reiste er 1922 zunächst alleine nach Kanton zurück, um dort eine Arbeit zu finden und die Möglichkeit zu schaffen, seine Frau und

---

[85] LIANG Qi-Chao war Berater des chinesischen Kaisers Guangxu. Er bemühte sich um eine Reform und Modernisierung des chinesischen Kaiserhofes, des Beamtenapparats, des Bildungs- und Prüfungswesens und des Militärs. Die von Liang mit initiierte »Hundert-Tage-Reform« (戊戌变法) scheiterte rasch am Widerstand der reformunwilligen Mandarine und der Kaiserinwitwe Cixi, die den Kaiser Guangxu 1898 eigenmächtig als »schwerkrank« absetzen ließ und die Reformen rückgängig machte.

[86] LIAO Fu-Shu, »Cong lao huangpu dao xin huangpu – Qing Zhu zai Guangdong«, in: LIAO Chong-Xiang (Hrsg.), *Yue yuan tan wang – LIAO Fu-Shu wenji* [Sammlung der Artikel von LIAO Fu-Shu], Beijing 1996, S. 240. LIAO Fu-Shu ist der jüngere Bruder von Qing-Zhu und ein bekannter Musikwissenschaftler in China.

[87] Vgl. LIAO Chong, *Der deutsche Chinese – Das wechselvolle Leben des Komponisten Qing-Zhu*, S. 51–52.

ihre 1922 geborene gemeinsame Tochter Leonore (Yüki) nach China nachkommen zu lassen. Dies gelang erst vier Jahre später, im Jahre 1926. Liao arbeitete als einflussreicher Politiker für die regierende Kapitalistische Partei China (Guomindang), hatte aber durchaus auch Interesse an den aufkommenden sozialistischen / kommunistischen Ideen und unterstützte die gemäßigte Einstellung, dass eine Zusammenarbeit beider Parteien richtig und sinnvoll sei. Im Jahr 1927 ordnete der Führer der Guomindang, Chiang Kai-Shek, eine Säuberung seiner Partei an und erklärte gemäßigte Einstellungen für untragbar. Liao geriet aufgrund seiner Einstellung und seiner persönlichen Kontakte zu »Linken« in Verdacht, wurde auf die »Schwarze Liste« gesetzt und war gezwungen, mit seiner Familie nach Hongkong zu fliehen und dort unterzutauchen. Um in dieser Situation Geld für den Lebensunterhalt verdienen zu können, bewarb sich seine Frau unter dem Decknamen »Elinor Valesby« – allerdings erfolglos – als Musiklehrerin an einer Missionarsschule und anderen Stellen. Die schlechten Umstände zwangen die Liaos, im Jahr 1928 nach Shanghai[88] umzuziehen.

In Shanghai hatte XIAO You-Mei, ein Kommilitone und Freund aus Liaos Berliner Studienzeit, gerade die Staatliche Hochschule für Musik Shanghai mitgegründet und war jetzt dort Vize-Direktor. In dieser Position konnte er Liao und dessen deutscher Frau Arbeit beschaffen. Xiao ermöglichte es seinem Freund, unter dem Künstlernamen »Qing-Zhu« als Redakteur für das Magazin *Yin* [Ton] der Hochschule für Musik Shanghai und des wissenschaftlichen Journals *Yue yi* [Musik-Kunst] zu arbeiten. Liaos Frau bekam unter ihrem Decknamen »Valesby« eine Stelle an der Staatlichen Hochschule für Musik Shanghai als Gesang- und Klavierdozentin. Um es ihr leichter zu machen, schlug XIAO ihr vor, den chinesischen Namen 华丽丝, Hua-Li-Si, (dessen Aussprache im chinesischen ähnlich klingt wie Valesby) zu verwenden. Unter diesem Namen wurde Liaos deutsche Ehefrau später in chinesischen Musiker-Kreisen bekannt. Mit der neuen Anstellung hatten die Liaos wieder ein relativ

---

[88] Teile von Shanghai waren nach den Opiumkriegen als Konzession an England und Frankreich abgegeben worden. In diesen unabhängig von Restchina verwalteten Gebieten lebten bisweilen über 36.000 Ausländer, wodurch sich Shanghai zu einer Metropole im europäischen Stil entwickelte. Die Stadt galt vielen als eine ›politische Rettungsinsel‹, da man für Shanghai kein Visum benötigte. Viele Künstler, darunter zahlreiche Russen, Deutsche und Österreicher, welche ihre Heimat auf der Flucht vor den Nationalsozialisten verlassen hatten, waren dorthin geflüchtet. Vgl. LIAO Chong, *Der deutsche Chinese – Das wechselvolle Leben des Komponisten Qing-Zhu*, S. 93.

gesichertes Einkommen und konnten sich nach vielen Jahren wieder intensiv der Musik widmen.

Abbildung 2: Portrait von »Mrs. E. Liau-Valesby« im Dozentenverzeichnis der Staatlichen Hochschule für Musik Shanghai[89]

Liao verfasste in dieser Periode über 60 Artikel, vorwiegend über Musikästhetik, sein Verständnis von Musik als Kunstform, die europäische Musik des 20. Jahrhunderts und die gegenwärtige Musik in China, und veröffentlichte diese unter dem Pseudonym Qing-Zhu in diversen wissenschaftlichen Magazinen.[90] Seine Gedanken fasste er weiterhin in zwei Büchern zusammen: 1930 veröffentlichte er das Werk *Yue hua* [Diskurs zur Musik] als erstes musikästhetisches Werk des modernen China, und 1933 das Buch *Yinyue tong lun* [Allgemeiner Überblick über Musik], die beide große Aufmerksamkeit erregten und bis heute geschätzt werden.

---

[89] LUO Qin und QIAN Ren-Ping (Hrsg.), *Guoli yinyue yuan • guoli yinyue zhuanke xuexiao tujian (1927–1941)* [Illustrationen der Staatlichen Hochschule für Musik Shanghai und Staatlichen Musikfachhochschule Shanghai (1927–1941)], Shanghai 2013, S. 48.

[90] Vgl. LIAO Chong, *Der deutsche Chinese – Das wechselvolle Leben des Komponisten* Qing-Zhu, S. 92.

Abbildung 3: LIAO Shang-Guo mit seiner Frau Irmgard, Tochter Yüki und Bruder LIAO Fu-Shu vor dem Haus in der Französischen Konzessionszone in Shanghai um 1930[91]

Auch im Hinblick auf die Liedkomposition stellte die Zeit in Shanghai für Qing-Zhu und seine Frau Hua-Li-Si eine zentrale Schaffensperiode in ihrem Leben dar. Ein Klavier, das sie von Freunden geschenkt bekamen, gab ihnen die Möglichkeit, zu Hause jederzeit Neues auszuprobieren, Lieder zu komponieren und zu begleiten. Die Eheleute diskutierten über Musik, Gesang und chinesische Gedichte. Sie tauschten Ideen und Einsichten noch reger aus als zuvor, denn das ließ sie ihre Sorgen (politische Verfolgung, finanzielle Probleme) beinahe vergessen. Qing-Zhu komponierte in dieser Zeit viele Lieder auf Basis eigener Gedichte, darunter die bekannten Werke *Chinese*, *Xiaoyao you*, *Yi shui de songbie* und *Xia xi*. Er vertonte auch zahlreiche klassische chinesische Gedichte wie z. B. *Hong man zhi*, *Yue yao ge*, *Chiri yanyan si huo shao* und *Yi Jiangnan*. Sein wohl bekanntestes Werk ist das Lied *Wo zhu Changjiang tou*, das bis

---

[91] Ebd., S. 243.

heute immer noch sehr populär in China ist und häufig bei Liederabenden aufgeführt wird.

Obwohl sie kein Chinesisch sprechen konnte,[92] interessierte sich Qing-Zhus Frau in dieser Zeit sehr für die klassischen chinesischen Gedichte und beschäftigte sich mit deren sinngemäßen Übersetzungen, Hintergründen und Inhalten. Sie komponierte mehrere Lieder auf Basis chinesischer Gedichte, unter ihnen die anerkannten Werke *Bing dao ru shui-shao nian you*, *Lian wai yu chan chan – Lang tao sha*, und das in Taiwan bis heute beliebte Werk *Xi zhi xi de jin xiao ye*.

Im Jahr 1929 eröffnete Qing-Zhu in Shanghai die »Musik-Buchhandlung X«. Er war der Besitzer, sein Bruder LIAO Fu-Shu verstand aber mehr von Geschäftsführung und wurde deshalb Buchhalter und Verkäufer. Qing-Zhu nutzte die Möglichkeiten, die ihm die Buchhandlung bot, um seine Vorstellungen und sein Wissen über Musik und Musikästhetik sowie Kunst im Allgemeinen zu verbreiten. So ließ er unter anderem ca. 1000 Einzelausgaben der Lieder von Schubert, Schumann, Brahms und Wolf mit Originaltexten samt deren chinesischen Übersetzungen drucken. Er handelte außerdem mit Bildpostkarten von Claude Monet, Auguste Renoir, Peter Paul Rubens, sogar von Pablo Picasso und Marc Chagall, um dadurch einem Teil der chinesischen Bevölkerung »westliches Kulturgut« zugänglich machen.[93] Darüber hinaus veröffentlichte Qing-Zhu auch seine eigenen Kunstlieder und die seiner Frau Hua-Li-Si. Seine Liedsammlung *Qing ge ji* wurde im Jahr 1929 veröffentlicht, die gemeinsame Liedsammlung von Qing-Zhu und Hua-Li-Si *Yin jing* erschien im Jahr 1931. Er übersetzte weiterhin zahlreiche Texte und Gedichte vom Deutschen ins Chinesische, darunter das *Märchen* von Wilhelm Hauff, das *Lyrische Intermezzo* von Heinrich Heine und die *Ode an die Freude* von Friedrich Schiller.

Im Jahr 1930 wurde die Fahndung schließlich offiziell eingestellt,[94] und Qing-Zhu konnte wieder unter seinem ›richtigen‹ Namen in einem ›normalen Beruf‹

---

[92] LIAO Nai-Xiong, *Yi Qing Zhu – Shiren zuoqujia de yisheng*. LIAO Nai-Xiong ist ein Sohn von Qing-Zhu und seiner letzten chinesischen Ehefrau.

[93] Vgl. LIAO Chong, *Der deutsche Chinese – Das wechselvolle Leben des Komponisten* Qing-Zhu, S. 110.

[94] Über das Jahr, in dem die Fahndung nach Qing-Zhu eingestellt wurde, gibt es zwei unterschiedliche Angaben: 1930 und 1934. Dabei erscheint der Zeitraum vor 1932 eher plausibel, da Qing-Zhu im Jahr 1932 von seiner deutschen Ehefrau geschieden wurde und noch im gleichen Jahr eine Chinesin heiratete. Nach dem Ende der Verfolgung konnte Qing-Zhu wieder einem regulären Beruf nachgehen und nahm eine Stelle bei einer Fluggesellschaft an. Dort lernte er seiner spätere Frau kennen, und durch das gute Einkommen änderte sich sein

arbeiten. Auch privat hatte sich einiges geändert. Hua-Li-Si kam nicht mehr mit den Traditionen und dem Lebensstil in China zurecht und ließ sich deshalb 1932 scheiden. Qing-Zhu verliebte sich später in eine Chinesin[95] und arbeitete bis zur Rente in diversen Berufen, darunter als Abteilungsleiter für Logistik für die »Eurasia Airline« (erste zivile Fluggesellschaft Chinas) und als Germanistik-Dozent an verschiedenen namhaften Universitäten in China. Bis zu seinem Tod 1959 in Shanghai befasste er sich jedoch nicht mehr mit Komposition.[96]

Hua-Li-Si wohnte mit ihrer Tochter Yüki nach der Scheidung zunächst weiter im Haus in der französischen Konzessionszone in Shanghai. Sie widmete ihre Aufmerksamkeit voll und ganz ihrer Tochter und gab ihr Geigen- und allgemeinen Musikunterricht. Sie baute sich mit großem Einsatz eine solide Existenz in Shanghai auf und war dort unter dem Namen Elinor Valesby als unabhängige Musikpädagogin tätig. Yüki war musikalisch sehr talentiert und eifrig, so dass sie einige Jahre später in einem Shanghaier Orchester spielte. Nach Yükis Heirat von verließ Hua-Li-Si mit ihrer Tochter und ihrem Schwiegersohn China und wanderte nach Brasilien aus.[97]

2.3 Qing-Zhus ästhetische Gedanken über das Kunstlied

Qing-Zhu ist in China nicht nur als erster Komponist von Kunstliedern bekannt, sondern vor allem für seine Veröffentlichungen zur Musikästhetik, die in China um 1930 erschienen und damals wie heute zu heftigen Reaktionen und kontroversen Diskussionen führten bzw. führen. Besonderes Augenmerk wird hierbei auf seine Äußerungen über das Kunstlied gelegt.

Qing-Zhu war der Meinung, dass die gebildete, traditionelle chinesische Musik (also nicht Volkslieder) streng an eine bestimmte Funktion bzw. an einen bestimmten Anlass geknüpft war und festen Formen entsprechen musste. Zum Beispiel wurde Musik meist für förmliche, feierliche Anlässe oder Zeremonien

---

Lebensstil stark. Siehe auch: LIAO Chong, *Der deutsche Chinese – Das wechselvolle Leben des Komponisten Qing-Zhu.*

[95] Vgl. LIAO Chong, *Der deutsche Chinese – Das wechselvolle Leben des Komponisten* Qing-Zhu, S. 142.

[96] Vgl. LIAO Fu-Shu, »Lue tan Qing-Zhu de shengping« [Anmerkungen zur Biographie von Qing-Zhu], in: LIAO Chong-Xiang (Hrsg.), *Yue yuan tan wang – LIAO Fu-Shu wenji*, S. 42–48.

[97] Vgl. LIAO Chong, *Der deutsche Chinese – Das wechselvolle Leben des Komponisten* Qing-Zhu, S. 154–156 und S. 218.

bei Hofe komponiert, an die sie jeweils gebunden war, etwa Gebete, Hochzeiten oder Trauerfeiern. Obwohl der Musik im China der alten Kaiserzeit eine wichtige Bedeutung beigemessen wurde, begriff man sie dennoch als »Vasall und Werkzeug des Ritus«[98]. Diese Auffassung über den Einsatz von Musik stammt noch aus der Zeit von Konfuzius, der in seinen Lehren unter anderem über die Funktion und den Einsatz von Musik zum Leiten und Erziehen des Volkes schrieb[99].

Weiterhin bestehen die Kompositionen der traditionellen chinesischen Musik aus festen Formen, die sich an den Tonfolgen der chinesischen Sprache orientieren. Chinesisch ist eine Tonsprache, in der die Töne (d. h. Aussprache einer bestimmten Silbe) eine bedeutungsunterscheidende Funktion haben (siehe auch Technische Hinweise). Klassische chinesische Gedichte, die oft in Liedern vertont wurden, basieren auf bestimmten Reimschemata (Ci Pai[100]), die in Verbindung mit den Tonfolgen der Sprache von selbst schon eine Melodie ergeben. Die Gedichte konnten daher auch direkt gesungen vorgetragen werden. Die Übernahme dieser Melodien bei der Liedkomposition bietet erstens den Vorteil, dass Missverständnisse hinsichtlich der Bedeutung des Textes vermieden werden, und zweitens, dass die Melodie zur chinesischen Hörästhetik passt. Andererseits orientiert sich diese Art der Vertonung damit rein an der Struktur der Sprache und nicht am Inhalt des Stückes oder der Stimmung einer entsprechenden Szene.

Auch im traditionellen chinesischen Musiktheater existieren feste Formen (Qu Pai[101]), die sich aus der Stimmlage (Sopran, Tenor usw.), der jeweiligen Rolle bzw. Figur und der Sprache ergeben. So werden in traditionellen chinesischen »Opern«[102] teilweise gleiche Melodien gesungen, unabhängig davon, ob der

---

[98] Chinesischer Originaltext siehe: Qing-Zhu, *Yinyue tong lun*, S. 1–2.

[99] Kong-Zi, *Lun yu*, Tai bo VIII, 8 (Die Analekten des Konfuzius VIII, 8): 子曰：»兴于诗，立于礼，成于乐。« [Der Meister sprach: »Es ist durch die Lieder, dass der Geist erweckt wird. Es ist durch die Formen, dass der Charakter gebildet wird. Es ist durch die Musik, dass die Vollendung erreicht wird.«].

[100] 词牌 Ci Pai, »词 Ci« bedeutet Text oder Gedicht. »牌 Pai« bedeutet Kennung oder Etikett. Der Begriff Ci Pai bezeichnet ein System von festen Gedichtformen in der klassischen chinesischen Lyrik.

[101] 曲牌 Qu Pai, »曲 Qu« bedeutet Melodie, »牌 Pai« bedeutet Kennung oder Etikett. Qu Pai bezeichnet eine feste Melodieform.

[102] Oper ist die Bezeichnung einer westlichen Musik-Gattung. Er wird aber häufig auch für das chinesische Musiktheater benutzt z. B. »Pekingoper«.

Inhalt und die Stimmung einer Szene traurig oder fröhlich oder heroisch ist. Es wurde sogar vom Publikum erwartet, dass bestimmte populäre Melodien, z. B. besonders schöne Arien, in neu komponierten Stücken vorkamen.

Qing-Zhu vertrat die Auffassung, dass die chinesische Tonsprache und die traditionellen chinesischen Gedichte durch diese Besonderheit einzigartig und kostbar seien. Er befand gleichzeitig aber auch, dass es ein wesentlicher Nachteil sei, wenn die Musik nicht individuell für den Inhalt und die Stimmung eines Stückes komponiert wurde. Qing-Zhu hatte während seiner Zeit in Deutschland eine ganz andere Art von Musik kennengelernt.

In den Werken der westlichen Komponisten steht das Empfinden, die Emotion im Vordergrund der Komposition. Melodie und besonders Harmonik werden vielfältig und individuell komponiert und gezielt eingesetzt, um eigene Gefühle auszudrücken und beim Publikum Emotionen zu wecken bzw. die Zuhörer innerlich zu berühren. Dichtung und Melodie verschmelzen im Lied untrennbar. Dieser Ansatz begeisterte Qing-Zhu und bewegte ihn dazu, dem westlichen Vorbild entgegen der chinesischen Tradition zu folgen.

Qing-Zhu veröffentlichte verschiedene Artikel zum Thema Kunstlied und äußerte darin sein Verständnis der Merkmale und Besonderheiten dieser Kunstform. Ein gutes Kunstlied sollte demzufolge entstehen, indem der Komponist ein Gedicht als Basis nimmt. Der Text des Kunstliedes sollte im Vergleich zum Volksliedtext nicht nur sprachlich eleganter, sondern dessen Bedeutungsgehalt auch tiefergehend sein. Die Musik sollte individuell für jedes Gedicht komponiert werden und sich nicht durch die formalen Zwänge der Sprache begrenzen lassen. Qing-Zhu schreibt:

> »Ich liebe Worte und ich liebe auch Töne. Worte reichen aus, um meine tiefe Meinung zu äußern, und Töne reichen aus, um meine tiefen Gefühle auszudrücken. Töne sind Schwestern der Worte, Worte sind Brüder der Töne. Ich will beide vereinen in einem Lied.«[103]

Qing-Zhu befand, die Kunst der Lyrik und die Kunst der Musik hätten jeweils ihr Eigenleben und könnten sich auf dieser Grundlage austauschen und gegenseitig unterstützen und dadurch sogar zu einer einzigen, in sich geschlossenen Kunstform, dem Kunstlied, verschmelzen:

---

[103] Chinesischer Originaltext siehe: Qing-Zhu, »Zui lianghao de yishu juan shu« [Ein qualifizierter Artikel über Kunst], in: *Shi qin xiang le* [Gedichte und Musik erklingen], Shanghai 1931, S. 75.

»Die Aussage des Liedes sollte sich in keinem Fall der Intention der Lyrik entgegen stellen. Die Musik sollte die Lyrik als Basis nehmen, aber der Komponist des Liedes sollte das Motiv und die Intention der Lyrik nehmen und nach den Regeln der Musik entwickeln, ohne dabei gegen die Regeln der Lyrik zu verstoßen. Erst dann hat er seine eigene Pflicht erfüllt. Dabei darf er sich trotzdem nicht von einem einzelnen Wort begrenzen lassen.«[104]

Qing-Zhus Verständnis der Liedkomposition wurde von Hugo Wolf beeinflusst. Dieser legte ebenfalls großen Wert auf die Rolle der Gedichte und bemühte sich darum, deren innere Welt zu offenbaren. Er nannte seine Liederkomposition »singende Lyrik«. Da für Qing-Zhu die Lyrik im Zentrum der Liedkomposition steht, sollte ein guter Komponist seiner Ansicht nach auch ein Meister in der Rezitation sein:

»Ein Liedkomponist, der die Kunst der Rezitation nicht versteht, ist genauso schwer vorstellbar wie ein Theaterschauspieler, der nichts von Rezitation versteht. Wo gibt es auf den Welt gute Schauspieler, die nicht rezitieren können, wo gibt es Komponisten für Lieder oder Opern, die nicht rezitieren können?«[105]

Ein entscheidender Punkt bei der Rezitation sei die Betonung (schwer-leicht) der Wörter und Sätze, die bei der Liedkomposition aufgegriffen und in Dynamik (laute-leise) und Rhythmus (kurz-lang) der Musik abgebildet sein müssen:

»Die normale Betonung der Sprache, die dem logischen Sinn folgt, ist nur tauglich, um Inhalte besser zu verstehen. Aber die Kunst der Rezitation dient dazu, die Fantasie und Emotion des Publikums anzuregen, nicht nur um den Inhalt zu verstehen, sondern um Gefühle zu erwecken. Deswegen werden verschiedene Wörter und Sätze individuell auf Klangfarbe, Höhe und Länge eingestellt.«[106]

Qing-Zhu schätzte die Vertreter der europäischen Romantik wie Richard Wagner und Hugo Wolf sehr hoch, vor allem deren hervorragende Melodien, außergewöhnlich innovative Harmonik und ausgezeichnete Begleitung jenseits der traditionellen Begleit-Texturen. All diese Punkte beeinflussten zutiefst das Schaffen Qing-Zhus. Neben dem Einklang von Melodie und Text achtete er wie seine deutschen Vorbilder besonders auf die Funktion der Harmonik und Klavierbegleitung (bei der Analyse des Liedes *Da jiang dong qu* von Qing-Zhu

---

[104] Chinesischer Originaltext siehe: Qing-Zhu, *Yinyue tong lun*, S. 43.
[105] Chinesischer Originaltext siehe: Qing-Zhu, »Zuo qu he tian qu« [Über Komposition und das Ausfüllen einer vorhandenen Melodie mit einem Text], in: *Yue yi* [Musik-Kunst] 1 (1930), H.1, S. 58.
[106] Ebd., S. 58.

im nächsten Kapitel werden diese Punkte noch einmal hervorgehoben). Er schreibt:

>»Wenn man ein Lied komponiert, sollte, während das Motiv oder die Vorstellung einer Melodie der Singstimme vorbeischwebt, gleichzeitig im Geist auch die Anordnung vieler Akkorde vorbeilaufen. Zwar können Singstimme und Begleitpart nicht vollkommen gleichzeitig entstehen, aber der Komponist sollte darauf achten, dass Melodie und Harmonie (Akkorde) sich gegenseitig unterstützen. Nur dann kann man ein hochwertiges Kunstlied erschaffen.«[107]

Neben dem Verständnis von der Kunstliedkomposition wurde Qing-Zhu auch vom westeuropäischen Expressionismus in seinen ästhetischen Gedanken beeinflusst. Für sein Buch 乐话 *Yue hua* [Diskurs zur Musik][108], dem ersten musikästhetischen Werk des modernen China, setzte er sich intensiv mit dem Werk *Expressionismus* des österreichischen Schriftstellers und Kritikers Hermann Bahr[109] auseinander. Dies lässt sich zum Beispiel an dem Kapitel über »Die innere und äußere Welt des Sehens und Hörens« belegen, in dem er schreibt:

>»Alle Töne und Gestalten, die wir durch unsere Ohren und Augen empfangen und wiedergeben, sind anders als die, die wir von unserem Inneren hören und sehen und dann wiedergeben. Ich wunderte mich: Warum findet man es normal, wenn wir mit dem inneren Ohr hören, aber seltsam, mit dem inneren Auge zu sehen? Was mich noch mehr verwundert, ist, warum manche im Osten mit dem inneren Auge sehen können, aber nicht mit dem inneren Ohr hören; und diejenigen im Westen, die mit dem inneren Ohr hören, können nicht mit dem inneren Auge sehen? Langsam fängt der Westen an, mit dem inneren Auge die Welt zu sehen, das ist Expressionismus. Aber wir im Osten sind noch nicht so weit, mit unserem inneren Ohr die Welt und die Natur zu hören.«[110]

Qing-Zhu wurde in seiner Heimat China vor allem durch zwei Aussagen in seinen Veröffentlichungen bekannt: Seiner erste Kernaussage »Xiang xifang qi ling« (向西方乞灵)[111], sinngemäß übersetzt »Suche Wahrheit und Zuflucht in den Lehren des Westens«, spiegelt einerseits seine Begeisterung über die in Deutschland kennengelernte Art von Musik wider. Andererseits wurde diese

---

[107] Zit. nach SHEN Xuan, GU Wen-Xian und TAO Xin, *Xifang yinyueshi jian bian* [Kompendium der westlichen Musikgeschichte], Shanghai 1999, S. 70.
[108] Qing-Zhu, *Yue hua* [Diskurs zur Musik], Shanghai 1930, S. 12.
[109] Hermann Bahr, *Expressionismus*, München 1916.
[110] LIAO Chong, *Der deutsche Chinese – Das wechselvolle Leben des Komponisten Qing-Zhu*, S. 95.
[111] Qing-Zhu, *Yinyue tong lun*, S. 90.

Aussage von Qing-Zhu wahrscheinlich bewusst provokant einseitig formuliert, um Aufmerksamkeit zu erregen.

Er befand weiterhin, dass die Musik der Ausdruck der Seele sei. Die zweite berühmt gewordene Kernaussage in Qing-Zhus Schriften ist: »Yinyue shi shangjie de yuyan« (音乐是上界的语言)[112], wörtlich übersetzt: »Musik ist die Sprache des oberen Bereichs«. Da es sich bei dem Begriff »Oberer Bereich«[113] um eine Wortschöpfung Qing-Zhus handelt, entstanden auch in China Diskussionen über dessen Bedeutung. In seinem Buch schrieb er sinngemäß: »Unsere Welt ist in drei Bereiche unterteilt, und zwar den äußeren, den inneren und den oberen Bereich.«[114] Vermutlich meinte er damit, dass der erste Bereich Natur, der zweite Bereich die innere Welt und der dritte alles Übernatürliche sei. Die Musik ordnete er dem oberen Bereich zu, da es das Wesen und die Eigenheit der Musik sei, auf Seelenebene zu wirken, d. h. Menschen direkt und ohne Umwege (z. B. Sprache, Konnotationen, Kultur, Nationalität, Geschlecht) anzusprechen.

Qing-Zhus Liedkompositionen wurden ebenso wie die Werke seiner deutschen Frau von zeitgenössischen chinesischen Komponisten und Dichtern heftig kritisiert, da er dem westlichen Vorbild folgend die Melodie entsprechend der Stimmung im Stück komponierte und die Eigenarten der chinesischen Sprache dabei in den Hintergrund stellte. Umgekehrt kritisiert Qing-Zhu die chinesischen Kompositionen als unreif, da diese wiederum nur auf die Sprachtöne achten und nicht auf die Funktion der Harmonik und die individuelle Stimmung. Qing-Zhu äußerte sich sinngemäß zur damals üblichen Sichtweise seiner Landsleute:

> »Viele Menschen, die nicht wirklich verstehen, was ›Lied‹ bedeutet, meinen, dass bei der Liedkomposition zuerst eine Melodie für die Singstimme entsteht, und danach ein paar Akkorde gefunden werden, um die Begleitung dazu auszufüllen. Eine solche Einstellung ist für mich zum Lachen.«[115]

---

[112] Ebd., S. 94.

[113] Eine verständliche Übersetzung in eine andere Sprache ist unmöglich, deshalb wird nur wortwörtlich übersetzt, um die Übersetzung möglichst frei von eigenen Interpretationen zu halten.

[114] Chinesischer Originaltext siehe: Qing-Zhu, *Yue hua*, S. 7.

[115] Chinesischer Originaltext siehe: SHEN Xuan, GU Wen-Xian und TAO Xin, *Xifang yinyueshi jian bian*, S. 69.

Während der Kulturrevolution, also gut sieben Jahre nach seinem Tod, kamen Qing-Zhus Veröffentlichungen und Kompositionen erneut in die Diskussion. Allerdings wurde er nun als Intellektueller und wegen seiner westlichen Ansichten verurteilt und als Negativbeispiel gebrandmarkt. Ihm wurde vorgeworfen, sich abschätzig über die traditionelle chinesische Kultur zu äußern, und sein Begriff des »oberen Bereichs« wurde als Bezug zu Gott und dem Religiösen uminterpretiert. Bis heute werden Qing-Zhus Ansichten diskutiert, und es gibt verschiedene Interpretationen. Sein hoher Stellenwert als Musikästhetiker und Komponist ist aber unbestritten.

2.4 Analyse der Kunstlieder von Qing-Zhu

In diesem Kapitel werden zwei der bekanntesten Kunstlieder von Qing-Zhu analysiert. Das erste Stück, *Da jiang dong qu* [大江东去, Ostwärts fließt der große Strom] entstand im Jahr 1920 während Qing-Zhus Studienzeit in Deutschland und wurde 1928 in China veröffentlicht. Nach heutigem Wissensstand handelt es sich dabei um das erste chinesische Kunstlied nach deutschem Vorbild, welches damals schon große Begeisterung hervorrief und bis heute als besonders niveauvoll geschätzt wird. Danach folgt die Analyse des Kunstliedes *Wo zhu Changjiang tou* [我住长江头, Ich wohne am Anfang des Yangtze Flusses] von 1930, das in Qing-Zhus intensiver Schaffensperiode in Shanghai entstand. Es wird ebenfalls als künstlerisch wertvoll angesehen und ist bis heute populär. Es zeigt deutlich die Weiterentwicklung von Qing-Zhus Kunstliedern nach seiner Rückkehr nach China durch das Einbringen von chinesischen Elementen und die Anpassung an die chinesische Ästhetik.

2.4.1 *Da jiang dong qu* [Ostwärts fließt der große Strom], 1920

Inhalt

Qing-Zhus Lied *Da jiang dong qu* basiert auf dem bekannten Gedicht *Chi bi huai gu* [赤壁怀古, Beim Roten Kliff[116] gedenkt man der Vergangenheit] von SU Dong-Po aus der Zeit der Song-Dynastie. Qing-Zhu verwendete für sein Lied aber nicht den Titel des Gedichts, sondern dessen ersten Vers »Da jiang dong qu« [Ostwärts fließt der große Strom] als Titel.

---

[116] Das »Rote Kliff« ist ein ehemaliger Kriegsschauplatz.

SU Dong-Po (1037–1101) war ein angesehener Dichter und Künstler und schuf einen literaturgeschichtlichen Höhepunkt während der Song-Dynastie[117] in China. Das Gedicht *Chi bi huai gu* ist oberflächlich betrachtet nostalgisch und beschreibt bewundernd heldenhaftes Verhalten. Darüber hinaus will der Text aber auch die persönlichen Emotionen des Dichters ausdrücken. Wie ein originalgetreues Abbild seiner Gefühle konfrontiert er darin eine wahre Darstellung der Geschichte mit seiner gegenwärtigen Situation, Idealismus mit Realismus. Durch das Erwecken von Emotionen soll der Leser über sein eigenes Leben nachdenken.

Qing-Zhu wählte das Gedicht von SU Dong-Po nicht nur wegen seiner besonderen sprachlichen Eleganz aus, sondern möglicherweise auch, weil der Dichter sich in einer ähnlich instabilen politischen und gesellschaftlichen Lebenslage befunden hatte wie er selbst. Qing-Zhu führte in Deutschland ein relativ sorgloses Leben, aber in seiner Heimat China herrschte Chaos. Er war zu der Zeit 30 Jahre alt und glaubte, in seinem bisherigen Leben weder viel für seine eigene Karriere, noch für sein Heimatland getan zu haben. In China war es in gebildeten Kreisen üblich, eine große Menge von Gedichten und anderen traditionellen Texten (wie z. B. Epen) auswendig zu lernen. Auch heute werden in China noch ca. 100 klassische Gedichte und Lehrsätze (z. B. Gedichte der Tang-Dynastie, Song-Dynastie oder von Konfuzius) in der Schule auswendig gelernt. In der Kindheit fehlt es zwar oft noch am Verständnis der tiefsinnigen Texte. Jedoch erinnert man sich später im Erwachsenenalter in einer entsprechenden Lebenssituation wieder an die klassischen Texte und Gedichte zurück, wird innerlich berührt und nimmt diese mit einem tiefen Verständnis wahr. Dies stellt auch eine der Grundlagen für die Vertonung zahlreicher Gedichte in Kunstliedern dar, auch wenn sich die Komponisten teilweise über viele Jahre hinweg im Ausland aufhielten.

---

[117] Die Song-Dynastie folgte direkt auf die Tang-Dynastie (618–907), welche sowohl in wirtschaftlicher und kultureller Hinsicht als auch auf vielen anderen Gebieten eine Blütezeit darstellte. Im Gegensatz dazu waren die Verhältnisse zur Zeit der Song-Dynastie deutlich instabiler.

Der Text des Gedichts bzw. Liedes lautet:

Original-Text	Übersetzung:[118]
大江东去，浪淘尽， 千古风流人物。	Ostwärts fließt der große Strom, in dessen Wellen so viele Helden vergangener Zeiten ihr Ende fanden.
故垒西边，人道是， 三国周郎赤壁。	Westlich der Wälle, heißt es, findet sich das Rote Kliff von Zhou Yu[119] aus der Zeit der Drei Reiche.
乱石穿空，惊涛拍岸， 卷起千堆雪。	Felsen ragen hoch zum Himmel empor, Wogen schlagen ans Ufer, Gischt wie Haufen von Schnee vor sich her rollend.
江山如画， 一时多少豪杰。	So bildschön die Landschaft – Wie viele Helden wurden darin geboren!
遥想公瑾当年， 小乔初嫁了， 雄姿英发，羽扇纶巾。	Wenn wir zurück denken an Zhou Yu, tapfer und imposant, als er die schöne Xiao Qiao heiratete; Seine Hand hielt einen Federfächer, seinen Kopf zierte ein schwarzer Schal als Haarband,[120] Der ein seidenes Halstuch trug und immer einen Federfächer in der Hand hielt.
谈笑间，樯橹灰飞烟灭。	Derweil feindliche Masten und Segel zu Rauch und wehender Asche verbrannten.
故国神游，多情应笑我， 早生华发。	Jetzt wandere ich über die alten Schlachtfelder; mit zu viel Sentimentalität ergraute ich früh.
人生如梦，一樽还酹江月。	Ein Menschenleben vergeht wie ein Traum, so hebt Euer Glas auf den Fluss und den Mond!

---

[118] Übersetzung von LIAO Chong, *Der deutsche Chinese – Das wechselvolle Leben des Komponisten Qing-Zhu*. Vgl. Fußnote 120.

[119] Zhou Yu (175–210) war ein berühmter General und Stratege des Wu-Königreiches. Er besiegte seine starken Feinde durch besonders intelligente Strategien. Er war aber auch attraktiv und heiratete später die schöne Xiao Qiao.

[120] Dieser Vers wurde von LIAO Chong folgendermaßen übersetzt: »beim Plaudern mit seinem Verbündeten Kong Ming«. In China wird der Inhalt allerdings anders verstanden. Der Dichter möchte mit dem Satz »Seine Hand hielt einen Federfächer, seinen Kopf zierte ein Schal als schwarzes Haarband« nicht seinen Verbündeten Kong Ming, sondern die ruhige Haltung von Zhou Yu beschreiben. Der Vers wurde daher von der Autorin entsprechned abgeändert.

Im Vorwort einer seiner Veröffentlichungen (1928) schreibt Qing-Zhu über die Entstehung und Kompositionssituation:

»Ich erinnere mich an den Sommer im Jahr 1920. Als ich mit meiner Freundin im Urlaub war, machten wir eine Bootsfahrt auf einem See. Plötzlich gab es ein heftiges Gewitter. Nach Hause zurückgekehrt, inspirierten mich die Geräusche von Donner, Wind und Regen zu einem Motiv für dieses Lied. Nachdem ich eine ganze Nacht überlegt hatte, setzte ich mich am nächsten Morgen an ein Klavier und komponierte das Lied nach SU Dong-Pos Gedicht schnell und flüssig mit nur wenigen Änderungen. Weil der Text sowohl epische als auch lyrische Elemente beinhaltet, wählte ich die typische deutsche Kunstlied-Form des Durchkomponierens.«[121]

Form

Qing-Zhus Komposition orientiert sich in ihrer Form eng an Inhalt und Stimmung des Gedichtes und setzt dessen dreiteilige Struktur auch im Lied um (A B Coda). Die Musik des ersten Teils A (Takt 1–22) ist heroisch und kontrastiert zur romantischen bis sentimentalen Haltung in der zweiten Hälfte B (Takt 23–42). Die Melodie ist von Takt 23 bis 42 stimmungsvoll komponiert, um die Attraktivität des Generals Zhou Yu und dessen Leichtigkeit beim Ersinnen von Strategien nachzuempfinden. Mit Hilfe dieses Kontrasts drückt Qing-Zhu seinen eigenen heroischen Ehrgeiz einerseits und die Melancholie über seine aktuelle Lebenssituation andererseits aus. In den letzten elf Takten des Liedes (Coda) gibt Qing-Zhu seiner eigenen leicht sentimentalen Lebensrückschau in einer sehr leisen Form Ausdruck. Dennoch kommt im letzten Satz (Coda II) auch wieder Hoffnung zum Tragen durch lautere Akzentuierung.

---

[121] LI Lan-Qing, »Zhongguo yishu gequ chuangzuo de xianfeng – Qing Zhu« [Pionier der chinesischen Kunstlied-Komposition – Qing-Zhu], in: *Nanfang ribao* [Nanfang Tageszeitung], Guangdong 4.6.2008.

Periode		Phrase	Takt	Anzahl Takte
A	a	1.5+1+2; 2+1.5	1–8	8
	Zwischenspiel	1*4+1*2	9–14	6
	b	2; 1.5; 2; 1+1.5	15–22	8
B	a	2;1+2+2; 2+4	23–35	13
	a'	2; 1+2+2	36–42	7
Coda		(I) 2+2*2+2; (II) 3	43–53	11

Abbildung 4: Formanalyse des Liedes *Da jiang dong qu*[122]

Die Periode A hat zwei Unterteilungen a und b, die beide jeweils 8 Takte dauern. Dazwischen komponierte Qing-Zhu ein Zwischenspiel. Insgesamt besteht Periode A aus 22 Takten. Periode B legte er zweiteilig an (a und a'), sie besteht aus 20 Takten. Periode A und B sind also ähnlich lang. Die Coda ist halb so lang, insgesamt elf Takte. Diese Form wurde von Qing-Zhu wohl überlegt strukturiert. Mit dem Streben nach Gleichgewicht und Symmetrie orientierte sich Qing-Zhu deutlich an der westlichen Kunstlied-Komposition des 19. Jahrhunderts.

Harmonik

Qing-Zhu nutzte bei der Komposition die westliche dur-moll-tonale Harmonielehre. Das Stück weist eine durchdachte, klar strukturierte Planung der Tonarten auf. In der Periode A ist die Haupttonart e-Moll, in Teil B steht dagegen in E-Dur. Die Coda geht wieder zurück zum e-Moll des Anfangs, damit sich der Kreis schließt (Tonart der Original-Komposition; Harmonische Analyse siehe Abbildung 5).

Der Komponist variiert damit die Stimmung zwischen dramatisch/heroisch und melancholisch. Das Nebeneinander zweier Tonartbereiche auf Basis desselben Grundtons (Varianttonarten) ist eine häufig angewandte Methode der romantischen deutschen Liedkomposition.

---

[122] Nach WANG Chieh, »Qing-Zhu song – ›River of no return‹ analysis«, S. 97–98. WANG Chieh ist Dozent am Institut für Musik der Tainan University of Technology, Taiwan.

Periode	A			B		Coda	
	a	Zwischenspiel	b	a	a'	I	II
Tonart	e–B–g	g–e	e	E–As–E	E–e	e	

Abbildung 5: Harmonische Analyse des Liedes *Da jiang dong qu*

Qing-Zhu untermalt den Inhalt und die Änderung der Stimmung des Textes gezielt mit harmonischen Bewegungen und Modulationen. So legt er zum Beispiel gleich am Anfang die Tonartfarbe e-Moll für das ganze Lied fest, um etwas düstere und melancholische Gefühle zu erwecken. Damit die unterschiedlichen Stimmungen in den einzelnen Teilen des Gedichts genauer erfasst werden, durchzieht er die Akkorde mit besonderen Stimmführungen. Dies wird direkt am Anfang des Stückes bei der Analyse der ersten Phrase deutlich (siehe Notenbeispiel 4) Die Ober- und Bassstimme der Akkorde sind gegenläufige Sekundfolgen, im Bass außerdem chromatisch. Für das Wort »去« [wegfließen] benutzt er einen verminderten Septakkord mit *fis* als Bass- und vorübergehendem Leitton nach *g*, das jedoch nicht neuer Grundton wird, sondern der Septakkord führt trugschlüssig nach e-Moll (Sextakkord) zurück. Diese Akkorde fügen der e-Moll Tonart einen helleren Akzent hinzu und lassen sie dadurch unklar wirken. Die Unklarheit der Tonart verleiht der Musik ein Gefühl von Instabilität und passt somit hervorragend zum Inhalt des Textes. Im zweiten Takt ist die e-Moll Tonart wieder klar. Der dritte Takt ist als »Zwischenstation« in B-Dur gesetzt, doch gleich danach geht Qing-Zhu zur Paralleltonart g-Moll weiter. Diese schnellen Übergänge in der Tonart unterstützen die Stimmungswechsel vom imposanten Fluss (hellere Akkorde), der die Geschichte wegwäscht (e-Moll), und von den Helden und dem »roten Kliff« (B-Dur) zum Gedenken an die Vergangenheit (g-Moll).

Qing-Zhu nutzt in vollem Umfang die dur-moll-tonale Harmonik der europäischen spätromantischen Musik, die er während seiner Studienzeit in Deutschland kennengelernt hatte. Dies sieht man auch deutlich am Beispiel des Übergangs von der Periode A zu der Periode B-a. Die Tonart wechselt hier von e-Moll zu E-Dur, damit der Inhalt des Textes, der eine positive Haltung und Wohlbefinden ausdrückt, unterstützt wird. Jedoch in Takt 41 (B-a') kehrt Qing-Zhu in die Harmonik des melancholischen e-Moll zurück, um dem Text »mit zu viel Sentimentalität ergraute ich früh« einen traurigen Effekt zu unterlegen. Ebenso verwendet Qing-Zhu die Harmonien, um einzelne Wörter zu betonen und hervorzuheben. In der Periode B-a wechselt E-Dur nur in den

Takten 28–29 unvermittelt zu As-Dur, um das Einzelwort »英发« [imposant] hervorzuheben.

Notenbeispiel 4: Harmonische Analyse der Takte 1–7 von Qing-Zhus Lied *Da jiang dong qu*

Qing-Zhu verwendet neben den Dur-Moll-Wechseln aber auch Abschnitte mit stabiler Tonalität, um z. B. den Eindruck von Ruhe und Frieden oder einen festen Entschluss zu vermitteln. In *Da jiang dong qu* findet sich ein solcher stabiler Abschnitt in der Coda in einfachem e-Moll. In der Coda I wird dadurch die innere Ruhe und Abgeklärtheit in »das Leben wie ein Traum«

ausgedrückt. Den Abschluss bildet die Coda II, die trotz ihres Mollklangs mit einem offenen, optimistischen Akkord endet, um Qing-Zhus hoffnungsvollen, heroischen Ehrgeiz und festen Willen auszudrücken.

Deutsche Komponisten wie Hugo Wolf und Richard Wagner verwendeten gerne chromatisch angereicherte Akkorde und vielfältige Modulationen, um die Musik farbenreich und ausdrucksvoll zu gestalten und den individuellen Stil des jeweiligen Komponisten umzusetzen. Während seines Studiums in Deutschland wurde Qing-Zhu wahrscheinlich von diesen Einflüssen stark geprägt; ähnlich wie die deutschen Komponisten achtete in seinem Lied besonders auf die Funktion der Harmonik und Tonartplanung, um die Stimmung und Emotion auszudrücken und die Ausdruckskraft zu verstärken.

Verhältnis von Sprachmelodie und Liedmelodie

Im Gegensatz zur deutschen Sprache, in der es keine fest vorgegebenen Töne für die Aussprache gibt, existieren im Hochchinesischen für jede Silbe vier verschiedene Töne (wie ā á ǎ à), die für die Bedeutung entscheidend sind. In der deutschen Liedkomposition spielen Sprach-Töne und deren relative Tonhöhe gar keine Rolle, dagegen stimmen Rhythmus und Betonung des Textes mit der Musik überein. Die relative Tonhöhe der Sprachmelodie und der Musikmelodie haben keine feste Beziehung. So können verschiedene deutschsprachige Lied-Komponisten das gleiche Gedicht vertonen, und trotz der gleichen Textbasis können die Melodiestufen in der laufenden Tendenz unterschiedlich sein. Bei manchen Worten kann bei einem Komponisten die Melodie aufsteigen und bei einem anderen absinken. Trotzdem können sie die gleiche Grundstimmung ausdrücken. Im Chinesischen hingegen ergeben sich Probleme beim Textverständnis wenn die Liedmelodie nicht zur Tonhöhe der Wörter passt.

Im Folgenden wird das Verhältnis von Sprachmelodie und Liedmelodie in Qing-Zhus Werk *Da jiang dong qu* analysiert. Dazu wurde der Liedtext von der Autorin zunächst gesprochen aufgezeichnet und im Tonstudio des Ethnologischen Museums Dahlem, Berlin, mittels der Software »Wavesurfer« eine spektrale Analyse der Tonhöhe durchgeführt. Die folgende Abbildung zeigt den Vergleich der Spektralanalyse mit den Tonhöhen der vier verschiedenen Töne der chinesischen Sprache. Die Zahl in Klammern hinter jedem Wort zeigt den jeweiligen Ton, wobei die relative Tonhöhe des ersten Tons die höchste ist, gefolgt vom zweiten und dritten Ton. Die relative Tonhöhe des vierten Tons ist die niedrigste.

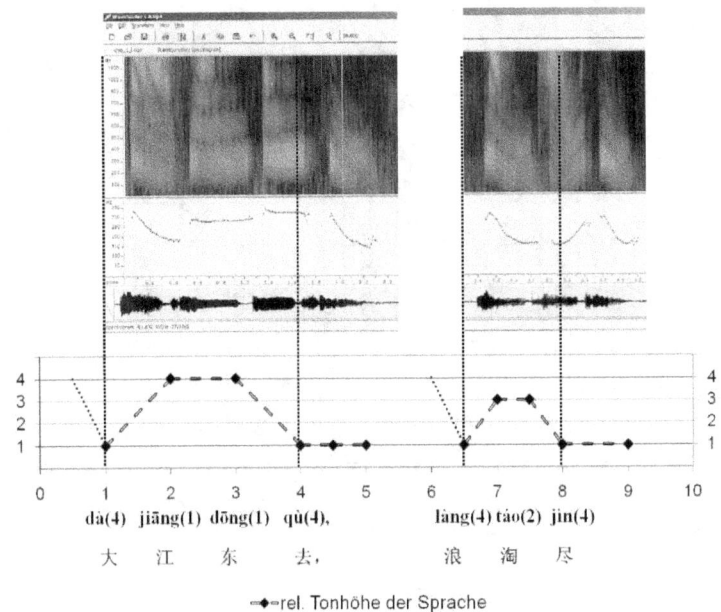

Abbildung 6: Spektrale Tonhöhenalayse des gesprochenen Textes der ersten Phrase von *Da jiang dong qu* in der Software »Wavesurfer« in der Einheit Hz (oben) und Vergleich mit den vier verschiedenen Tönen der chinesischen Sprache (unten).

Der Vergleich mit der spektralen Tonhöhenanalyse zeigt, dass das chinesische System der vier Tonhöhen zur Beschreibung der Sprachmelodie angewandt werden kann. Im Anschluss wird die Sprachmelodie des Textes mit der von Qing-Zhu dazu komponierten Liedmelodie verglichen. Die durchgezogene Linie zeigt dabei jeweils die Melodie für die Musik, die untere, gestrichelte Linie demonstriert die Sprachmelodie, welche nach dem chinesischen Vier-Töne-System rezitiert wird. Die vertikale Skala hat gleichzeitig zwei Bedeutungen. Einerseits zeigen die Zahlen eins bis vier die relative Tonhöhe der Sprache, andererseits repräsentieren sie gleichzeitig die Tonhöhe der Liedmelodie, wobei die Zahlen eins bis sieben den Tonhöhen c^1 bis h^1 und die Zahlen acht bis zwölf die Tonhöhen c^2 bis g^2 entsprechen. Die rechteckigen Markierungen heben hervor, wenn die Liedmelodie nicht zur Sprachmelodie passt.

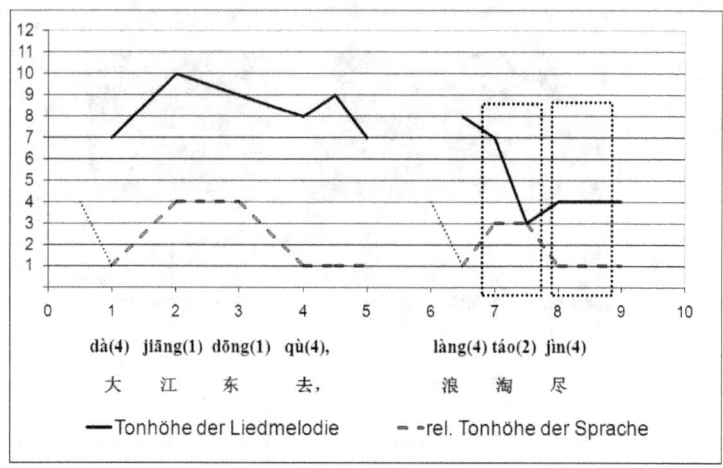

Abbildung 7: Relative Tonhöhe der Sprach- und der Liedmelodie von Qing-Zhus Lied *Da jiang dong qu* der ersten zwei Takte der Periode A–a.[123]

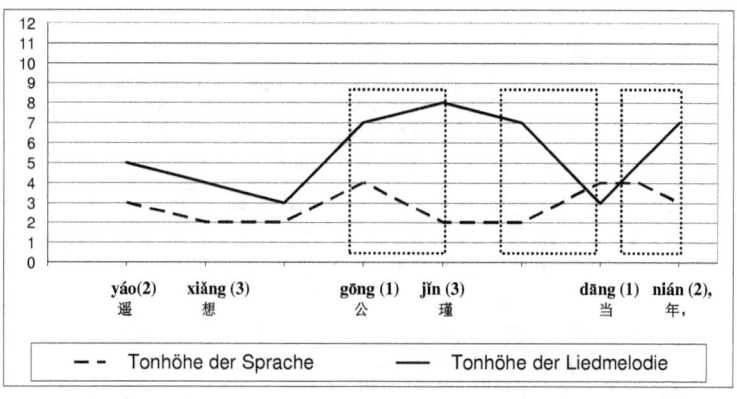

Abbildung 8: Relative Tonhöhe der Sprach- und der Liedmelodie von Qing-Zhus Lied *Da jiang dong qu* in der ersten Phrase der Periode B–a

---

[123] Vorgehen hier und in Abb. 8 nach WANG Chieh, »Qing-Zhu song – ›River of no return‹ analysis«, S. 97–98.

Bei Qing-Zhus Lied *Da jiang dong qu* passt die Stimmung von Text und Musik zueinander. Auch die Betonung von Sprach- und Musik-Rhythmus sind im Einklang. Im Gegensatz zur traditionellen chinesischen Vokalmusik achtet der Komponist aber nicht auf die Übereinstimmung von Sprach- und Musik-Melodie, um sich in der musikalischen Gestaltungsfreiheit nicht begrenzen zu lassen. Dies zeigt, dass er sich an der deutschen Kunstlied-Komposition orientiert und sie übernimmt. Ein weiterer Grund für die mangelnde Beachtung der Phonologie könnte auch sein, dass Qing-Zhu als gebürtiger Kantonese des Hochchinesischen (Mandarin) nicht mächtig war. Sein Sohn LIAO Nai-Xiong, ein bekannter gegenwärtiger Musikwissenschaftler in China, schreibt in einem Buch über seinen Vater:

> »Qing-Zhu war ein gebürtiger Kantonese. Seit seiner Kindheit sprach er Huizhou-Dialekt und Kantonesisch. Es gibt im Kantonesischen ein Sprichwort: Der Kantonese hat keine Angst vor dem Himmel und keine Angst vor der Erde – nur Angst davor, Mandarin sprechen zu müssen.[124] Wenn also so ein Kantonese Mandarin spricht, bleibt immer ein starker Dialekt und ein wesentlicher Unterschied im Wortklang zum Standard-Mandarin.«[125]

Qing-Zhu ignorierte bei der Komposition weitgehend die ureigenen Charakteristika der chinesischen Sprache. Seine Kompositionen wurden aufgrund dieses Ansatzes in China für eigenartig und ungewöhnlich befunden und kontrovers diskutiert. So gibt es in China z. B. bei der Pekingoper den Begriff: »倒字« (Dao zi). Dao (倒) wird mit »umdrehen, wechseln oder auf den Kopf stellen« übersetzt, Zi (字) bedeutet »Schrift, Wort«. »Dao zi« heißt sinngemäß, dass es Missverständnisse gibt, wenn Sprach-Töne nicht zur Melodie passen. Wenn ein Sänger »Dao zi« singt, wird dies als ein sehr schlimmer Fehler angesehen.

Textur der Begleitung

Qing-Zhu legte in seinen Kompositionen großen Wert auf die Rolle der Klavierbegleitung. Er verwendete verschiedenste Arten der Begleitung, um unterschiedliche Atmosphären zu schaffen. In seinem Lied *Da jiang dong qu* zum Beispiel drückt sich die emotionale Wende zwischen Textteil A und B deutlich auch in der Begleitung aus: In der Periode A verwendet er oft einen Rhythmus, eine Melodie mit Sekundfortschreitung und Block-Akkorde, um heroischen

---

[124] Ähnlich wie man in Baden-Württemberg über sich sagt: »Wir können alles – außer Hochdeutsch«.
[125] LIAO Nai-Xiong, Yi Qing Zhu – Shiren zuoqujia de yisheng, S. 28.

Schwung und Kühnheit zu beschreiben. Notenbeispiel 5 zeigt deutlich, dass die rechte Hand der Klavierbegleitung häufig Block-Akkorde spielt. Dagegen komponiert er die Fantasie-Szene in der Periode B mit ruhigem Rhythmus, einer wellenförmigen Melodie und dem Arpeggio mit gebrochenen Akkorden. Hier benutzt er eine typische Ausdrucksmethode des Klaviers, die beweglichen und aufeinanderfolgenden Triolen mit gebrochenen Akkorden, als festes Muster. Diese Begleitung unterstützt die Hauptmelodie, damit die Musik in dieser Periode mit einer romantischen Stimmung gefüllt wird.

Notenbeispiel 5: Klavierbegleitung im zweiten Teil von *Da jiang dong qu* am Beispiel der Takte 22–25 der Periode B

Dieser Teil ist lieblich und zart, und die Klavierbegleitung ist harmonisch und sanft. Die Klavierstimme der linken Hand steht in laufendem Arpeggio und Triolen, die rechte Hand spielt eine ergreifende Melodie in E-Dur. Die Begleitung unterstützt die singenden Töne wie ein rauschender Hintergrund.[126]

Nach dem ersten Abschnitt (A–a) komponierte Qing-Zhu ein Klavierzwischenspiel (Takt 8–14) mit Akkorden, um den nachfolgenden Teil (A–b) zu unterstützen und die Stimmung des Textes genauer zu beschreiben: »Felsen türmen sich hoch zum Himmel empor, Wogen schlagen ans Ufer, Gischt wie Haufen von Schnee vor sich her rollend.« Er plante ein rhythmisches Muster mit fünf Akkorden im Sechzehntelrhythmus, zwei Achtelnoten und einer Viertelnote mit einem massiven Akkord. Mit dieser festen Klangfigur schafft

---

[126] Vgl. LIAO Chong, *Der deutsche Chinese – Das wechselvolle Leben des Komponisten Qing-Zhu*, S. 107.

er eine vierfache Sequenz, durch die die Stimmung nach und nach zu einem Höhepunkt geführt wird.

Notenbeispiel 6: Klavierstimme im Zwischenspiel von *Da jiang dong qu* am Beispiel der Takte 8–13.

Auch in der Coda I arbeitet Qing-Zhu mit gleichbleibenden Bausteinen in der Begleitung. Über einem ostinaten punktierten Rhythmus in der linken Hand wiederholt er sechsmal eine seufzende und sentimentale Triolenfigur mit der Vortragsbezeichnung *molto tranquillo*, um die Stimmung von »ein Menschenleben vergeht wie ein Traum« zu beschreiben. Das folgende Notenbeispiel 7 zeigt die Begleitung in der Coda.

Notenbeispiel 7: Klavierbegleitung in der Coda von *Da jiang dong qu*

Die Begleitung ist ein wichtiger Bestandteil des Kunstliedes und auch ein Merkmal der Unterscheidung von Volksliedern oder Opernarien. Qing-Zhu folgte mit großem Erfolg den Gestaltungsnormen des deutschen Liedes und legte großen Wert auf die Rolle der Begleitung, die Verwendung von verschiedenen Figurationen, um Atmosphäre und Stimmung zu schaffen.

Vortragsbezeichnungen für Tempo und Dynamik

Abgesehen von Tonartplan und Begleittextur verwendet Qing-Zhu in *Da jiang dong qu* auch zahlreiche westliche Tempo- und Vortragsbezeichnungen, um die Stimmung seines Stückes noch individueller und detaillierter zu vermitteln, wie z. B. *ben marcato, furioso più mosso, con espressione, molto vivo, stringendo, sotto voce, molto tranquillo* oder *con forza e molto vivo* zum Einsatz (siehe Notenbeispiel 8).

大江东去

[宋]苏轼词
青主曲

Notenbeispiel 8: Qing-Zhus Lied *Da jiang dong qu*[127]

---

[127] ZHANG Chou und MAO Kuang-Ping (Hrsg.), *Zhongguo yishu gequ xuanji*, S. 120–123. Im ersten Akkord des Notenbeispiels ist der Basston vermutlich *E* statt *D*.

Die Tempoangabe des ersten Teils ist *Largo e maestoso* und danach *Andante con moto* im zweiten Teil. Die Dynamikzeichen verwendete er sehr sorgfältig für individuelle Textpassagen, oft sogar für ein einzelnes Wort oder einen Satz, um die vielschichtigen Emotionen feinfühlig auszudrücken. Beispielsweise beginnt das Stück im Forte für die erste Phrase, aber nach einem Takt wechselt er für die zweite Phrase ins Piano, und noch beim letzten Wort dieser Phrase »尺« folgt ein Crescendo. Qing-Zhu gibt den Musikern damit klare Vorgaben für die Interpretation seiner Komposition und stellt sicher, dass die sich wandelnde Stimmung ausdrucksvoll dargestellt wird. Ein weiteres Beispiel mit einer noch größeren dynamischen Änderung findet sich in den Takten 6 bis 8, innerhalb derer sich die Dynamik von Pianissimo über ein kurzes Crescendo zu einem Sforzato entwickelt und damit das Stück an dieser Stelle noch dramatischer macht. In der Coda gibt Qing-Zhu *molto tranquillo* vor, um die friedliche und ruhige Atmosphäre zu unterstreichen. Mit *sotto voce* und *pp* kennzeichnet er sowohl »人生« [das Leben] als auch »如梦« [wie ein Traum], um den im Text ausgedrückten Empfindungen mehr Farbe zu verleihen. Ganz zum Schluss zeigen *ff* und *con forza e molto vivo* die Rückkehr aus der Traumwelt in die Realität und hoffnungsvollen heroischen Ehrgeiz.

Darüber hinaus setzt Qing-Zhu auch deutliche und feinfühlige Vortragsbezeichnungen für die Klavierbegleitung. Ein gutes Beispiel dafür ist das Zwischenspiel (Takt 9–15), das von *furioso più mosso* im Fortissimo über *diminuendo* und *p con espressione, rall.* bis *molto rall.* im Pianissimo gestaltet ist.

Durch den Einsatz der Dynamik werden die Effekte der harmonischen Disposition weiter verfeinert und unterstützt. Dieses Vorgehen gleicht der Aufführungspraxis der europäischen Spätromantik. Qing-Zhu ist der erste chinesische Komponist, der eine so differenzierte Vortragsbezeichnung für ein Lied verwendet. Das Notenbeispiel 8 zeigt dieses Lied als Ganzes mit den entsprechenden Bezeichnungen.

Zusammenfassung

Zur Zeit von Qing-Zhus Studienaufenthalt in Deutschland war die europäische Musik noch deutlich vom Stil der Spätromantik geprägt. Die vorangegangene Analyse von *Da jiang dong qu* zeigt deutlich, wie sich Qing-Zhu bei der Komposition seines berühmten Werkes an der Praxis europäischer Komponisten orientierte und die kompositorischen Ansätze und Techniken in Bezug auf Inhalt, Melodie, Harmonik, Begleitung und Textur nach Vorbild des deutschen Kunstlieds anwendete. Da er noch keine Lösung für den scheinbaren Widerspruch zwischen Sprach- und Lied-Melodie fand, folgte er auch in diesem Punkt dem westlichen Vorbild und komponierte die Gesangsmelodie frei und ausdrucksvoll, ohne sich durch die vier Töne der chinesischen Sprache einschränken zu lassen. Seine Liedkomposition, die expressiven Gesangsmelodien, die vielfältigen Farben und Tonartmodulationen sowie die feine und ausdrucksvolle Klavierbegleitung zeugen von einer hohen Reife, deren künstlerisches Niveau den Kompositionen von zeitgenössischen westlichen Komponisten in nichts nachsteht.

Qing-Zhu selbst sang dieses Stück gerne bei privaten Feiern , wobei seine deutsche Ehefrau ihn am Klavier begleitete. Sein chinesisches Publikum, darunter XIAO You-Mei, Leiter der Staatlichen Hochschule für Musik Shanghai, war begeistert und drängte Qing-Zhu zur Veröffentlichung seines Werkes.[128] Das Stück wurde 1928 in Qing-Zhus Liedersammlung *Qing ge ji* in China veröffentlicht. Im Vorwort der Liedersammlung schreibt XIAO You-Mei über das Lied: »Qing-Zhus Lied *Da jiang dong qu*, wird von allen Menschen die etwas von Musik verstehen als beispielloses Werk der chinesischen Musikgeschichte betrachtet.«[129]

2.4.2 *Wo zhu Changjiang tou* [Ich wohne am Anfang des Yangtze Flusses], 1930

Das Lied *Ich wohne am Anfang des Yangtze Flusses* ist ein elegantes Lied mit aufrichtigem Gefühl, einfachen Melodie und lebendiger Begleitung. Dieses Lied ist eines von Qing-Zhus bekanntesten Werken, das bis heute immer noch sehr populär ist und häufig bei Liederabenden in China aufgeführt wird. Bei fast allen in China stattfindenden internationalen Gesangswettbewerben wird Qing-Zhus Lied *Wo zhu Changjiang tou* in der Liste der Pflichtstücke für die chinesischsprachigen Lieder ausgewählt. Dies zeigt, wie hoch die Chinesen den Wert dieses Liedes schätzen.

Das Stück *Wo zhu Changjiang tou* komponierte Qing-Zhu nicht in Deutschland, sondern nach seiner Rückkehr nach China, als er unter falschem Namen versteckte und abseits von der Politik in Shanghai lebte. Seine zurückgezogene Lebensweise führte aber nicht zu einer Verminderung seiner patriotischen Leidenschaft für sein Land und sein Gedenken an seine ehemaligen Gefährten.

---

[128] Vgl. LIAO Chong, *Der deutsche Chinese – Das wechselvolle Leben des Komponisten* Qing-Zhu, S. 109.

[129] Qing-Zhu, Vorwort der Liedersammlung *Qing ge ji*, Shanghai 1928, o. S.

Angesichts der schwierigen politischen Situation und drohender Verhaftung konnte Qing-Zhu durch dieses Lied seine tief versteckten Empfindungen ausdrücken. Das Lied wurde zum ersten Mal im Juli 1930 im Journal *Yue yi* [Musik-Kunst] veröffentlicht und später auch in die gemeinsame Liedsammlung *Yin jing* (1931) von Qing-Zhu und Hua-Li-Si aufgenommen.

Wo zhu Changjiang tou unterscheidet sich deutlich von Qing-Zhus Frühwerk *Da jiang dong qu*, das er während seiner Studienzeit in Deutschland komponiert hatte. Das spätere Lied gilt als ein typisches Beispiel für die Entwicklung von Qing-Zhus Kompositionsstil nach seiner Rückkehr nach China. Er verwendet in diesem Lied verstärkt chinesische pentatonische Musikelemente, sowohl in der Hauptmelodie als auch in der Klavierbegleitung. So verband er die westliche Harmonik mit chinesischer Pentatonik, obwohl er in seinen ästhetischen Gedanken und Veröffentlichungen der westlichen Musik den Vorzug gab und die traditionelle chinesische Musik kritisierte. Dieses Lied zeigt die weitere Entwicklung seines kreativen Ansatzes.

Das Stück ist die Vertonung eines alten Liebesgedichtes von LI Zhi-Yi (李之仪, 1038–1117) aus der Song-Dynastie. Der Text drückt die reine Liebe und Treue zweier Liebenden aus. Qing-Zhu vertonte dieses Gedicht und drückt zusätzlich in seiner Vertonung auch seine Sehnsucht nach alten Kampfgefährten sowie Trauer und Resignation in der Erinnerung an verstorbene Mitmenschen aus.

Der Text des Gedichts bzw. Liedes lautet:

Original-Text	Übersetzung:[130]
我住长江头，	Ich wohne am Anfang des Yangtze Flusses,
君住长江尾。	Ihr wohnt am Ende des Yangtze Flusses.
日日思君不见君，	Jeden Tag denke ich an euch, aber sehe euch nicht.
共饮长江水。	Wir trinken das Wasser aus demselben Fluss.
此水几时休，	Wann wird der Fluss austrocknen,
此恨何时已？	Wann wird die Sehnsucht gestillt?
只愿君心似我心，	Ich hoffe nur, euer Herz ist wie meines
定不负相思意。	Und ihr werdet meine Sehnsucht nicht enttäuschen.

Qing-Zhu plante sein Stück gemäß der Struktur des Gedichtes in zwei Teilen. Die letzen vier Verse des Gedichtes werden in der zweiten Hälfte seines Liedes dreimal wiederholt, wobei sich die Melodie hin zum Höhepunkt des Liedes entwickelt. Diese Struktur ist der romantischen deutschen Kunstliedkomposition ähnlich und war für eine chinesische Komposition zur damaligen Zeit einmalig. Die Begleitung komponierte Qing-Zhu einheitlich und konsequent mit Sechzehntelnoten in gebrochenen Akkorden (arpeggio). Sie erinnert an das Spiel einer Harfe und kann als Darstellung der wogenden Wellen des Yangtze Flusses gedeutet werden. Die Harmonik verändert sich häufig, um die Beweglichkeit der Begleitung noch dramatischer zu gestalten. Qing-Zhu schenkt der Funktion der Klavierbegleitung wie in der deutschen Kunstliedkomposition große Beachtung, um die Stimmung seines Werkes zu unterstützen. Das folgende Notenbeispiel 9 zeigt die gleichförmige Begleittextur am Beispiel des ersten Teils von *Wo zhu Changjiang tou*.

---

[130] Vgl. LIAO Chong, *Der deutsche Chinese – Das wechselvolle Leben des Komponisten Qing Zhu*, S. 99–100.

Notenbeispiel 9: Klavierbegleitung in den ersten 16 Takten von *Wo zhu Changjiang tou*[131]

Qing-Zhu komponierte die Gesangsstimme bewusst mit traditionell chinesischen Musikelementen, um das Stück der Ästhetik des chinesischen Publikums

---

[131] Entnommen aus: MO Ji-Gang, *Zhongguo yishu gequ yanchang zhinan* [Handbuch für Gesang des chinesischen Kunstlieds], Shanghai 2003, S. 24.

anzupassen. Als eine Besonderheit ist in diesem Stück für jedes einzelne Wort bzw. Schriftzeichen ein Ton komponiert. Um die melancholische Stimmung des Gedichtes zu unterstreichen sowie ein Gefühl von Entfernung auszudrücken, ist die Melodie der Singstimme durchgängig mit punktierten Viertelnoten komponiert. So wie beim Rezitieren des Gedichts wird das letzte Wort eines jeden Verses auf zwei punktierte Viertelnoten und damit auf einen ganzen Takt gedehnt. Im Vergleich zu Qing-Zhus Lied *Da jiang dong qu* passt die Liedmelodie bei diesem Stück deutlich besser zu den Tönen der chinesische Sprache. Trotzdem finden sich immer noch zahlreiche Stellen, an denen Melodie und relative Tonhöhe der Sprache nicht gut zusammen passen. Wenn dieses Stück direkt nach den Noten gesungen wird, kann es an mehreren Stellen wegen »Dao Zi« missverstanden werden. Das Chinesische als Tonsprache der Musikmelodie gut anzupassen, ist eines der schwierigsten Aspekte der Vokalkomposition. Diesen Effekt zu erahnen ist für diejenigen, die die chinesische Sprache nicht sehr gut beherrschen, besonders schwer.

Weiterentwicklung des Stückes

Chinesische Sänger und Sängerinnen versuchten später Wege zu finden, um die für das chinesische Publikum ungewohnten Konflikte zwischen Lied- und Sprachmelodie abzumildern und die Stücke der chinesischen Hörästhetik anzupassen. Aber die meisten Sänger, die die westliche Gesangstechnik und den Liedgesang gut beherrschten, kannten die traditionelle chinesische Vokalkunst nicht gut. Umgekehrt gab es auch kaum einen chinesischen Volkslied-Sänger, der sowohl die traditionelle chinesische Musik als auch die westliche Musik gut zum Ausdruck bringen konnte.

Ein Beispiel für die gelungene Weiterentwicklung von Qing-Zhus Werken ist die Sängerin ZHANG Quan[132] (1919–1992), die in den USA Gesang studierte

---

[132] ZHANG Quan (Chang Chuan) wurde 1919 in Jiang Su geboren und studierte ab 1936 am Hangzhou National Art College im Hauptfach Klavier und Gesang bei dem russischen Lehrer Marshin. 1937 lernte sie Gesang bei Prof. ZHOU Shu-An an der Staatlichen Hochschule für Musik Shanghai. Im Jahr 1938 flüchtete sie wegen des Chinesisch-Japanischen Krieges mit ihrer Familie nach Chongqing und studierte dort weiter Gesang. 1942 bekam sie ihren Abschluss am Chongqing National Conservatory of Music und lehrte im Anschluss dort Gesang. 1946 setzte sie ihre Gesangsausbildung in den USA fort und wechselte zunächst ans Nazareth College of Rochester und 1949 an die Eastman School of Music of the

und danach nach China zurückkehrte. Sie fühlte sich verpflichtet, das chinesische Kunstlied dem chinesischen Publikum bekannt zu machen und bei ihm eine Vorliebe dafür zu wecken. Dabei ergab sich die Schwierigkeit, dass die im Westen erlernte europäische Gesangstechnik zwar gut zum Musikstil des Kunstliedes passt und eine wohlklingende Stimme verleiht, aber chinesische Liedtexte damit nicht klar genug artikuliert werden können und vom chinesischen Publikum daher nicht gut verstanden werden. Sie war der Meinung, dass eine chinesische Sängerin, die chinesische Lieder undeutlich vortrug und damit ihr Publikum nicht erreichte, eine erfolglose Sängerin sei. Nach ihrem Gesangsstudium in den USA lernte sie deshalb in China bei ihren chinesischen Kollegen, darunter viele chinesische Musiktheater-Schauspieler und Volkslied-Sänger, zahlreiche traditionelle chinesische Stücke, um die traditionelle chinesische Gesangstechnik kennenzulernen und zu beherrschen. Sie glaubte nicht, dass es eine unüberbrückbare Kluft zwischen der klassischen westlichen Gesangstechnik und der chinesischen Vokaltechnik gibt, und war fest entschlossen, einen Weg zu finden, den scheinbaren Gegensatz zu überwinden.[133]

Neben der Gesangstechnik traf sie auch auf das Problem der fehlenden Übereinstimmung von Sprach- und Musik-Melodie bei den frühen chinesischen Kunstliedern. Um Missverständnisse bei der Bedeutung des Textes zu vermeiden, versuchte sie, die Liedmelodie durch Verzierungen beim Gesang an die richtige chinesische Aussprache mit ihren vier Tönen anzupassen. Sie meinte, dass die Melodie von Qing-Zhus Stück *Wo zhu Changjiang tou*, bei der ein Zeichen einem Ton entspricht, dem Interpreten die Möglichkeit gäbe, Stellen mit unpassender Tonhöhe durch improvisierte Verzierungen zu korrigieren. Zur Verdeutlichung wird exemplarisch ein kurzer Abschnitt aus diesem Werk in dem folgenden Notenbeispiel 10 dargestellt.

University of Rochester, von der sie 1951 ihr Masterdegree of Music und das Zertifikat als Konzertsolistin und Opernsängerin erhielt.
[133] Vgl. ZHENG Yang, *Qianxi Zhang Quan de gechang yishu* [Analyse von ZHANG Quans Gesangskunst], Tianjin 2010.

此水几时休 此水几时休
cǐ(3) shuǐ(3) jǐ(3) shí(2) xīu(1)   cǐ(3) shuǐ(3) jǐ(3) shí(2) xīu(1)

(a) (b)

Notenbeispiel 10: (a) Originalnoten der Gesangsmelodie von *Wo zhu Changjiang tou*, Takte 37–39; (b) Noten mit der von ZHANG Quan eingefügten Verzierung zur Vermeidung des »Dao zi«-Problems.

In dieser Phrase der Originalnoten (Notenbeispiel 10a) ist die Melodie bei dem Zeichen »时« shí [wann] auf den höchsten Ton komponiert. In Hinblick auf die Aussprache des Wortes müsste aber der zweite Ton, also ansteigend von unten nach oben, verwendet werden. Beim direkten Singen nach den Noten, entsteht so ein »Dao zi«-Problem und das Publikum würde anstelle von »wann« wohlmöglich »nass« (»湿« shī) verstehen.

Notenbeispiel 10b zeigt die kleine, fast unmerkliche Verzierung von ZHANG Quan beim Singen von Qing-Zhus Lied. Vor dem Ton e^2 des Zeichens »时« shí fügt sie einen kurzen Vorschlag d^2 ein, wodurch das durch die Sprache geforderte Ansteigen der Tonhöhe erreicht wird. Die Aussprache wird dadurch viel klarer und das Lied bekommt durch die Verzierung eine chinesische Farbe.

ZHANG Quan hat aufgrund ihrer westlichen Gesangsausbildung und ihrer Forschung und Praxiserfahrung mit dem chinesischen Lied einen großen Beitrag zur Weiterentwicklung des chinesischen Kunstlied-Gesangs in China geleistet. Ihre Auftritte führten zu einer weiteren Verbreitung und gestärkten Akzeptanz der neuen musikalischen Gattung des chinesischen Kunstliedes beim Publikum in China. Durch die Vermeidung des »Dao zi« Problems wurden gerade auch die Liedkompositionen von Qing-Zhu noch bekannter und beliebter in China.

2.5 Qing-Zhus deutsche Ehefrau Hua-Li-Si und ihre chinesischen Kunstlieder

Hua-Li-Si (1895–1969, Geburtsname Irmgard Heinrich) stammte aus gutem Hause und begann ihre musikalische Ausbildung bereits in früher Kindheit. Als Jugendliche genoss sie umfassenden Musikunterricht in den Fächern Klavier, Geige, Musiktheorie und Gesang beim damaligen Opernkapellmeister des königlich preußischen Orchesters Adolf Steinmann. Im Anschluss studierte sie an einem Konservatorium in Berlin Geige und Gesang und entwickelte eine Vorliebe für das Kunstlied und die Poesie.[134] Aufgrund dieses Interesses entdeckte sie wahrscheinlich auch die chinesische Poesie, die damals erstmalig in Deutschland bekannt wurde.

Als sie Qing-Zhu im Jahre 1912 kennenlernte, war sie bereits eine vielseitige und versierte Musikerin. Zwischen den beiden Verliebten entstand ein intensiver, tiefer und persönlicher Austausch, der auch ein Austausch zwischen Deutschland und China war. Neben dem Musikunterricht, den sie Qing-Zhu für Geige, Klavier und Gesang gab, sang sie gerne deutsche Lieder von Schubert, Schumann, Brahms und Hugo Wolf für ihn und begleitete sich selbst dabei auf dem Klavier. Sie interessierte sich für chinesische Gedichte, übersetzte mit Qing-Zhu zusammen viele der klassischen Werke ins Deutsche, darunter z. B. Gedichte aus Tang-Dynastie von GAO Shi und LU Lun, und veröffentlichte die Übersetzungen in Deutschland. Von den chinesischen Gedichten inspiriert begann sie auch, diese als Lieder zu vertonen und ihre Kompositionen bei privaten Anlässen und später auch bei öffentlichen Gesangsauftritten und chinesischen Veranstaltungen in Deutschland darzubieten. Dies ist z. B. durch eine Veröffentlichung des chinesischen Musikwissenschaftlers LIAO Fu-Shu belegt,[135] in der er bemerkt, dass Irmgard Heinrich in Deutschland im Jahr 1919 bei der Willkommensveranstaltung für den chinesischen Politiker LIANG Qi-Chao eine ihrer eigenen Liedkomposition aufführte. Der chinesische Titel des Liedes lautet: *Qing ping diao – Yun xiang yi shang, hua xiang rong* (清平调-云想衣裳，花想容) und in deutscher Übersetzung: *Beim Anblick von Wolken denke ich an ihr Kleid; beim Anblick von Blumen denke ich an ihr Aussehen.* Der Text des Liedes stammt von dem berühmten Dichter LI Bai aus der Tang-Dynastie. Für dieses Lied wurden leider niemals Noten veröffentlicht, daher lässt sich heute schwer nachvollziehen, ob sie damals auf Englisch, Deutsch oder Chinesisch gesungen hat. Dennoch stellte dieser mutige Versuch den Anfangspunkt für ihre spätere Entwicklung dar.

Im Jahr 1921 heirate sie Qing-Zhu gegen den Willen ihrer Eltern. Nach ihrer Übersiedlung nach China komponierten beide zusammen zahlreiche Lieder auf

---

[134] Vgl. LIAO Chong, *Der deutsche Chinese – Das wechselvolle Leben des Komponisten Qing-Zhu*, S. 21 und S. 29.
[135] LIAO Fu-Shu, »Cong lao huangpu dao xin huangpu – Qing Zhu zai Guangdong«, in: LIAO Chong-Xiang (Hrsg.), *Yue yuan tan wang – LIAO Fu-Shu wenji*, S. 239–242. LIAO Fu-Shu ist der jüngere Bruder von Qing-Zhu und ein bekannter Musikwissenschaftler in China.

Basis von klassischen chinesischen Gedichten. Als Qing-Zhu später in der politischen Szene Chinas aktiv wurde, spielten sie in der Freizeit oft Klavier und sangen ihre eigenen Liedkompositionen zur Unterhaltung ihrer Gäste bei zahlreichen privaten Feiern. Außerdem veranstaltete Irmgard Heinrich in Shanghai einen Liederabend mit Goethe-Vertonungen zum Gedenken an den hundertsten Todestag Goethes. Dies sind Beispiele für ihre Aktivitäten als Musikerin in China und ihre weiter bestehende tiefe Verbindung mit der Kunstform des Liedes in China.

Nach dem Scheitern des Guangzhou-Aufstandes (1927) wurde ihr Mann auf die ›Schwarze Liste‹ politisch Verfolgter gesetzt, und Irmgard Heinrich zog unter dem Pseudonym »Elinor Valesby« mit ihrer Familie nach Shanghai um. 1938 nahm sie mit Hilfe von XIAO You-Mei den chinesischen Namen Hua-Li-Si (华丽丝) an und erhielt einen Lehrauftrag für die Fächer Gesang und Klavier an der Staatlichen Hochschule für Musik Shanghai. In diesem Zeitraum bot sich ihr die Möglichkeit, viel mit ihrem Mann zu musizieren und weitere Lieder zu komponieren. Hua-Li-Si komponierte mit großer Leidenschaft mehrere chinesische Lieder, in denen ihre besondere Liebe für alte chinesische Gedichte und fernöstliche Philosophie zum Ausdruck kommt. Obwohl sie selbst kaum Chinesisch sprechen konnte,[136] ermöglichte es ihr der enge Austausch mit ihrem Ehemann Qing-Zhu, chinesische Lieder zu schreiben und einen tiefen Einblick in die chinesische Poesie und Philosophie zu gewinnen. Unter ihren Kompositionen finden sich unter anderem die anerkannten Lieder *Bing dao ru shui- Shao nian you, Lian wai yu chan chan- Lang tao xia*, und das in Taiwan bis zum heutigen Tage beliebte *Xi zhi xi de jin xiao ye*. Abbildung 9 fasst einige ihrer wichtigsten Lieder zusammen. Acht ihrer chinesischen Lieder wurden im Jahr 1931 zusammen mit Liedern ihres Mannes in der gemeinsamen Liedsammlung *Yin jing* veröffentlicht.

Durch die Veröffentlichung wurden Hua-Li-Si und ihre Lieder in den Musikerkreisen in Shanghai und China bekannt. Eine deutsche Frau, die klassische chinesische Gedichte vertonte und darüber hinaus in einem für Chinesen völlig neuen und ungewohnten Kompositionsstil (dem Kunstlied), erregte umgehend Aufsehen. Darunter gab es sowohl positive Reaktionen als auch kritische Diskussionen. Begeistert äußerte sich z. B. XIAO You-Mei, Vize-Direktor der Staatlichen Hochschule für Musik Shanghai:

---

[136] LIAO Nai-Xiong, Yi Qing Zhu – Shiren zuoqujia de yisheng, S. 68.

»Ihre Kompositionen bringen einen neuen Klang in die Musik-Kunst. Sie vertont die klassischen Gedichte unseres Landes mit einem ausgezeichneten Verständnis für die Kultur der Song- und Ming-Dynastie. Sie eröffnet damit einen neuen Weg für die Musik unseres Landes. Kompositionen wie die von Elinor Valesby sind wahrlich selten.«[137]

Chinesischer Titel	Englischer Titel	Dichter
轻舟短棹西湖好 Qing zhou duan zhao Xihu hao	Boating on the West Lake	欧阳修 OU-YANG Xiu
煮豆持作羹 Zhu dou chi zuo geng	The Seven Paces' Poem	曹植 CAO Zhi
并刀如水 »少年游« Bing dao ru shui »Shao nian you«	An Assignation	周邦彦 ZHOU Bang-Yan
桃花路 Tao hua lu	The Peach Blossom Way	高深甫 GAO Shen-Fu
今日北池游 Jinri bei chi you	Boating on Bei-Chi Today	欧阳修 OU-YANG Xiu
帘外雨潺潺 (浪淘沙) Lian wai yu chan chan – Lang tao sha (Lang Tao Xia)	Outside the Window-Screen, the Rain Drizzles and Drips	李后主 Kaiser der Süd-Tang-Dynastie
易水的送别 Yi shui de songbie	Farewell by the Yi River	青主 Qing-Zhu
夜静思 »床前明月光« Ying ye si »Chuang qian mingyue guang«	Thoughts in a Tranquil Night	李白 Li Bai
喜只喜的今宵夜 Xi zhi xi de jin xiao ye	Tonight, Just Lovely	出自 白雪遗音 Baixue Yiyin

Abbildung 9: Übersicht der bekanntesten chinesischen Kunstlieder von Hua-Li-Si[138]

---

[137] XIAO You-Mei, »Wo duiyu X shudian yue yi chu pin de piping« [Kritik der Musikveröffentlichungen der Buchhandlung X], in: *Yue yi* [Musik-Kunst] 1 (1930), H. 1, S. 76.

[138] CD *Chinese art songs by: Qing Zhu and Hua-Li-Si*, Ming-Lu Chen (Sopran), Taipeh 2001. Auf dieser CD werden außer dem Lied »Thoughts in a Tranquil Night« (Englisch) alle Lieder auf Chinesisch gesungen.

Daneben gab es aber auch kritische Stimmen. Gut belegt ist zum Beispiel die Diskussion zwischen Hua-Li-Si und Qing-Zhu auf der einen Seite und dem bekannten chinesischen Dichter YI Wei-Zhai auf der anderen Seite, die sich in einer Reihe von Veröffentlichungen in verschiedenen Musikjournalen im Jahr 1934 gegenseitig kritisierten.[139] Anstoß der Diskussion war die Veröffentlichung von Hua-Li-Sis Stück *Lian wai yu chan chan – Lang tao sha* (帘外雨潺潺 – 浪淘沙, Outside the window-screen, the rain drizzles and drips) im April 1930, das in der ersten Ausgabe des Journals *Yue yi* [Musik-Kunst] erschien. Ihr Ehemann Qing-Zhu war zu dieser Zeit als Redakteur bei *Yue yi* tätig und der Meinung, dass dieses Lied die bislang gelungenste Komposition von Hua-Li-Si sei.[140]

Zusammen mit dem Stück erschien der Artikel »Erläuterungen zur Komposition des Liedes *Lang tao sha*«, in dem Hua-Li-Si ihren Kompositionsansatz nach dem Vorbild des deutschen Kunstliedes erläutert. Sie schreibt:

> »Mein Lied ›*Lang tao sha*‹, das in dieser Sammlung enthalten ist, mag fuer die meisten chinesischen Hoerer vielleicht zu modern oder, besser gesagt, nicht ganz verstaendlich klingen. Im Grunde genommen ist es nicht voellig modern, es ist nur darin, wie es seit Wagner eben fast allgemein zu geschehen pflegt, weniger auf eine bestimmte Melodie als auf die Wiedergabe der besonderen Stimmung, die in dem Gedicht zum Ausdruck kommt, Wert gelegt worden. Letzteres kann nur durch eine eigenartig geformte Begleitung voellig geschehen. Die Fuehrung der Singstimme soll vor allem der sinngemaessen Deklamation des Gedichtes gerecht werden. Von diesen Gesichtspunkten aus bitte ich meine Komposition des schoenen Gedichtes zu betrachten. Von jeher hatte ich eine grosse Vorliebe fuer die wundervolle chinesische Lyrik, die mit ihrem zarten poetischen Duft, ihrer bilderreichen Sprache foermlich nach Vertonung zu verlangen scheint.«[141]

In dem Artikel ist sowohl der deutschsprachige Originaltext von Hua-Li-Si als auch eine Übersetzung ins Chinesische (vermutlich durch ihren Ehemann Qing-Zhu) veröffentlicht. Die chinesische Version enthält zusätzlich zur Erklärung, dass bei der Vertonung die Stimmung des Gedichts im Vordergrund stehen sollte, eine Kritik an vergangenen Kompositionen: »Es ist nicht mehr

---

[139] Vgl. LI Yan, »Confront and Unresolved- To Face and Analyse the Historical Complicated Legal Case between Ellinore Valesby, Qing-Zhu and Yi Wei-Zhai«, in: *Zhongguo yinyue xue/Musicology in China* 25 (2009) H.1, S. 77–84.
[140] Hua-Li-Si und Qing-Zhu, Liedsammlung *Yin Jing*, Shanghai 1931.
[141] Elinor Valesby (Hua-Li-Si), »*Lang tao sha* zuoqu dayi« [Erläuterungen zur Komposition des Liedes *Lang tao sha*], in: *Yue yi* [Musik-Kunst] 1 (1930), H. 1, S. 69–70.

so wie in der Vergangenheit, wo eine Lied schon als sorgfältig geschrieben und erfolgreich galt, wenn der Komponist nur mehr eine vorgegebene Melodieform ausgefüllt hat.«[142] Besonders diese Kritik an den bisherigen Werken chinesischer Komponisten regte die Diskussionen in den intellektuellen Kreisen in China an.

Der bekannte chinesische Dichter YI Wei-Zhai schrieb als Reaktion eine ausführliche Darstellung der Beziehung zwischen klassischen chinesischen Gedichten und deren Sprachmelodie. Er stimmte der Meinung von Hua-Li-Si nicht zu, dass bei der Verbindung von Text und Melodie in der Liedkomposition die Stimmung im Vordergrund stehen sollte. Er schreibt:

»Der Wortklang, insbesondere die Aussprache nach den vier Tönen der chinesischen Sprache, ist essentiell für die Bedeutung und die besondere Schönheit der chinesischen Dichtkunst. Bei der Wortwahl achtet der Dichter explizit auf einen zu den Reimen und dem Versmaß passenden Klang der einzelnen Wörter bzgl. Sonorisierung der Konsonanten und den vier Tönen der chinesischen Sprache. Zwar sind ein schöner Inhalt und eine schöne Sprache sehr wichtig, aber wenn der Klang und die Töne nicht sorgfältig dazu geschrieben sind, kann das Werk nicht als ein gelungenes Gedicht angesehen werden. Die Melodie der Sprache, der Rhythmus und die Reime sind von höchster Bedeutung für ein gelungenes Gedicht. Und der wichtigste Grundbaustein für die Melodie ist der einzelne Wortklang. [...] Ich bin der festen Überzeugung, dass ein Lied für Sologesang eine wirkliche Übereinstimmung von Sprachklang und Liedmelodie erfordert. Diese Verpflichtung sollte der Komponist niemals vernachlässigen. [...] Unsere guten traditionellen chinesischen Gedichte sind sehr wohl für Sologesang geeignet. [...] Ich bin zwar kein Experte für Komposition, aber ich empfinde Hua-Li-Sis Melodie-Komposition von ›Lang tao sha‹ sehr schön. Ihre wundervolle Kompositionstechnik hat zweifellos ein sehr hohes Niveau, und ich drücke hiermit meine herzliche Bewunderung aus. Aber bei genauerer Betrachtung des Inhalts und der Melodie des zugrundeliegenden Gedichtes in Beziehung zu der von ihr dazu komponierten Liedmelodie stellt sich bei mir doch an der einen oder anderen Stelle ein unangenehmes Gefühl ein. [...] Im Folgenden habe ich deshalb nach ihrer Melodie unabhängig vom Originaltext, dessen Stil und Struktur, ein neues, besser passendes Gedicht geschrieben. [...] Ich überlasse es nun Ihnen, verehrte Hua-Li-Si, und den anderen Fachleuten, mein Werk zu bewerten.«[143]

---

[142] Ebd., S. 69.
[143] YI Wei-Zhai, »Ge yu zi sheng« [Lied und Wortklang], in: *Yinyue zazhi* [Musikmagazin] 1 (1934), H.2, S. 21–24. Dieses Journal wurde von der Gesellschaft für Musik-Kunst »Yinyue

Wie im Zitat erwähnt, veröffentlichte YI Wei-Zhai in diesem Artikel noch eine zweite Version des Liedes, in der er zum Originaltext des Gedichtes eine aus seiner Sicht besser passende Melodie schrieb. YI Wei-Zhai hatte Hua-Li-Si vor der Veröffentlichung des abgewandelten Liedes nicht um deren Einverständnis gebeten, was zu großer Empörung bei Qing-Zhu und ihr führte.

Als Reaktion erschien 1934 der Artikel »Guanyu Zhongguo yinyue de jinzhan wenti« [Über die Entwicklungsprobleme der chinesischen Musik][144] von Hua-Li-Si, in dem es heißt:

> »Es gibt da einen chinesischen Gelehrten, der plötzlich kreativ geworden ist und meine Liedkomposition ›Lang tao sha‹ mit seinem eigenen Text abwandelte. Dazu schrieb er noch ein paar Notenreihen mit einzelnen Tönen und behauptete, dass diese besser zu der Sprachmelodie des Original-Gedichtes ›Lang tao sha‹ von Kaiser Li passten. Die scheinbar allumfassenden Fähigkeiten dieses Gelehrten sind wirklich erstaunlich. Er scheint aber leider nicht zu wissen, wie er für seine wenigen Tonreihen eine Begleitung und Akkorde schreiben soll. Als echter Universalgelehrter sollte er eigentlich wissen, dass ein Musikwerk ohne Harmonik nicht als solches bezeichnet werden kann. Ein paar wenige Reihen mit einzelnen Tönen für die Singstimme, ohne jegliche Begleitung, können wohl von niemandem ernsthaft als ein Lied anerkannt werden. [...] Ein jeder Mensch weiß, dass eine Liedkomposition nach der von YI Wei-Zhai vorgestellten Methode im Klangumfang sehr begrenzt ist. Ohne die Nutzung des vollen Umfanges der hohen und tiefen Töne ist nicht im Traum daran zu denken, Emotionen beim Zuhörer zu wecken. YI Wei-Zhai kann nur im Klangumfang von vier oder fünf Tönen, höchstens vielleicht zehn Tönen arbeiten. Mit diesem Ansatz können Liedkompositionen niemals dieser engen Begrenzung entkommen. [...] Wenn die chinesische Musik immer nur auf Grundlage von fünf Tönen aufgebaut wird, dann wundert es nicht, dass die chinesische Musik nicht weiterentwickelt werden kann. Tausend Jahre und noch einmal tausend Jahre sind vergangen, und die Musik sollte sich entsprechend weiterentwickelt haben. Aber dies ist nicht der Fall. Es ist wie ein Erwachsener, der immer noch in Kinderschuhen gehen will. Er will unbedingt nur an den wenigen einzelnen Tönen festhalten und weigert sich, davon abzuweichen. [...] Die Vortragsweise der chinesischen Gedichte nach einer Melodie, die rein der Phonologie folgt, kann niemals die Emo-

---

yi wen she« veröffentlicht, in der YI Wei-Zhai, XIAO You-Mei und Huang-Zi als Redakteure tätig waren.

[144] Hua-Li-Si, »Guanyu Zhongguo yinyue de jinzhan wenti« [Über die Entwicklungsprobleme der chinesischen Musik], in: *Yinyue zazhi* [Musikmagazin] 1 (1934), H. 3, S. 46.

tion der Gedichte ausdrücken. Dieser Fehler ist auch der chinesischen Musik zueigen.«[145]

Die sarkastische Antwort von Hua-Li-Si bringt ihre Verärgerung und ihr Unverständnis über die unerbetene ›Verbesserung‹ ihres Liedes zum Ausdruck. Sie vertritt weiterhin das damalige westliche Musikverständnis, nach dem eine einstimmige Melodie ohne Begleitung niemals als ein vollkommenes Musikwerk gelten kann, und lehnt die chinesische Praxis der Melodie-Komposition nach dem Wortklang des Textes ab. Diese Auffassung steht im Gegensatz zu dem chinesischen Musikverständnis, nach dem eine monophone Vokal- oder Instrumental-Musik sehr wohl als vollendet angesehen werden kann.

YI Wei-Zhai hatte Hua-Li-Si ursprünglich höflich und mit guter Absicht darauf aufmerksam gemacht, bei der Liedkomposition auch auf den Wortklang der chinesischen Sprache zu achten. Er wurde aber aufgrund ihrer Verärgerung über die unbefugten Änderungen des Liedes verspottet und lächerlich gemacht. Eine der Ursachen für die Polemik ist wahrscheinlich auch das unterschiedliche Verständnis beider Seiten von dem Begriff »Lied«. YI Wei-Zhai war ein Gelehrter, der die traditionelle chinesische Poesie und Musikkultur sehr schätzte, er wusste aber nicht, was der Begriff »Lied« als eigenständige Musikgattung nach westlicher Definition bedeutet. Hua-Li-Si dagegen, die in Deutschland Musik studiert hatte, kannte nur das westliche Kunstlied und hatte wahrscheinlich ein eher begrenztes Wissen über die traditionelle chinesische Musik. Beide hatten somit nur einen begrenzten Horizont und ein anderes Verständnis von der Gattung »Lied«.

Die Tatsache, dass Hua-Li-Si den Eigenheiten der chinesischen Sprache bei der Liedkomposition keine große Bedeutung zumaß, hatte neben der von ihr angeführten »Begrenzung des Klangumfangs« vielleicht noch einen weiteren Grund. Da Chinesisch zu den Tonsprachen gehört, ist sie als solche für die meisten Ausländer nur schwer zu beherrschen. LIAO Nai-Xiong schreibt in einem Artikel über das Leben seines Vaters, dass Hua-Li-Si lebenslang nicht gut Chinesisch gelernt hatte. Jedoch ermöglichten ihr Qing-Zhus Hilfe und Erklärungen, einen tiefen Einblick in die chinesische Poesie und Philosophie zu gewinnen.[146] Trotzdem blieb ihr Verständnis der chinesischen Poesie und Sprache auf die sinngemäße Bedeutung der Wörter begrenzt, und ihr entging der tiefere Einblick in die Schönheit der chinesischen Phonologie. Und wie

---

[145] Ebd., S. 46.
[146] LIAO Nai-Xiong, *Yi Qing Zhu – Shiren zuoqujia de yisheng*, S. 68.

bereits erwähnt, war auch ihr Ehemann Qing-Zhu als geborener Kantonese des Hochchinesischen (Mandarin) nicht mächtig.

Weiterhin ist in ihrem Artikel aber auch zu spüren, dass sie besorgt über die weitere Entwicklung der chinesischen Musik war. Sie stellte in ihrer Veröffentlichung daher ihre eigenen Entwicklungsperspektiven vor, um der damaligen chinesischen Musikkomposition einen neuen Weg zu eröffnen.

Neben ihren eigenen Kompositionen hatte Hua-Li-Si auch einen wesentlichen Einfluss auf das Werk ihres Mannes Qing-Zhu. In ihrem Unterricht hatte er seine musikalischen Fähigkeiten erworben und die Kunstform des Liedes kennengelernt. Sie begleitete ihn sein ganzes Musikerleben lang und beeinflusste seine Liedkomposition nachhaltig. Später äußerte Qing-Zhu selbst, dass es ihm ohne die Hilfe und den Einfluss seiner deutschen Frau Hua-Li-Si nicht gelungen wäre, einen so großen Erfolg bei der Komposition von Kunstliedern zu erreichen. Besonders im Hinblick auf Klavierpartien und Harmonik seien ihre Anregungen, Vorschläge und Hinweise von großer Bedeutung gewesen.[147]

Hua-Li-Si hatte durch ihren direkten und indirekten Beitrag einen großen Einfluss auf die Entwicklung des chinesischen Kunstliedes in seiner frühen Phase. Vertiefende musikwissenschaftliche Forschungen zu ihrem Wirken wären in Zukunft sicher lohnend.

---

[147] LIAO Nai-Xiong, »Cong wuwo, gujin, zhongwai de jiaohui yu chongtu kan Qing-Zhu« (Qing-Zhu as seen in the conflict and the crossing of world and self, now and old times, China and foreign countries), in: *Journal of the Central Conservatory of Music* 22 (2001), H. 4, S. 6–10.

3 XIAO You-Mei – Das Kunstlied und die neue Musikerziehung in China

3.1 Einleitung

XIAO You-Mei (1884–1940) (weitere Vornamen Si-He, Xue-Peng)[148] ist einer der bekanntesten chinesischen Liedkomponisten und war darüber hinaus ein bedeutender Musikpädagoge. Er leistete durch seine Liedkompositionen und seinen unermüdlichen Einsatz für den Aufbau einer umfassenden, professionellen Musikerziehung in China einen entscheidenden direkten und indirekten Beitrag zur Verbreitung und Weiterentwicklung des Kunstliedes in China. Es war XIAO You-Mei, der den noch heute gebräuchlichen Begriff »Yishu gequ« für »Kunstlied« aus dem Deutschen ins Chinesische übersetzte.

Durch die traditionelle Erziehung während seiner Jugend verfügte Xiao über einen breiten Hintergrund im Bereich der chinesischen Kultur und Historie. Dazu eignete er sich während seiner Studienaufenthalte in Japan (sieben Jahre von 1902–1909) und Deutschland (sieben Jahre von 1913–1920) mit den Schwerpunkten Pädagogik, Musikwissenschaft (Promotion an der Universität Leipzig[149]), Komposition, Klavier und Gesang ein umfangreiches Wissen in der modernen westlichen Musik und Musikpädagogik an. Dies machte ihn zu einem der ersten chinesischen Liedkomponisten, die mit beiden Welten vertraut waren.

XIAO You-Meis künstlerisches Werk umfasst neben einer Vielzahl von instrumentalen Kompositionen knapp einhundert Lieder, die stilistisch zumeist an Liedern von Beethoven, Mozart oder Schubert orientiert sind. Xiao schätzte die westliche Kunstform des Liedes, da sie ihm besonders geeignet schien, ästhetische und moralische Aspekte zu veranschaulichen und das Publikum emotional anzusprechen. In Zeiten von großen politischen Umwälzungen, Kriegen, Armut und Revolutionen in seiner Heimat China schrieb er Lieder, um den Bürgern, seinen Schülern und Studenten ethische Wertvorstellungen, Selbstständigkeit, Demokratie und Verantwortungsbewusstsein für ihr Land zu

---

[148] Schreibweise nach alter Transliteration: HSIAO Yiu-Mei.
[149] Titel der Dissertation: *Eine geschichtliche Untersuchung über das chinesische Orchester bis zum 17. Jahrhundert*, Doktorvater: Prof. Dr. Hugo Riemann, zweiter Gutachter: Prof. Dr. August Conrady (Sinologe).

vermitteln. XIAO You-Mei war weiterhin sehr darauf bedacht, Elemente der von ihm hoch geachteten chinesischen Musik und Gedichtkunst in seine Lieder einzubeziehen und legte somit großen Wert auf die Übereinstimmung der Liedmelodie mit der Sprachmelodie des zugrundeliegenden chinesischen Gedichtes. Im Gegensatz zu anderen frühen chinesischen Liedkomponisten, wie z. B. Qing-Zhu, gelang ihm dies deutlich besser, was einen weiteren Schritt in der Entwicklung des chinesischen Liedes darstellte.

Über seinen künstlerischen Beitrag hinaus schuf XIAO You-Mei durch die von ihm vorangetriebene Modernisierung der chinesischen Musikerziehung in vielerlei Hinsicht die Basis für die Weiterentwicklung und Verbreitung des Liedes in China. Unterstützt durch seinen einflussreichen Mentor CAI Yuan-Pei gelang es Xiao, das Fach Musik Schritt für Schritt an chinesischen Grund- und Mittelschulen einzuführen sowie das Studienfach Musikpädagogik zur Ausbildung von Musiklehrern an chinesischen Universitäten aufzunehmen. 1927 gründete Xiao mit der Staatlichen Hochschule für Musik in Shanghai (das heute weltberühmte Conservatory of Music Shanghai) die erste Musikhochschule Chinas, an der nach westlichem Vorbild durch hochqualifizierte Dozenten chinesische Musiker und Komponisten ausgebildet wurden. Durch das verpflichtende Studium in westlicher und chinesischer Musik zugleich erhielten chinesische Musikstudenten erstmals eine umfassende, professionelle Ausbildung, und die Musikhochschule brachte nachfolgend zahlreiche bedeutende Komponisten hervor, die sich z. T. auch besonders der Gattung Kunstlied widmeten.

3.2 Biographie

XIAO You-Mei[150] wurde im Jahr 1884 im Bezirk Xiangshan[151] der Provinz Kanton geboren. In seiner Kindheit besuchte XIAO You-Mei die Schule, die sein Vater gegründet hatte und an der dieser selbst unterrichtete. Dort erhielt er eine altmodische chinesische Erziehung, die ihn stark prägte und ihm ein umfassendes Wissen in der chinesischen Kultur und Geschichte vermittelte.

---

[150] Die Schreibweise »XIAO You-Mei« basiert auf dem heute in der VR China üblichen Pinyin-System, aber nach alter Transkription wurde sein Name »Hsiao yiu-mei« geschrieben. Weitere Vornamen von XIAO sind Si-He und Xue-Peng.
[151] Sun Yat-Sen stammte auch aus dem Bezirk Xiangshan in der Provinz Kanton. Sein Name Yat-Sen wird auf Mandarin »Zhongshan« gesprochen. Der Bezirk Xiangshan wurde ihm zu Ehren später in Zhongshan umbenannt und heißt bis heute so.

Seine Jungend verbrachte er in Macau und wurde dort von seinem Nachbarn, einem portugiesischen Priester, beeinflusst, der zu Hause Harmonium spielte und dadurch Xiaos Interesse an der westlichen Musik weckte. In dem gleichen Zeitraum arbeitete SUN Yat-Sen, späterer Revolutionsführer und erster Präsident der Republik China, ebenfalls in Macau. Weil Xiao und Sun ursprünglich aus dem gleichen Ort stammten, hatten die beiden Familien oft Kontakt, und Xiao begeisterte sich für SUN Yat-Sens revolutionäre Ideen.

Im Jahre 1899 schrieb sich Xiao am Guangzhou Shimin Gymnasium (einem für die damalige Zeit sehr modernen chinesische Gymnasium in Kanton) ein, um sich neben seiner traditionellen Erziehung auch modernes westliches Wissen anzueignen. Zum Beispiel war an dieser Schule das Fach Gesang Teil des Lehrplans, wohingegen es damals keinen Musikunterricht an normalen chinesischen Schulen gab. Dort lernte er unter anderem viele Schullieder[152]. Im gleichen Zeitraum kam es in China zur Invasion durch die »Acht vereinigten Staaten«[153], die Teile von China als Konzessionen unter sich aufteilten. Die Eindrücke und Erfahrungen aus dieser Zeit inspirierten Xiaos Patriotismus und bewegten ihn dazu, im Jahr 1902 auf eigene Kosten für ein Studium nach Japan zu gehen, um mit neuem Wissen einen Beitrag zu Chinas Entwicklung zu mehr Stärke und Wohlstand leisten zu können.[154]

XIAO You-Mei lernte zuerst am angegliederten Gymnasium der Höheren Normalschule Tokyo[155] und wechselte später an das Studienkolleg (Vorstu-

---

[152] Das Schullied als eigene Musikgattung verbreitete sich Anfang des 20. Jahrhunderts in China und war Teil der chinesischen »Neuen Musik«, welche als Folge der »Neuen Kulturbewegung« unter westlichem Einfluss als Gegenentwurf zur traditionellen chinesischen Musik entstand. Schullieder wurden damals häufig an Grund- und Mittelschulen gesungen. Die Melodien dieser Lieder waren aus populären Stücken aus Japan, Europa oder den USA übernommen und wurden von Chinesen mit chinesischen Texten unterlegt.

[153] Die acht Staaten Vereinigtes Königreich, Frankreich, Deutschland, USA, Japan, Russland, Italien und Österreich-Ungarn schlossen sich 1900 zusammen, um den Boxeraufstand im chinesischen Kaiserreich niederzuschlagen. In Folge der Auseinandersetzung wurde das unterlegene China gezwungen, hohe Reparaturen zu zahlen und Konzessionen unter der Kontrolle der Siegermächte einzurichten.

[154] Vgl. HUANG Xu-Dong und WANG Pu, »XIAO You-Mei liu Ri nianfen, huiguo riqi ji canjia Qing ting kaoshi shijian kao bian jiu ziliao chong du yu xin shiliao chu tan«, S. 56–61.

[155] Die Höhere Normalschule war eine staatliche Bildungsanstalt, die nach Vorbild der französischen École Normale Supérieure Lehrer für Normalschulen, Mittelschulen und höhere Mädchenschulen ausbildete.

dien-Lehrgang) der Hosei Universität (Universität für Rechts- und Staatslehre), was ihm ermöglichte, nach seinem Schulabschluss an der pädagogischen Fakultät der kaiserlichen Universität Tokyo zu studieren. Gleichzeitig hatte er sich ab dem Jahr 1904 unter Verwendung seines zweiten Vornamens XIAO Si-He an der kaiserlichen Musikschule Tokyo eingeschrieben und lernte dort Klavier und Gesang.[156] Er selbst schrieb später über diese Zeit, dass er sich an dieser Schule seinen Kindheitstraum von einer Musikausbildung erfüllen konnte, unabhängig von dem ständigen Widerstand seiner Familie.[157] Um sich seinen Musikunterricht zu finanzieren, arbeitete Xiao in seiner Freizeit als Dolmetscher für chinesische Reisegruppen, chinesische Studenten und japanische Professoren. Durch einen äußerst sparsamen Lebensstil konnte er ein Klavier anschaffen, worüber er sehr glücklich war.[158]

Im Jahr 1906 erhielt XIAO You-Mei ein offizielles Stipendium von der Provinz Kanton, um am Pädagogik-Institut der Tokyo Imperial University Pädagogik zu studieren, und lernte nebenbei weiter privat an der Musikschule. Während seiner Studienzeit in Japan hatte XIAO You-Mei eine nahe Beziehung mit SUN Yat-Sen, der nach einem fehlgeschlagenen Revolutionsversuch gegen die Qing-Monarchie nach Japan ins Exil gegangen war und dort im Jahr 1905 den »Chinesischen Revolutionsbund« (Tongmeng hui, ein Vorgänger der Guomindang) gegründet hatte. XIAO trat dem Bund bei und hatte den Vorteil, als Musikstudent weniger verdächtig zu erscheinen und daher nicht so sehr im Fokus der japanischen Polizei oder Qing-Regierung zu stehen. Nach dem Scheitern des 1906 vom Tongmeng hui angeführten Aufstandes in der chinesischen Provinz Hunan verstärkte die Qing-Regierung ihre Bemühungen, Sun zu verhaften, und setzte japanische Spione auf ihn an. In dieser kritischen Phase versteckte XIAO You-Mei SUN Yat-Sen einen Monat lang in seiner Wohnung und versorgte ihn gemeinsam mit anderen Revolutionären, bis Sun schließlich über Vietnam in die USA ausreisen konnte. Durch seine Unterstützung erlangte XIAO You-Mei große Wertschätzung und hohes Ansehen bei Sun für seinen Mut und seine Mitmenschlichkeit.

---

[156] Vgl. ZHANG Qian, *Zhong Ri yinyue jiaoliu shi*, Beijing 1999, S. 372–374.
[157] Vgl. XIAO You-Mei, *Yinyue jia de xin shenghuo- xu lun* [Das neue Leben der Musiker] Nanjing 1934, S. 9.
[158] Vgl. ebd., S. 9–10.

bat XIAO You-Mei darum, für ein weiterführendes Studium nach Deutschland entsandt zu werden, da in Deutschland das Ursprungsland der modernen Musikerziehung lag, die Xiao bereits in Japan kennengelernt hatte. Der damalige Bildungsminister CAI Yuan-Pei[162], der zuvor bereits selbst in Deutschland an der Universität Leipzig studiert hatte. Cai genehmigte Xiaos Auslandsstudium in Deutschland und empfahl ihm später auch die Universität Leipzig.

XIAO You-Mei verließ China im November 1912 und traf nach mehrwöchiger Reise Anfang 1913 in Deutschland ein. Von April 1913 bis Mai 1915 war er eingeschriebener Student der Fächer Pädagogik und Philosophie an der Universität Leipzig. Gleichzeitig studierte er im Zeitraum zwischen März 1913 und dem Juli 1915 Klavier und Musiktheorie am Königlichen Konservatorium der Musik Leipzig, der heutigen Hochschule für Musik und Theater Felix Mendelssohn Bartholdy Leipzig. 1915 erhielt er die Bescheinigung über den Abschluss für das Hauptfach Klavier.[163]

Im Mai 1915 wechselte Xiao sein Hauptfach von Pädagogik zu Musikwissenschaft. Unter den zwei Professoren Prof. Riemann und Prof. Schering promovierte er im Jahr 1916 an der Philosophischen Fakultät der Universität Leipzig. Der Titel seiner Dissertation lautete: *Eine geschichtliche Untersuchung über das chinesische Orchester bis zum 17. Jahrhundert*.[164] Während seines Studiums in Deutschland verwendete Xiao den Vornamen »Chopin«, der sehr ähnlich klingt wie sein chinesischer Vorname »Xue-Peng«. Dies lässt sich z. B. an seinem bis heute erhaltenen handschriftlichen Lebenslauf sowie seinem Promotionszeug-

---

[162] CAI Yuan-Pei kam im Jahr 1907 erstmalig nach Deutschland und studierte von 1908 bis 1911 an der Universität Leipzig. In diesem Zeitraum besuchte er über 40 Kurse in mehreren Fächern wie z. B. Philosophie, Psychologie und Kunstgeschichte. Er selbst vertrat die Meinung, man brauche die Wissenschaft, um China zu retten und wissenschaftlich sei Deutschland das stärkste Land der Welt. Daher ging Cai im November 1912 ein zweites Mal an die Universität Leipzig, wurde aber bereits nach einem halben Jahr wieder zurück nach China berufen. Als Rektor der Peking Universität brachte CAI Yuan-Pei später die in Deutschland erworbenen Theorien, Ideen und Gedanken des Unterrichtes an deutschen Hochschulen in die Reform der Universität ein wie z. B. den pädagogischen Ansatz der ganzheitlichen Entwicklung der Studenten. Er wird als bedeutender Pädagoge der Moderne deshalb in China auch als der »chinesische Humboldt« bezeichnet.
[163] Vgl. XIAO You-Meis Lebenslauf im Anhang seiner Dissertation, Leipzig 1916.
[164] Seine Dissertation wurde erst im Jahre 1990 ins Chinesische übersetzt.

Abbildung 10: Abschlussfoto von XIAO You-Mei (hinten rechts) mit einem japanischen Kommilitonen und drei Professoren des Pädagogik-Institutes der kaiserlichen Tokyo Imperial University, Sommer 1909.[159]

Im Jahr 1909 kehrte er nach dem Abschluss seines Pädagogik-Studiums an der Tokyo Imperial University nach China zurück. Er hatte in Japan mit großem Engagement und Interesse über fünf Jahre Klavier und Gesang gelernt.[160] In seiner Heimat nahm Xiao an der kaiserlichen Beamtenprüfung für Studenten, die im Ausland studiert hatten, teil, erhielt den hohen akademischen Grad Ju-Ren (举人) und wurde von der Qing-Regierung mit einem Posten in der Erziehungsabteilung betraut.

Nach dem Sieg der Xinhai-Revolution[161] im Januar 1912 wurde SUN Yat-Sen Präsident der provisorischen Regierung der neu gegründeten Republik China. XIAO You-Mei wurde als Vertrauter von SUN Yat-Sen zum Präsidialsekretär nach Nanking berufen. Nach dem Putsch durch YUAN Shi-Kai im April 1912

---

[159] LIAO Fu-Shu, *XIAO You-Mei zhuan* [Biografie von XIAO You-Mei], Zhejiang 1993.
[160] Vgl. HUANG Xu-Dong und WANG Pu, »XIAO You-Mei liu Ri nianfen, huiguo riqi ji canjia Qing ting kaoshi shijian kao bian jiu ziliao chong du yu xin shiliao chu tan«, S. 57–58.
[161] Die nach dem chinesischen Jahr Xinhai (1911) benannte Revolution begann am 10. Oktober 1911 und stellte das Ende der Qing-Dynastie und damit der Monarchie in China dar. Sie endete mit der Gründung der Republik China am 1. Januar 1912.

nis nachweisen (siehe nachfolgende Abbildung 11).[165] Es dauerte weitere drei Jahre bis zur Verleihung des Doktortitels am 22.10.1919, höchstwahrscheinlich aufgrund der Wirren des Ersten Weltkrieges.[166]

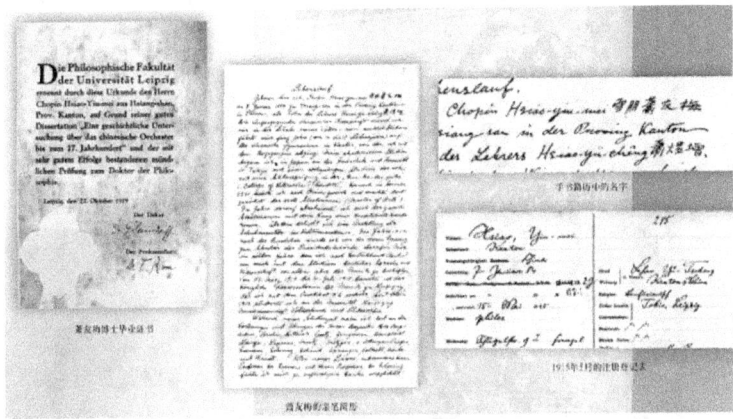

Abbildung 11: Promotionszeugnis von Dr. XIAO You-Mei (links), handschriftlicher Lebenslauf von XIAO You-Mei zur Anmeldung seiner Dissertation (Mitte), vergrößerter Ausschnitt aus dem Lebenslauf (rechts oben), Anmeldeformular von XIAO You-Mei an der Universität Leipzig (rechts unten).[167]

Während des Krieges brachen die Transportwege aus Deutschland über Land und Meer ab, so dass Xiao nicht nach China zurückkehren konnte. Er nutze diese Zeit, um seine Studien in Berlin fortzusetzen. Im Oktober 1916 ging er

---

[165] Vgl. SUN Hai, »XIAO You-Mei liu de shi liao xin tan«, S. 33. Dr. SUN Hai war Forscher an der Pädagogischen Hochschule Ludwigsburg. Unter den von ihm untersuchten geschichtlichen Dokumenten findet sich ein handschriftlicher Lebenslauf und das Promotionszeugnis von Xiao, in denen sein Name nach deutscher Aussprache-Gewohnheit »Chopin Hsiao-Yiu-Mei« geschrieben wurde.

[166] Xiao hatte seine Doktorarbeit bereits 1916 abgegeben und verteidigt, aber die Ausstellung des Zeugnisses verzögerte sich bis 1919 und wurde ihm erst kurz vor seiner Rückkehr nach China überreicht. Als Erklärung vermutet Dr. SUN Hai in seiner Veröffentlichung »Neue Entdeckungen aus geschichtlichen Dokumenten von XIAO You-Meis Studienzeit in Deutschland« die Wirren des Ersten Weltkrieges.

[167] SUN Hai, »XIAO You-Mei liu de shi liao xin tan«, S. 33.

an die philosophische Fakultät der Friedrich-Wilhelms-Universität Berlin, wo er an zahlreichen Seminaren der Fächer Philosophie, Pädagogik, Kinderpsychologie und Musikwissenschaft teilnahm. Er verfasste dort zahlreiche wissenschaftliche Texte, unter ihnen »Forschungen über den Vergleich der chinesischen und westlichen Musik« und »Überblick der chinesischen und westlichen Tonleiter«.

Abbildung 12: XIAO You-Mei (vorderste Reihe, dritter von rechts) im Kreise chinesischer Studenten in Berlin um 1915. Ebenfalls im Bild ist LIAO Shang-Guo, der später unter dem Künstlernamen Qing-Zhu (vorderste Reihe, erster von links) in China als Liedkomponist bekannt wurde (siehe Kapitel 2).[168]

Parallel besuchte XIAO You-Mei auch Kurse am Stern'schen Konservatorium Berlin für verschiedene Fächer im Bereich der Musik wie z. B. Orchestrierung, Dirigieren, Musikwissenschaft und Notationskunde. Das breite Spektrum seines Studiums und sein Fleiß waren außergewöhnlich.

XIAO You-Mei war während seines Studienaufenthalts in Deutschland auch als Komponist sehr aktiv und schrieb dort unter anderem sein Klavierstück *Nocturne* op. 19, (Nov. 1916), das D-Dur-Streichquartett op. 20 (Fräulein Dora von Mollendorff gewidmet), welches als das erste von einem Chinesen komponierte Streichquartett gilt, sowie das Werk *Vorwärts-Marsch im Schneesturm*

---

[168] LIAO Chong, *Der deutsche Chinese – Das wechselvolle Leben des Komponisten Qing-Zhu*, S. 241.

op. 23, für Blechbläser oder das bekannte Orchesterstück *Trauermarsch* op. 24, welches nach eigener Aussage von Beethovens Trauermarsch inspiriert ist.[169] Durch seine vielseitigen Schöpfungen gilt Xiao in China als einer der Begründer der modernen instrumentalen Komposition.

Bis nach Ende des Krieges lebte und studierte XIAO You-Mei weiter in Berlin und trat im Oktober 1919 die Heimreise nach China an. Aufgrund seines umfangreichen Wissens, seiner Erfahrung während der frühen Jahre der Revolution in China und des daraus resultierenden engen Kontaktes mit Persönlichkeiten der chinesischen Führungsspitze wäre es für Xiao ein Leichtes gewesen, eine gut dotierte Position in China zu erreichen. Dennoch gab er den Bereichen Musik und Musikpädagogik dem Vorzug und beschäftigte sich in mehrjährigen vergleichenden Studien intensiv mit den Unterschieden zwischen der chinesischen und der westlichen Musik. Er befand, dass ein wichtiger Grund für die vergleichsweise langsame Entwicklung der chinesischen Musik in den letzten tausend Jahren die fehlende Musikausbildung sei. Im Gegensatz zu den zahlreichen Musikhochschulen in Deutschland gab es in China bis dahin keine einzige Hochschule für Musik, die systematisch Unterricht auf den Gebieten der Musiktheorie, Komposition und Musikgeschichte anbot. Es gab lediglich private Schulen für traditionelle chinesische Instrumente, Musiktheaterschauspiel und -gesang. Einen Ansatz für die zukünftige Entwicklung der Musik in China sah er in einer breiteren musikalischen Ausbildung. Um diese Idee zu verwirklichen, setzte er seine ganze Kraft für die Entwicklung der Musikerziehung in China ein. Nach seiner Rückkehr 1920 arbeitete er zunächst als Mitglied für das Ministerium für Bildung der Republik China und als Direktor der »Experimental-Grundschule«[170] Peking, die an die Pädagogische Hochschule Peking (die heutige Beijing Normal University) angegliedert war.

CAI Yuan-Pei, der Xiao damals für sein Studium nach Deutschland entsandt hatte, war mittlerweile Präsident der renommierten Peking-Universität[171] ge-

---

[169] CHEN Ling-Qun und LUO Qin (Hrsg.), *XIAO You-Mei quan ji* [Gesamtwerk von XIAO You-Mei], Bd. 2, Shanghai 2007, S. 82.

[170] An speziellen Experimental-Grundschulen und Mittelschulen (附属实验小学/ 中学) werden in China bis heute neues, modernes Lehrmaterial und/oder neue Fächer und/oder ein neues Schulsystem getestet und bei Erfolg auf die anderen Schulen übertragen. Die Experimental-Schulen sind meist an renommierte Universitäten angegliedert und haben daher besonders qualifizierte Lehrkräfte.

[171] Die Peking-Universität ist bis heute eine der renommiertesten Universitäten in China. Diese Universität wird von Chinesen gerne als das chinesische Harvard bezeichnet.

worden. Er hatte eine hohe Meinung von XIAO You-Mei und schätzte sein Talent, weshalb er ihn im Jahr 1921 als Dozent für Musikunterricht an seine Universität holte und ihn darüber hinaus als Betreuer der Musikforschungsgruppe der Universität einsetzte. Xiao erweiterte das Angebot der Universität um die Fächer Harmonielehre und Musikgeschichte und zog aufgrund seines guten Rufes viele Studenten an, die sich im Fach Musik ausbilden lassen wollten. Die Musikforschungsgruppe an der Peking-Universität war bis 1921 die größte akademische Forschungsinstitution für Musik in China. Durch Xiaos Förderung der Gruppe wurden deren Angebote und Aktivitäten stark ausgebaut. Sie hatte zu diesem Zeitpunkt bereits 241 Mitglieder und gab mit dem Journal *Yinyue zazhi* [Musikmagazin] eine eigene musikwissenschaftliche Zeitschrift heraus.[172] Die Gruppe besaß mehrere Abteilungen und beschäftigte sich einerseits mit typisch westlichen Bereichen wie Klavier, Geige und Gesang und andererseits auch mit der traditionellen chinesischen Musik wie z. B. dem Kunqu-Musiktheater und traditionellen Saiten- und Blasinstrumenten. Viele der Mitglieder trugen, angeregt durch das inspirierende Umfeld, darüber hinaus zur Weiterentwicklung der chinesischen Musik und Musiktheorie nach westlichem Vorbild bei.

Es war Xiaos größtes Anliegen, ein eigenständiges Institut für die weiterführende Musikausbildung in China aufzubauen. Im Jahr 1922 wurde die Musikforschungsgruppe auf Initiative von XIAO You-Mei deshalb reorganisiert und zum Institut für Musiküberlieferung und -praxis der Peking-Universität (Beida yinyue chuanxisuo) ausgebaut. Ziel des Instituts war es, Musiker und Musikwissenschaftler umfassend auszubilden und sowohl die westliche Musiktheorie und Kompositionsweise zu vermitteln als auch die traditionelle chinesische Musik zu pflegen. Die Leitung übernahm CAI Yuan-Pei gleichzeitig zur Präsidentschaft der Universität, um als ›Aushängeschild‹ verstärkte Aufmerksamkeit auf das neu gegründete Institut zu lenken. XIAO You-Mei war als Studiendekan verantwortlich für die eigentliche Arbeit. Darüber hinaus wurde im gleichen Jahr am Institut ein Orchester unter Leitung von XIAO You-Mei (Dirigent) gegründet, das als erstes westliches Orchester in China gilt. Das Orchester war mit 17 Mitgliedern zwar vergleichsweise klein, aber sehr aktiv, und gab in den Jahren 1922 bis 1927 über 40 öffentliche Konzerte mit Werken von Haydn, Mozart, Beethoven, Schubert und anderen Komponisten in Peking,

---

[172] Vgl. ZENG Jin-Shou, *Chinas Musik und Musikerziehung im kulturellen Austausch mit den Nachbarländern und dem Westen*, Bremen 2003, S. 333.

wodurch westliche Musik in der Bevölkerung bekannt gemacht wurde. Es stellte damit einen wichtigen neuen Baustein im Musikleben in China dar, da die Bevölkerung bis dahin kaum Zugang zur dieser Art Musik hatte.

Um qualifizierte Musiklehrer auszubilden, erweiterte XIAO You-Mei gemeinsam mit CAI Yuan-Pei, der mittlerweile zum Minister für Bildung in China aufgestiegen war, und anderen Mitstreitern im Jahr 1920 das Fachangebot an der Pekinger Pädagogischen Fachhochschule für Mädchen um die Fächer Musik und Sport. Xiao wurde dort Direktor der Musikabteilung. Die Aufnahme des Faches Musik stellt einen bedeutsamen Beitrag für die Entwicklung der Musikerziehung in China dar, da umfassend ausgebildete Musiklehrer die Grundlage für eine breite Bildung der Bevölkerung darstellen.

Die mehrjährige erfolgreiche Arbeit von XIAO You-Mei an der Peking-Universität und der Pädagogischen Hochschule Peking ermutigten weitere Hochschulen, die Fächer Musik und Musikerziehung in ihr Programm aufzunehmen. In der Folgezeit wurden Musikgruppen und Musikinstitute an mehreren weiteren Hochschulen eingerichtet. Im Jahr 1922 wurden in ganz China neue Lehrpläne an den Schulen eingeführt. Der neue Rahmenplan sah erstmalig das Fach Musik als Pflichtveranstaltung an Grund- und Mittelschulen vor. Xiao hatte dafür entscheidende Vorarbeit geleistet, indem er durch die Einführung des Faches Musik an der Pekinger Pädagogischen Fachhochschule die Voraussetzung für die Ausbildung qualifizierter Musiklehrer schuf und das Fach an seiner Grundschule bereits erfolgreich etabliert hatte. Bis dahin war Gesang (d. h. das Singen von Schulliedern im Unterricht) nur als freiwilliger Kurs angeboten worden. Die Entwicklung der Musikerziehung in China begann Form anzunehmen.

XIAO You-Mei komponierte in diesem Zeitraum auch zahlreiche Stücke mit dem Schwerpunkt auf dem Lied, die er in fünf Liedbänden als Lehrmaterial für die Musikerziehung an öffentlichen Schulen publizierte: die Liedsammlung *Jin yue chu ji* [Erster Band der heutigen Lieder zur Verwendung an Oberschulen] (1922 veröffentlicht), die Liedsammlung *Xin ge chu ji* [Erster Band neuer Lieder zur Verwendung an Hochschulen und Universitäten] (1923 veröffentlicht) und *Xin xue zhi changge jiao ke shu* Band I–III [Drei Lehrbücher für das Fach Gesang nach dem neuen Schulsystem zur Verwendung an Mittelschulen] (1924 veröffentlicht). Seine Liedbände von 1922 und 1923 stellen die zwei ersten Sammlungen chinesischer Kunstlieder in der Musikgeschichte Chinas dar. Inhaltlich beschäftigen sich die meisten dieser Lieder mit Themen des studentischen Lebens oder des Schulalltags und sollten die moralische Erziehung der Schüler und Studenten unterstützen sowie ihnen Aspekte der modernen chinesischen

Ästhetik vermitteln. Ein anderer Teil der Werke reflektiert Xiaos Unzufriedenheit mit der aktuellen gesellschaftlichen und politischen Situation in China und seine Sorge um die Zukunft des Landes. Neben seinen Liedkompositionen und seiner Arbeit an den Schulen stellte er auch zahlreiche weitere Lehrbücher zusammen, darunter z. B. das *Harmonium-Lehrbuch* (1924), das *Klavier-Lehrbuch* (1925), das *Geiger-Lehrbuch* (1927), die *Harmonielehre* (1927) sowie die *Allgemeine Musiklehre* (1928).

Durch XIAO You-Meis jahrelange Bemühungen hatte sich Peking allmählich zum Zentrum für moderne Musik und Musikerziehung entwickelt. Doch sein Traum, in China eine Musikhochschule mit hohem internationalen Standard aufzubauen, blieb vorerst unerfüllt. Seine bereits konkret ausgearbeiteten Pläne dafür wurden durch das Ministerium für Bildung abgelehnt. Im Jahr 1927 musste Xiao nach fünf Jahren erfolgreicher Arbeit einen herben Rückschlag hinnehmen. Der republikfeindliche mandschurische Kriegsfürst ZHANG Zuo-Lin hatte mit seiner Fengtian-Armee weite Teile Nordchinas und auch Peking erobert. Dem Fengtian-Clan, der sich für die Wiedereinführung der Monarchie einsetzte, waren eine breite Volksbildung und modernes Gedankengut ein Dorn im Auge. Der unter ihrer Herrschaft neu eingesetzte Bildungsminister LIU Zhe ordnete im Juni 1927 daher die Schließung aller Pekinger Musikinstitute sowie die Absetzung des Faches Musik an den Schulen an, da er den Musikunterricht als Verletzung der guten Sitten und Verschwendung staatlicher Gelder sah.

Abbildung 13: Portrait des jungen XIAO You-Mei aus Studienzeiten[173]

---

[173] LUO Qin und QIAN Ren-Ping (Hrsg.), *Guoli yinyue yuan • guoli yinyue zhuanke xuexiao tujian (1927–1941)*, S. 12.

XIAO You-Mei verließ Peking und folgte seinem Mentor CAI Yuan-Pei nach Südchina, das unter der Kontrolle der fortschrittsorientierten Guomindang stand, um dort neue Möglichkeiten zu finden, seine Ideale zu verwirklichen. Am ersten Oktober 1927 wurde CAI Yuan-Pei zum Präsidenten der staatlichen Universität Nanking ernannt und später zum Minister für Bildung. Mit seiner Unterstützung gelang es Xiao endlich, seine Pläne für Chinas erste unabhängige Institution der höheren beruflichen Musikausbildung umzusetzen. Im Herbst 1927 wurde XIAO You-Mei nach Shanghai berufen, um die neu gegründete »Guoli yinyue yuan« [Staatliche Hochschule für Musik Shanghai] auf Basis seiner jahrelangen Erfahrung in Peking aufzubauen. Shanghai war nach Xiaos Überlegungen ein günstiger Standort für Chinas erste Musikhochschule, da die Stadt durch die westlichen Konzessionszonen und die vielen Ausländer und Künstler einen Zugang zu hochwertiger westlicher und chinesischer Musik bot, der in China einzigartig war. Sie bot ihm darüber hinaus auch die Möglichkeit, gut ausgebildete Musiker und Dozenten für den Unterricht zu engagieren. Um die anfangs noch unbekannte neue Hochschule zu unterstützen, übernahm CAI Yuan-Pei zunächst selbst die Präsidentschaft. Xiao war als Direktor für akademische Angelegenheiten tätig, als Dozent und als Leiter der Musiktheorie- und Kompositionsklasse.

Den Aufbau der Musikhochschule orientierte Xiao eng am Vorbild der Musikausbildung in Deutschland. Es wurde neben Instrumentalunterricht in den westlichen Fächern Klavier, Violine und Cello auch Gesang, Komposition und traditionelle chinesische Musik gelehrt. Als Dozenten wurden schwerpunktmäßig im Ausland ausgebildete Chinesen eingestellt, und Xiao bemühte sich fortwährend, auch ausländische Musiker und namhafte Persönlichkeiten für den Unterricht zu engagieren, um eine professionelle Ausbildung auf hohem Niveau anbieten zu können. Unter den Dozenten in den Anfangsjahren der Hochschule finden sich z. B. der bekannte russische Klavierlehrer Boris Zakharoff (1929–1943), der am Konservatorium St. Petersburg Klavier studiert hatte, und der bekannte chinesische Liedkomponist Huang-Zi, der nach seinem Studium in den USA für acht Jahre (1930–1938) in Shanghai lehrte, der berühmte chinesische Dichter YI Wei-Zhai, der chinesische Lyrik lehrte, der bekannte Liedkomponist Qing-Zhu, der als Direktor des wissenschaftlichen Fachmagazins der Hochschule tätig war, dessen deutsche Ehefrau Hua-Li-Si, die Gesang-, Klavier- und Geigenunterricht gab und der Hindemith-Schüler TAN Xiao-Lin, der nach seiner Rückkehr aus den USA Komposition lehrte. Dazu kamen später auch zahlreiche jüdische Musiker, die ihre Heimat in Europa aufgrund des aufkeimenden Nationalsozialismus verlassen hatten.

Anlässlich einer Reform des staatlichen Erziehungssystems und der damit verbundenen Restrukturierung der Hochschulen wurde XIAO You-Mei im Jahr 1929 Präsident der Staatlichen Hochschule für Musik Shanghai. Er legte neben der Ausbildung in der westlichen Musik und Musiktheorie gleichzeitig auch Wert darauf, die Studenten in der traditionellen chinesischen Musik und chinesischen Literatur auszubilden. So unterrichte Xiao selbst das Fach »Geschichte der alten chinesischen Musik« und schrieb dafür die Lehrbücher. Er lud die berühmten Dichter YI Wei-Zhai und LONG Yu-Sheng (zu der Zeit Dekan am Institut für Chinesische Sprache und Literatur an der Jinan Universität) ein, als Dozenten für chinesische Literatur und Liedtexte Grundkurse für alle Studierenden an der Hochschule für Musik Shanghai zu geben. Durch die von ihm organisierten Kompositionswettbewerbe für Lehrer und Studenten sowie regelmäßige Studenten- und Dozentenkonzerte förderte er die Schaffung von neuen Werken und unterstützte deren Verbreitung. Darüber hinaus gründete er die musikwissenschaftlichen Fachmagazine *Yinyue xueyuan yuan kan* [Journal der Musikhochschule] (1929), das nach der zweiten Ausgabe umbenannt wurde in *Yin* [Klang], sowie *Yinyue zazhi* [Musikmagazin] (1934), *Yinyue zhou kan* [Wöchentliche Publikationen der Musik] (1934) und *Yinyue yue kan* [Monatsmagazin der Musik] (1937). In diesen Zeitschriften wurden neue musikwissenschaftliche Forschungsergebnisse und neue Kompositionen veröffentlicht, die Musikfachhochschule bekannt gemacht und Studenten wie Dozenten wurde ein Forum für den Meinungsaustausch geboten.

Unter den Absolventen der Musikfachhochschule finden sich zahlreiche bedeutende chinesische Musiker und Komponisten, unter ihnen DING Shan-De, XIAN Xing-Hai, HE Lu-Ding, JIANG Ding-Xian und LI Huan-Zhi.

Abbildung 14: Gruppenfoto mit chinesischen und westlichen Dozenten und Studenten der Staatlichen Hochschule für Musik Shanghai anlässlich des 70. Geburtstags des Schulgründers CAI Yuan-Pei (vorderste Reihe in der Mitte, rechts neben ihm XIAO You-Mei) im April 1936.[174]

Neben seiner Haupttätigkeit als Präsident der Schule war XIAO You-Mei während seiner Zeit in Shanghai auch als Komponist tätig. Er schuf eine Reihe von Liedern, in denen patriotische Gefühle und die Sorge um die Situation des Landes zum Ausdruck gebracht werden, wohl um das Publikum aufzurütteln. Unter ihnen finden sich die bekannten 1928 komponierten Lieder *Guo nan ge* [Nationale Katastrophe] und *Guo chi* [Nationale Demütigung]. Nach dem »18.-September-Zwischenfall«[175] im Jahr 1931 komponierte Xiao für die Freiwilligen-Armee das Lied *Cong jun ge* [Zur Armee gehen], welches sehr populär war und damals gerne gesungen wurde. In demselben Jahr komponierte er weiterhin das bekannte Kammermusik-Stück *Qiu si* [Nachdenken im Herbst] für Cello und Klavier, das erste Cello-Werk eines chinesischen Komponisten, das wegen seiner reifen kontrapunktischen Komposition für Aufsehen sorgte.[176]

Während der Betrieb der Hochschule für Musik Shanghai aufblühte, brach am 7. September 1937 der Krieg gegen Japan vollends aus, und die Schulgebäude

---

[174] LUO Qin und QIAN Ren-Ping (Hrsg.), *Guoli yinyue yuan • guoli yinyue zhuanke xuexiao tujian (1927–1941)*, S. 92.

[175] Der »18.-September-Zwischenfall« oder auch »Mukden-Zwischenfall« 1931 war ein von Japan inszenierter Anschlag, der als Vorwand für eine weitere militärische Expansion Japans in China diente. In der Folge kam es zum Ausbruch des zweiten Japanisch-Chinesischen Krieges.

[176] ZI Yin, »XIAO You-Mei Huang-Zi liu xia le shenme – Liang an san di xue zhe yanjiu zongshu« [Die Hinterlassenschaften von XIAO You-Mei und HUANG Zi – Zusammenfassung der Forschungsergebnisse von Wissenschaftlern aus Festland-China, Hongkong, Taiwan und Macau], in: *Beifang yinyue/Northern Music* 25 (2005), H. 12, S. 7.

wurden Ziel feindlicher Bombardements. XIAO You-Mei organisierte umgehend die Rettung der wertvollen Musikinstrumente, Noten und Lehrmittel der Schule. Es gelang ihm, diese über die französische Konzession in Shanghai in Sicherheit zu bringen und die Lehre an anderer Stelle fortzusetzen. Noch in demselben Jahr gründete er am 16. Oktober das Orchester der Hochschule für Musik Shanghai, für das er auch als Leiter tätig war, und organisierte am 27. November ein feierliches Konzert zum 10. Jahrestag der Schulgründung.

XIAO You-Mei war noch bis zu seinem Tode durch Tuberkulose im Jahr 1940 als Präsident der Hochschule für Musik Shanghai tätig. Im Jahr 1949 nach der Gründung der Volksrepublik China wurde die Hochschule für Musik umbenannt in Shanghai Conservatory of Music und ist bis zum heutigen Tag eine der berühmtesten und renommiertesten Musikhochschulen weltweit.

3.3 XIAO You-Meis Betrag zur Entwicklung des chinesischen Liedes

XIAO You-Mei leistete in zwei Bereichen einen Beitrag zur Verbreitung und Weiterentwicklung der Kunstform des Liedes in China. Zum einen durch seine eigenen Liedkompositionen, von denen einige Stücke in Intellektuellen- und Musikerkreisen auf große Resonanz stießen, da sie den ›Nerv der Zeit‹ trafen, zum anderen durch sein lebenslanges Bemühen um eine breite, systematische und umfassende Musikausbildung, was zur Gründung der ersten Musikhochschule Chinas führte. Selbige schuf in vielerlei Hinsicht die Grundlage für die Weiterentwicklung des Kunstliedes in China.

3.3.1 Direkter Beitrag durch seine Liedkompositionen

XIAO You-Meis Kompositionen umfassen Klavier-Solostücke, Chorlieder, Duette für Cello und Klavier sowie Werke für Streichquartett, aber sein Schwerpunkt liegt eindeutig auf der Liedkomposition. Sein Werk umfasst insgesamt knapp 100 Lieder, die sich inhaltlich und stilistisch grob in drei Gruppen aufteilen lassen.

Die erste Gruppe beinhaltet Lieder, die Xiao eigens für den neu von ihm eingeführten Musikunterricht an allgemeinbildenden Schulen geschrieben hatte. Viele der Stücke waren dafür konzipiert, den Schülern neben der Musik moralische Wertvorstellungen, Gedanken von Selbstständigkeit und Demokratie, Verantwortung für ihr Land sowie Gesichtspunkte der chinesischen Ästhetik zu vermitteln. So beschäftigten sie sich thematisch mit Gesichtspunkten des schulischen oder studentischen Lebens (z. B. die Lieder *Chunyou* [Frühlingsausflug], *Shujia* [Sommerferien], *Xuexiao xia shi* [Sommerzeit der Schule] oder *Xiao ge* [Lied der Schule]), sozialen und erzieherischen Aspekten (z. B. *Nüzi zijue* [Die selbstbewusste Frau] und *Rensheng* [Das Menschenleben]), patriotischen Inhalten (z. B. *Zhonghua hao* [China ist gut], *Guoqi* [Die Nationalflagge] und *Guotu* [Das Hoheitsgebiet]) oder poetischen Beschreibungen von Natur und Landschaften (z. B. *Zhongqiu* [Mondfest im Herbst], *Xin xue* [Neuer Schnee], *Qiu zhi ye* [Herbstnacht], *Luoye* [Fallende Blätter], *Xingkong* [Himmelsstern] oder *Ju* [Chrysanthemen]). Durch verständliche Texte und eingängige Melodien hoffte Xiao, einen Beitrag zur Ausbildung und Erziehung der zukünftigen Bürger seines Landes zu leisten. Nicht alle dieser Werke gelten heute als ausgereift und künstlerisch wertvoll. Dies mag unter anderem darin begründet sein, dass Xiao mangels Alternativen in kurzer Zeit neben all seinen organisatorischen Tätigkeiten eine gewisse Anzahl von Liedern als Lehrmaterial für den neuen Musikunterricht in den verschiedenen Klassenstufen zur Verfügung stellen musste.

In der zweiten Gruppe lassen sich Lieder zusammenfassen, die Xiao für Studenten und Intellektuelle komponierte und auch für den Unterricht an seiner Musikhochschule einsetzte. Diese Lieder basieren auf zeitgenössischen Gedichten, die Xiao auswählte, um Gedanken und Empfindungen über die schwierigen Jahre von Revolution, Bürgerkrieg und Unterdrückung durch die Westmächte und Japan auszudrücken. Neben dem Bekunden von Sorge und Zweifeln über die Zukunft des krisengeschüttelten Heimatlandes sollten die tiefgründigen Texte vor allem auch zum Nachdenken anregen – über die Situation des Landes und die Möglichkeiten, diese zu verbessern. Viele dieser Werke wurden schon bald nach ihrer Veröffentlichung sehr populär,[177] da sie den damaligen Studenten und Intellektuellen aus der Seele sprachen und die neue, moderne Form des Liedes sehr geeignet war, tiefgreifende Gefühle zu vermitteln. Zu den bekanntesten und künstlerisch wertvollsten Stücken gehören die Lieder *Zhi shu jie* [Der Tag der Baumpflanzung], *Bai shu lin hui xuan ge* [Zypressenwald-Rondo] und sein anerkanntes Meisterwerk *Wen* [Fragen], das im Folgenden noch näher vorgestellt und analysiert wird.

XIAO You-Mei veröffentlichte seine Werke in fünf Liedbänden (neben den zahlreichen Solo-Liedern sind auch zwei-, drei- und vierstimmige Chorlieder enthalten) als Lehrmaterial für die Musikerziehung an öffentlichen Schulen,

---

[177] WANG Yu-He, *Zhongguo jin xian dai yinyue shi*, S. 83–84.

darunter drei Bände für den Unterricht an Mittelschulen und je ein Band für Oberschulen bzw. Hochschulen und Universitäten.

Neben den Stücken als Lehrmaterial komponierte XIAO You-Mei auch zahlreiche patriotische Lieder, die er in der schwierigen Zeit der Notsituationen in China für die normalen Bürger schrieb, um sie aufzuwecken und zu motivieren, sich mit der schlechten gesellschaftlichen, politischen und wirtschaftlichen Lage nicht abzufinden. Die Lieder reflektieren Xiaos Unzufriedenheit mit der aktuellen Situation in China und seine Sorge um die Zukunft des Landes und die Sicherheit der Nation. Prominente Beispiele sind z. B. das Lied *Huaxia ge* [Lied für China] aus dem Jahr 1920, das auf einem Gedicht von ZHANG Tai-Yan basiert, das Stück *Min ben ge* [Lied an das Volk] von 1921, basierend auf einem Gedicht von FAN Jing-Sheng, das Lied *Wu si jinian ai guo ge* [Patriotisches Lied zum Gedenken des 4. Mai] von 1924, und das Stück *Guomin geming ge* [Lied für die nationale Revolution] aus dem Jahre 1928. Die Lieder zeigen XIAO You-Meis unverwechselbaren patriotischen Standpunkt und seinen Einsatz für die neuen, demokratischen Ideen.[178]

In allen drei Fällen dienen Xiaos Liedkompositionen nicht nur dem künstlerischen Ausdruck von Gefühlen. Xiao war überzeugt, dass die Musik eine wichtige Funktion bei der Formung des Charakters habe und auch dazu dienen könne, sein Publikum zur Reflexion der eigenen Situation sowie der Situation des Landes zu bringen und damit zu motivieren, sich an deren Verbesserung zu beteiligen. Er wollte auf diesem Wege einen Beitrag zur positiven Entwicklung des Landes leisten. So schrieb er im Vorwort der ersten Ausgabe des von ihm gegründeten Journals *Yinyue Yue Kan* [Monatsmagazin der Musik] im November 1937: »In diesen besonderen Zeiten müssen wir verstärkte Aufmerksamkeit auf die Funktion der Musik lenken, das öffentliche Bewusstsein zu wecken und den Patriotismus zu unterstützen.«

XIAO You-Meis Kompositionsstil orientiert sich am deutschen Kunstlied. Seine Lieder sind vergleichsweise kurz und weisen eine einfache und klare Struktur auf. Die Melodien sind angenehm und eingängig, der Rhythmus ist stabil und glatt. Die schlichte Klavierbegleitung bleibt meist im Hintergrund und dient als harmonische Stütze für die Melodie des Liedes. Xiao setzt damit nur vergleichsweise grundlegende Kompositionsmethoden des klassischen westlichen Liedes ein. Ein Grund dafür ist möglicherweise, dass ihm dieser Musikstil persönlich gut gefallen hat, da er schlicht und harmonisch ist und

---

[178] Ebd., S. 85.

deshalb auch für ein chinesisches Publikum leicht annehmbar und erlernbar ist. Ein weiterer Grund ist sicherlich, dass Xiao die Basiselemente der westlichen Kompositionslehre durch sein Studium in Deutschland sicher beherrschte und für seine Liedkompositionen einsetzen konnte.

Er war darüber hinaus aber auch sehr bestrebt, Elemente der von ihm hoch geschätzten chinesischen Musik und Gedichtkunst in seine Lieder einzubeziehen. So legte er bei der Komposition seiner Stücke besonders großen Wert auf die Übereinstimmung der Liedmelodie mit der Sprachmelodie des zugrundeliegenden chinesischen Gedichtes, was ihm als erstem chinesischen Liedkomponisten bei vielen Stücken auch überzeugend gelang. Als besonders wertvoll und beliebt gilt XIAO You-Meis Lied *Wen* [Fragen] von 1921, das in China bis zum heutigen Tage in fast allen Lehrbüchern und Liedbänden als typisches Beispiel des frühen chinesischen Kunstliedes steht und gerne auf Liederabenden gesungen wird. Das Stück wird im folgenden Abschnitt dieser Arbeit vorgestellt und analysiert.

Ein Großteil der knapp einhundert Lieder von XIAO You-Mei haben allerdings keine große Popularität und Verbreitung in China erlangt. Ein Grund dafür mag sein, dass viele dieser Lieder aus heutiger Sicht etwas steif und flach wirken und ihnen die Lebhaftigkeit und jugendliche Verve der damaligen Umbruchszeit in China fehlt. Neueste musikwissenschaftliche Forschungen in China vermuten noch einen weiteren Grund dafür: Um die Schwierigkeiten zu bewältigen, die durch die Sprachmelodie bei der Vertonung von chinesischen Gedichten entstehen, könnte es sein, dass XIAO You-Mei für einige Lieder zuerst die Musik komponierte und diese dann durch einen chinesischen Dichter mit Texten passender Sprachmelodie versehen wurden. Diese Vermutung fußt auf dem Ergebnis von Liedanalysen, die zeigen, dass Struktur und Stimmung der Musik teilweise nicht gut zum Inhalt des Textes passen. Eine ausführliche Erklärung dieser neuen Hypothese findet sich im folgenden Abschnitt »Kritik an Xiaos Liedern« am Ende dieses Kapitels.

3.3.1.1 Analyse von *Wen*

In den 1920er Jahren kam es in China zu tiefgreifenden Umwälzungen auf Seiten der Politik, Wirtschaft und Kultur. Durch die »Neue Kulturbewegung« brach auch für die chinesische Musikkultur eine neue Epoche an. Musiker, die im Ausland studiert hatten, kehrten zurück nach China und versuchten sich auf dem in China noch jungen Gebiet der Kunstliedkomposition. Sie bemühten sich, mit dem europäischen Kompositionsansatz sowie den westlichen Kompositionsmethoden und -theorien Gedichte der chinesischen Lyrik zu vertonen. Sie brachen die Begrenzung der einstimmigen, traditionellen chinesischen Melodie-Linien (Monophonie) als wichtigstes musikalisches Ausdrucksmittel auf. Schritt für Schritt versuchten sie, die chinesische Liedkomposition weiterzuentwickeln. Dabei ahmten sie zunächst weitgehend die Form des deutschen Kunstliedes nach, beachteten die Funktion von Akkorden und Harmonien bei der Planung des Liedaufbaus und achteten darauf, dass die Stimmung in Musik und Text zueinander passen. Das Lied *Wen* [Fragen] für Gesang und Klavierbegleitung von XIAO You-Mei (Text von YI Wei-Zhai) ist ein typisches Beispiel für das chinesische Kunstlied aus dessen Anfangsphase.

Inhalt

Nach dem Sturz der Monarchie und der Gründung der Republik China war in China ein Machtvakuum entstanden, und verschiedene Kriegsherren lieferten sich in den 20er Jahren heftige Kämpfe um die Macht. Diese versuchten das gerade aufgekommene moderne Gedankengut zu unterdrücken und zu einem autokratischen Regierungssystem zurückzukehren. Zeitgleich wurde China von außen durch die ausländischen imperialistischen Länder noch stärker unter Druck gesetzt und erpresst.

In dieser Situation der sozialen Unruhen, der weit verbreiteten Armut und des Chaos, in dem das Land zu versinken drohte, komponierte XIAO You-Mei mehr als hundert Lieder, die meist reich an patriotischen Gefühlen. Das bekannteste und am weitesten verbreitete Stück ist das Lied *Wen* [Fragen], das ein Spiegelbild für die Gedanken der damaligen jungen Intellektuellen darstellt und deshalb in deren Kreisen besonders geschätzt wurde. Das Lied wurde 1921 komponiert und ein Jahr später in XIAO You-Meis erster Liedersammlung *Jin Yue Chu Ji* [Erster Band der heutigen Lieder] beim Verlag Shangwu yinshuguan [Kommerzverlag] veröffentlicht. In diesem Band finden sich zum ersten Mal Lieder von einem chinesischen Komponisten im Fünfnotenliniensystem mit Klavierbegleitung.

Der Text des Liedes und Gedichtes lautet (sinngemäß übersetzt):

问 Wen	Fragen
[1. Strophe]	
你知道你是谁？ Nǐ zhīdào nǐ shì shuí?	Weißt du, wer du bist?
你知道华年如水？ Nǐ zhīdào huánián rú shuǐ?	Weißt du, dass deine Jungendzeit verfließt wie Wasser?
你知道秋声添得几分憔悴？ Nǐ zhīdào qiūshēng tiān dé jǐfēn qiáocuì?	Weißt du, wie viel tiefer das ausgemergelte Gefühl durch die Geräusche des Herbstes geworden ist?
垂垂！垂垂！ Chuí chuí! Chuí chuí!	Niedergeschlagenheit! Niedergeschlagenheit!
你知道今日的江山有多少凄凉的泪？ Nǐ zhīdào jīnrì de jiāngshān yǒu duōshǎo qī liáng de lèi?	Weißt du, wie viele traurige Tränen heute in unserem Land fließen?
你想想呵！ Nǐ xiǎngxiǎng a!	Überleg mal!
对！对！对！ Duì! Duì! Duì!	Stimmt! Stimmt! Stimmt!
[2. Strophe]	
你知道你是谁？ Nǐ zhīdào nǐ shì shuí?	Weißt du, wer du bist?
你知道人生如蕊？ Nǐ zhīdào rénshēng rú ruǐ?	Weißt du, dass das Leben wie eine zarte Blume ist?
你知道秋花开的为何沉醉？ Nǐ zhīdào qiūhuā kāi de wèihé chénzuì	Weißt du, warum die Herbstblumen sich ganz hingeben?
吹吹！吹吹！ Chuī chuī! Chuī chuī!	Verweht! Verweht!
你知道尘世的波澜有几种温良的类？ Nǐzhīdào chénshì de bōlán yǒu jǐzhǒng wēnliáng de lèi?	Weißt du, wie viele sanftmütige Leute auf dieser unruhigen Welt existieren?
你讲讲呵！ Nǐ jiǎngjiǎng a!	Erzählt mal!
脆！脆！脆！ Cuì! Cuì! Cuì!	Ohne Umschweife! Ohne Umschweife! Ohne Umschweife!

Für das Lied wählte Xiao ein Gedicht von YI Wei-Zhai, einem berühmten zeitgenössischen Dichter, welches mit seiner lyrischen Sprache und seinem großen Interpretationsspielraum zum Nachdenken anregen sollte. In dem

Gedicht stellt Yi sich selbst und den Mitmenschen eine Reihe von Fragen, um sie an ihre chinesische Herkunft zu erinnern und ihre Verantwortung für ihr gepeinigtes Land. Es ist auch eine Aufforderung, die wertvolle Zeit nicht ungenutzt verrinnen zu lassen. Die Musik von Xiao unterstützt die Gefühle, die im Text mitschwingen, ohne besonders prunkvolle musikalische Ausschmückung und komplizierten Aufbau, sondern mit ganz einfachen Mitteln, um den tiefgreifenden Inhalt auszudrücken. Das Lied wurde in ruhigem Tempo mit der Vortragsbezeichnung Adagio komponiert und weist eine Struktur von lang auseinandergezogenen Tönen auf, welche eine Stimmung von Nachdenklichkeit und Sorge vermitteln.

Analyse der Komposition

Xiao orientiert sich bei der Komposition von *Wen* an der Sprache und Struktur des Gedichtes und setzt das Stück in der typisch westlichen Form des Strophenliedes mit einer Coda um.

In der ersten Phrase, die die Takte 1–2 umfasst, komponiert Xiao eine berührende Melodie, die klingt als ob ein alter, erfahrener Mann sanft und mit tiefer Stimme die Fragen an sich selbst oder andere jüngere Leute stellt. Xiao setzt an dieser Stelle eine Dominante als Auftakt zur Tonika und einen punktierten Rhythmus als Hauptmotiv für das gesamte Stück ein. Der Rhythmus des Hauptmotivs wird in der zweiten Phrase (Takte 3–5) identisch wiederholt und in der dritten Phrase (Takte 4–8) gedehnt und weiterentwickelt, weist aber die gleiche Textur der Klavierbegleitung auf wie in der ersten Phrase. Xiao orientiert sich bei seiner Komposition am Stil des klassischen deutschen Liedes, was sich am Vergleich mit bekannten Liedern der deutschen Klassik nachweisen lässt. Im folgenden Notenbeispiel 11 wird der Anfang von Xiaos Stück exemplarisch mit den ersten drei Phrasen von Beethovens Lied *Ich liebe dich* (WoO 123) gegenüber gestellt. Der Auftakt, der punktierte Rhythmus sowie Tonart und Phrasenteilung sind sehr ähnlich.

Notenbeispiel 11: Anfänge von XIAO You-Meis *Wen*[179] und Beethovens *Ich liebe dich*

Der Vergleich der zwei Stücke zeigt deutlich, dass Xiao hier die gleiche Kompositionstechnik einsetzt. Nach den ersten drei zusammengehörigen Phrasen in *Wen* erscheint in der vierten Phrase (Takte 8–10) ein gänzlich anderes Motiv von zwei aufeinanderfolgenden fallenden Terzen, das den Ausruf »Niedergeschlagen« musikalisch unterstreicht. Die Textur der Klavierbegleitung geht hier zu arpeggierten Akkorden über und erzeugt zusammen mit der Dynamik vom Mezzoforte über ein Decrescendo zum Piano eine Seufzer-Melodie. Die Stimmung ist sorgenvoll, aber nicht dramatisierend, sondern gefasst.

Dann erscheinen im ersten Teil der Coda (Takte 10–13) unerwartet aufeinanderfolgende Triolen, die durch ein Crescendo die Spannung steigern und die Zuhörer wachrutteln sollen, um etwas gegen die schlechte Situation im Lande zu unternehmen. Der höchste Ton des Stückes liegt auf dem »heutigen Land«

---

[179] ZHANG Chou und MAO Kuang-Ping (Hrsg.), *Zhongguo yishu gequ xuanji*, Bd. 1, S. 101. Takt vier korrigiert nach CHEN Ling-Qun und LUO Qin (Hrsg.), *XIAO You-Mei quan ji* [Gesamtwerk von XIAO You-Mei], Bd. 1, Shanghai 2004, S. 190.

und wird durch die Akzente zusätzlich betont. Xiao erzeugt durch diese beiden Kompositionsmethoden den Höhepunkt des ganzen Liedes. Danach fällt der Spannungsbogen mit den »traurigen Tränen«, im Descrescendo und Ritardardando ab. Danach komponiert Xiao noch weitere Takte für den zweiten Teil der Coda (Takte 14–16). Darin geht die Dynamik ins Pianissimo zurück und Tempo, Melodik und Stimmung kehren wieder zurück zum Anfang des Stücks und lenken den Gedankenfluss beim Publikum auf die eingangs gestellten Fragen. Dadurch wird der Mittelteil eingerahmt und eine Einheit mit dem Anfangsteil hergestellt. Das folgende Notenbeispiel 12 zeigt das ganze Lied *Wen*.

Notenbeispiel 12: XIAO You Meis Lied *Wen*[180]

---

[180] Ebd., S. 101.

Verhältnis von Sprachmelodie und Liedmelodie

Wie bereits erläutert, ist eine besondere Herausforderung der chinesischen Gedichtkunst, ins Versmaß passende Wortsätze zu finden, die nicht nur eine schöne Bedeutung haben, sondern auch bezüglich Tonhöhe und Auslaut die richtige Sprachmelodie ergeben. Der Dichter YI Wei-Zhai war seinerzeit als bedeutender Lyriker bekannt und beherrschte die chinesische Sprache und Dichtkunst ausgezeichnet. Er achtete in seiner Lyrik daher besonders auf Reimschemata, die Aussprache und Tonhöhe der Auslaute und die Position von Verben und Substantive im Vers. Beispielsweise weisen die Wörter im jeweils vierten und siebenten Vers der ersten und zweiten Strophe »垂 (chuí)«, »吹 (chuī)«, »对 (duì)« und »脆 (cuì)« den gleichen Auslaut »ui« auf. Die Wortsätze am Ende der jeweils dritten Zeile »憔悴(qiáocuì)« und »沉醉 (chénzuì)« haben ebenfalls den gemeinsamen Auslaut »ui« und darüber hinaus die gleiche Tonhöhe, damit die Reimwirkung verstärkt wird. Auch auf die Versstruktur legt Yi viel Wert. So endet der jeweils zweite Vers der ersten und zweiten Strophe auf einem Substantiv: »shuǐ« [Wasser] bzw. »ruǐ« [Blumen], und das wiederholte Verb im jeweils sechsten Vers »xiǎngxiǎng« [überlegen] bzw. »jiǎngjiǎng« [erzählen] stimmt sowohl in Position, Tonhöhe und Auslaut überein.

XIAO You-Mei schätzte diese Eigenschaften der chinesischen Sprache in der Dichtkunst sehr und achtete daher bei der Vertonung von Gedichten in seinen Liedkompositionen auf das Verhältnis von Sprachmelodie und Liedmelodie. Die folgende Abbildung 15 verdeutlicht das Verhältnis von Sprachmelodie und Liedmelodie in XIAO You-Meis Lied *Wen* anhand von drei ausgewählten Versen. Die durchgezogene Linie zeigt dabei jeweils die Melodie für die Musik, die gestrichelte Linie visualisiert die Sprachmelodie, welche nach dem chinesischen Vier-Töne-System[181] rezitiert wird.

---

[181] Erläuterung siehe 2.4.1 Absatz »Verhältnis von Sprachemelodie und Liedmelodie«.

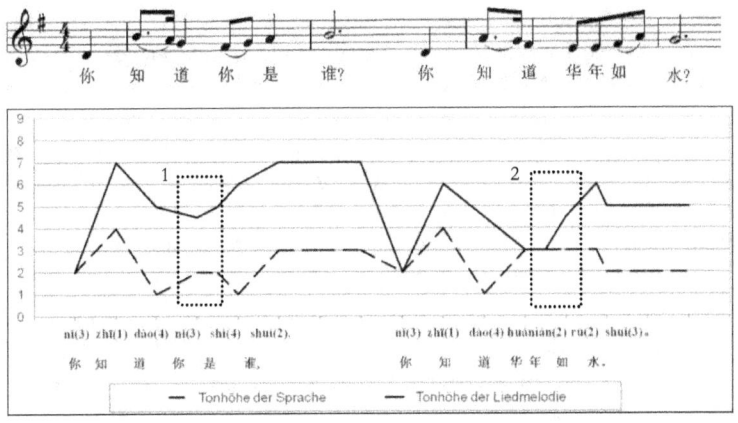

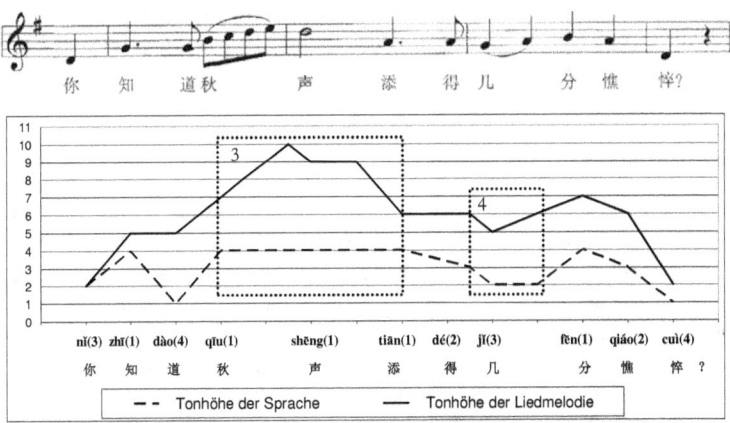

Abbildung 15: Vergleich der Sprach- und der Liedmelodie von XIAO You-Meis Lied *Wen* in der ersten und zweiten Phrase: Noten von Takt 1–4 bzw. Takt 5–8; jeweils darunter: relative Tonhöhe der Sprach- und der Liedmelodie[182]

---

[182] Vorgehen nach WANG Chieh, »Qing-Zhu song – ›River of no return‹ analysis«, S. 97–98.

Der in der Abbildung 15 gezeigte Vergleich der relativen Tonhöhe zeigt, dass die Sprach- und Liedmelodie in XIAO You-Meis Komposition der gleichen auf- oder absteigenden Tendenz folgen und gut zueinander passen. An vier Stellen, die mit gestrichelten rechteckigen Markierungen gekennzeichnet sind, scheinen Sprach- und Liedmelodie auf den ersten Blick nicht zueinander zu passen. Betrachtet man aber die zugehörigen Noten, so wird deutlich, dass Xiao die Liedmelodie für die Wörter »你 nǐ« im 1. Takt und »儿 jǐ« im 7. Takt (Markierung 1 und 4; beides dritter Ton) mit einer fallenden Sekunde und direkt danach einer ansteigenden Sekunde komponiert, um die Sprachtonhöhe besonders hervorzuheben.

Im dritten Takt (Markierung 2) komponierte Xiao für das Wort »如 rú« die Liedmelodie mit einer steigenden Sekunde, um den ansteigenden zweiten Ton des Wortes zu unterstreichen.

Im fünften und sechsten Takt (Markierung 3) folgen drei Wörter mit gleichbleibender Sprachtonhöhe aufeinander. Hier komponiert Xiao die Liedmelodie für das lang gezogene Wort »秋 qīu« frei, was aber aufgrund der korrekten relativen Tonhöhe beim Übergang vom vorangegangen Wort nicht zu Missverständnissen bei der Bedeutung führen kann.

Zusammenfassung

XIAO You-Mei stützte sich bei seiner Komposition auf das Dur-Moll-System der klassischen westlichen Harmonielehre sowie Stilmerkmale des deutschen Kunstliedes, welche er während seines Studiums in Deutschland kennengelernt hatte. Er schrieb sein Stück als Strophenlied mit einfacher Form, Grundelementen der Harmonielehre (nur Wechsel zwischen Akkorden der beiden Stufen I und V), schlichter Textur der Klavierbegleitung und üblichen Vortragszeichen. Wie in der typischen deutschen Liedkomposition passen bei XIAO You-Meis Lied *Wen* die Stimmung von Text und Musik zueinander, und Betonung von Sprach- und Musikrhythmus sind im Einklang. Eine Besonderheit seiner Komposition ist, dass er im Gegensatz zu andern zeitgenössischen Komponisten wie Qing-Zhu sehr auf die Übereinstimmung von Sprach- und Liedmelodie achtete und sein Lied im Tonumfang begrenzte, um dieses Ziel zu erreichen. Die Melodie bewegt sich im vergleichsweise geringen Tonumfang innerhalb einer None, ist aber dennoch ausdrucksstark und intensiv. Dies zeigt, dass Xiao sich nicht nur an der deutschen Kunstlied-Komposition ausrichtete, sondern auch die chinesische Ästhetik beachtete und sein Stück daran anpasste.

Trotz seiner relativ einfachen Komposition stellt das Lied *Wen* zusammen mit den anderen Werken des ersten Liedbandes von XIAO You-Mei einen wichtigen Schritt in der Entstehung des chinesischen Kunstliedes dar, da es im Gegensatz zu den Schulliedern der anderen chinesischen Musiker seiner Zeit eine eigens für das Stück geschaffene Kompositionsweise aufweist: Es gelingt Xiao erstmalig, die Elemente des deutschen Kunstliedes mit den Eigenschaften der chinesischen Sprache, genauer gesagt der Sprachmelodie, erfolgreich zu kombinieren.

3.3.1.2 Kritik an Xiaos Liedkompositionen am Beispiel von *Nan fei zhi yan yu*

Der Musikwissenschaftler MENG Wen-Tao vom Konservatorium Wuhan, China, sorgte bei einer wissenschaftlichen Konferenz anlässlich des 140. Geburtstags von XIAO You-Mei 2004 in Shanghai mit seinen Forschungsergebnissen über Kunstlieder von XIAO You-Mei und YI Wei-Zhai für großes Aufsehen. In seinem Beitrag, der später auch im Journal des Konservatoriums Wuhan veröffentlicht wurde,[183] legte er seine Beobachtung dar, dass bei einigen von Xiaos Liedern die Musik und der Inhalt des Textes nicht zueinander passten und getrennt voneinander zu laufen scheinen. Beim Singen der Lieder habe man durch diesen Effekt das Gefühl, dass sie nicht flüssig seien und die Stimmung des Stückes unklar bliebe. Meng vermutet, dass dieser Effekt darauf zurückzuführen sei, dass Xiao die Musik schrieb und der Text von YI Wei-Zhai außerdem nachträglich bearbeitet wurde. Aktuell fehlt allerdings noch der Beweis für Mengs Vermutung durch Dokumente wie eigenhändige Skizzen oder andere Manuskripte. Jedoch erregte seine Hypothese viel Aufmerksamkeit unter den chinesischen Musikwissenschaftlern, und es wird bis heute weiter an diesem Thema geforscht. Meng analysierte 33 Lieder, die XIAO You-Mei auf Basis von Gedichten von YI Wei-Zhai geschaffen hatte. Als typisches Beispiel erläutert er seine Beobachtungen anhand des Liedes *Nan fei zhi yan yu* [Die Sprache der nach Süden fliegenden Gänse], dessen Gesangspart im folgenden Notenbeispiel 13 gezeigt wird.

Meng schreibt über dieses Stück:

---

[183] MENG Wen-Tao, »My Opinion About Xiao Youmei's Art Songs«, in: *Huangzhong* (Journal of Wuhan Conservatory of Music, China) 19 (2005), H. 2, S. 26–30.

»Wenn man bei diesem Lied separat nur den Text rezitiert oder nur die Melodie singt, empfindet man beide für sich als sehr gelungen. Das Gedicht ist sehr poetisch und regt dazu an, über seinen tieferen Sinn nachzudenken. Titel und Inhalt passen gut, und die ausgeklügelten Reime hinterlassen einen nachhaltigen Eindruck beim Leser. Jeder der vier Sätze besteht aus zwei Teilen, wobei jeweils der zweite Teil aus exakt fünf Schriftzeichen besteht und mit einem Ausrufezeichen endet. Wenn man das Gedicht ohne Beachtung der zusätzlichen Satzzeichen nach dieser Teilung rezitiert, kann man ohne Zweifel von einem ausgezeichneten, sehr malerischen Gedicht sprechen. Obwohl die Musik des Liedes scheinbar ›Westwind‹ [westlich] ist (dies ist nicht verwunderlich, da sowohl die Schulmusik als auch das Kunstlied ursprünglich aus dem Westen stammen und später vom Osten erlernt wurden), ist die Melodie flüssig, natürlich und angenehm zu hören. Das Stück hat eine wohlgeordnete Struktur und kann für sich als überaus gelungene Komposition angesehen werden. Aber beim Singen des Liedes bereitet einem die Kombination von Text und Melodie einige Schwierigkeiten. Selbst wenn man das Stück in einem sehr langsamen Tempo singt, gelingt es kaum zu vermeiden, dass Syntax und Inhalt des Textes durch die Melodie unklar werden, da sie sich nicht entsprechen. Dies ist ein typisches Phänomen bei Stücken mit einer Trennung zwischen Melodie und Text.«[184]

Im folgenden Notenbeispiel 13 wird der Versatz in der Gliederung des Textes und der Melodie visualisiert.

Notenbeispiel 13: Gesangpart des Liedes *Nan fei zhi yan yu* von XIAO You-Mei.[185]

---

[184] Ebd., S. 27.

[185] Entnommen aus: MENG Wen-Tao, »My Opinion About Xiao Youmei's Art Songs«, S. 26–30. Die Klammern sind von der Verf. hinzugefügt.

In Notenbeispiel 13 verdeutlichen die oberen Klammern die Aufteilung der Melodie und die unteren Klammern die Aufteilung des Gedichtes aufgrund dessen Interpunktion im Gesangspart des Liedes *Nan fei zhi yan yu*. Den vier Sätzen des Textes entsprechen zunächst die vier musikalischen Phrasen. Deutlich zu erkennen ist aber der Versatz in der Mitte einer jeden Phrase. Im Gedicht bilden jeweils die letzten fünf Schriftzeichen strukturell und inhaltlich eine Einheit. Diese Struktur wird durch die Melodiekomposition gestört, die die Phrase jeweils einen Ton bzw. ein Schriftzeichen später teilt. Dadurch entsteht beim Sänger wie beim Publikum eine gewisse Befremdung, und die Bedeutung des Textes wird schwer verständlich, obwohl Sprach- und Musikmelodie gut übereinstimmen.

Ein weiterer Aspekt ist, dass die Melodiekomposition über alle vier Phrasen des Gedichtes eine sehr ähnliche Struktur und Atmosphäre aufweist. Sie ist nicht individuell an den Inhalt der Phrasen angepasst, um die unterschiedlichen Stimmungen zu unterstreichen. So handelt der Text in der ersten Phrase beispielsweise von der »Weite des Himmels« (话长天辽邈), während es am Ende der zweiten Phrase zu »plötzlich ausbrechenden Schreien« (乍霜前嘹唳) kommt. Musikalisch wird aber am Ende der zweiten Phrase das Motiv der ersten Phrase mit zwei Achtelnoten, einer Triole und einer Halbenote wiederholt, so dass sich die musikalische Stimmung im Gegensatz zum Text nicht ändert.

Wie alle frühen chinesischen Kunstliedkomponisten sah sich auch XIAO You-Mei mit dem Problem der Einbindung der Sprachmelodie in die Liedmelodie konfrontiert. Dabei legte er ebenso wie der Dichter YI Wei-Zhai besonderen Wert darauf, dass bei chinesischen Kunstliedkompositionen auf die Übereinstimmung von Sprach- und Musikmelodie geachtet wurde – ein oftmals schwieriges Unterfangen. Ein Beleg dafür ist beispielsweise eine Veröffentlichung von YI Wei-Zhai, in der er das Lied *Lang tao sha* von Hua-Li-Si in diesem Punkt stark kritisiert (siehe dazu das Kapitel »Qing-Zhu und Hua-Li-Si«). Auf der anderen Seite war Xiao bestrebt, in kurzer Zeit eine große Anzahl von chinesischen Liedern für den neu geschaffenen Musikunterricht zur Verfügung zu stellen. Unter diesen Voraussetzungen ist es durchaus denkbar, dass XIAO You-Mei und YI Wei-Zhai in der von Meng vermuteten Weise zusammenarbeiteten. Yi war zwar ein bekannter Lyriker und sprachlich sehr bewandert, jedoch wusste er nicht viel von westlichen Kompositionsmethoden oder den Eigenschaften der westlichen Kunstform des Liedes. Es ist aber auch möglich, dass Xiao und Yi die von Meng aufgezeigten Mängel bei einigen Kompositionen durchaus bewusst waren, sie aber unter den damaligen Umständen keine bessere Lösung finden konnten.

Insgesamt leisteten XIAO You-Mei und YI Wei-Zhai einen wichtigen Beitrag für die Verbreitung und Popularität der damals noch sehr jungen Gattung des chinesischen Kunstliedes. Ein Großteil von Xiaos Liedern verarbeitet zeitgenössische Gedichte von YI Wei-Zhai. Gemeinsam bemühten sie sich, die chinesische Liedkomposition zu fördern, und schufen in kurzer Zeit Gesangsmaterial für Schulen und Hochschulen. Darüber hinaus schuf Xiao auch einige überaus gelungene Stücke wie das berühmte *Wen*, das in China auch wegen der erfolgreichen musikalischen Umsetzung der Sprachmelodie beim chinesischen Publikum direkt akzeptiert und überaus populär wurde.

3.3.2 Indirekter Beitrag durch die Modernisierung der Musikausbildung in China

XIAO You-Mei engagierte sich zeitlebens stark für die Modernisierung der Musikausbildung in China. In der damaligen Schwächeperiode Chinas galten viele entwickelte Länder, darunter Japan, Deutschland und die USA, als vorbildlich und fortschrittlich, nicht nur was Technik, Militär und Wirtschaft anbelangte, sondern auch was die künstlerische Ausbildung betraf. Xiao war davon überzeugt, dass eine systematische, breite Musikerziehung ein wichtiger Baustein für den Fortschritt in der Entwicklung seines Heimatlandes sei. In China sollte seiner Meinung nach neben dem damaligen Fokus auf Technik, Wirtschaft und Militär auch eine moderne Demokratie aufgebaut werden, freie Gedanken gefördert und das Bildungsniveau der Bevölkerung angehoben werden. In seine Jungendzeit entschloss er sich daher, in Japan und später in Deutschland zu studieren, weil er glaubte, durch das dort erworbene Wissen einen Beitrag zur Rettung seines Landes leisten zu können.

Nach seiner Rückkehr nach China gelang es Xiao Schritt für Schritt, das Fach Musik an chinesischen Grund- und Mittelschulen einzuführen. Um gut ausgebildete Lehrer für den neuen Musikunterricht bereitstellen zu können, führte Xiao You-Mei für das Fach Musik einen Studiengang nach seinen Vorstellungen an Pädagogischen Hochschulen ein. Auch beim Lehrmaterial für den neuen Unterricht schlug Xiao You-Mei einen neuen Weg ein und setzte z. B. anstelle von »Schulliedern« (»Xuetang yuege«, d. h. bekannte westliche Melodien mit chinesischem Text) auf eigens komponierte chinesische Lieder nach Vorbild des Kunstliedes, die als individuelle Komposition mit chinesischen Musik-Elementen von ihm geschrieben wurden. Er sah die Vorzüge des

Kunstliedes einerseits im hohen künstlerischen Niveau und andererseits in den zugrundeliegenden traditionellen oder zeitgenössischen Gedichten, die über die Musik hinaus ästhetische und moralische Aspekte vermitteln konnten. Der Ansatz, Menschen durch Musik zu beeinflussen und zu erziehen, hat in China eine sehr lange Geschichte und geht bis auf den bedeutenden chinesischen Pädagogen und Philosophen Konfuzius (ca. 550 v. Chr.) zurück, der in seinen Lehren die Funktion von Musik und Gedichten zum Leiten und Erziehen des Volkes hervorhob. Ein weiterer historischer Beleg ist das *Buch der Lieder* (Shi jing), eine Sammlung von 305 Liedern aus dem 10. bis 7. Jahrhundert v. Chr., die von Konfuzius moralisch gedeutet wurden und als Richtlinien für die chinesische Gesellschaft dienten. Obwohl im *Buch der Lieder* nur die Liedtexte in Form von Gedichten überliefert sind, wird heute davon ausgegangen, dass zumindest ein Teil davon bei zeremoniellen Anlässen mit Instrumentalbegleitung musikalisch dargeboten wurde. Die Werke sind nicht direkt vergleichbar mit dem deutschen Kunstlied, aber sie stellen wie dieses eine Verbindung von Gedichten mit Musik dar.

Durch die Einführung von allgemeinem Musikunterricht und des Studienfaches Musikpädagogik leistete Xiao einen entscheidenden Beitrag für die musikalische Ausbildung nachfolgender Generationen von chinesischen Musikern und Liedkomponisten. Durch die Nutzung der von ihm komponierten chinesischen Lieder als Lehrmaterial für Schüler und zukünftige Musiklehrer trug er darüber hinaus wesentlich zur Verbreitung der Kunstform des Liedes bei und weckte Interesse daran. XIAO You-Mei gilt weiterhin als derjenige, der den noch heute in China verwendeten Begriff »Yishu gequ« als chinesische Übersetzung des Begriffes »Kunstlied« einführte (in seinem Buch *Allgemeine Musiklehre*, Shanghai, 1928).[186]

XIAO You-Meis Beitrag für die Entwicklung des chinesischen Kunstliedes mit der wohl größten Tragweite war die Gründung der Hochschule für Musik Shanghai im Jahre 1927, die als erste Musikhochschule in China nach dem Vorbild deutscher und US-amerikanischer Musikhochschulen aufgebaut wurde. Ziel war es, eine neue Generation chinesischer Musiker und Komponisten auszubilden, die von hochqualifizierten Lehrern eine umfassende Ausbildung in westlicher und chinesischer Musik erhalten sollten. Die Hochschule bot

---

[186] Vgl. SUN Ya-Hong, »Yishu gequ de jieshuo, jiaoxue yu yanchang chu tan« [Über die Definition, die Lehre und den Gesang des Kunstliedes], in: *Jingji yu shehui fazhang/Economic and Social Development* 3 (2005), H. 7, S. 156. Bezüglich Übersetzung und Begriffsdefinition im Chinesischen siehe Kapitel 1.

neben den allgemeinen Fächern Gesang und Komposition auch Unterricht in neuer chinesischer Liedkomposition an. Xiao versuchte von Anbeginn, trotz begrenzter finanzieller Mittel, nur die besten chinesischen und ausländischen Musiker als Dozenten für die Musikhochschule zu gewinnen. Unter ihnen findet sich beispielsweise für das Fach Komposition der bedeutende chinesische Liedkomponist HUANG Zi (siehe auch Kapitel 5), der nach seinem Kompositionsstudium in den USA in Shanghai unterrichtete, der chinesische Komponist LI Wei-Ning, der in Frankreich und Österreich Komposition studiert hatte, sowie für das Fach Gesang die in den USA studierten Sänger ZHOU Shu-An und YING Shang-Neng. Zu den ausländischen Dozenten gehörten beispielsweise der italienische Geiger Arrigo Foa, der russische Cellist Igor Shevtzoff, die berühmten russischen Pianisten Boris Zakharoff und Alexander Nikolajewitsch Tscherepnin, der russische Sänger Vladimir Shushlin, die deutsche Musikerin Irmgard Heinrich (alias Hua-Li-Si, Ehefrau von Qing-Zhu) und der deutsch-jüdische Komponist Wolfgang Fraenkel, ein Schüler von Arnold Schönberg. Unter ihnen hatte Tscherepnin eine besondere Beziehung zur neuen chinesischen Musik. Nach einer Konzertreise als Pianist in China ließ er sich 1934 in Shanghai nieder und blieb dort entgegen seinem ursprünglichen Plan nicht nur drei Monate, sondern über drei Jahre. Bei seinen Auftritten in China und der ganzen Welt spielte er gerne auch Klavierstücke junger chinesischer Komponisten und verbreitete so die modernen chinesischen Kompositionen weltweit. Neben dem Klavierunterricht komponierte Tscherepnin auch selbst Lieder und vertonte darin chinesische Gedichte, z. B. im bekannten Opus 71, *Sieben Lieder auf Basis chinesischer Gedichte* für Sopran oder Tenor und Klavier (1947, gewidmet der chinesischen Sängerin ZHOU Xiao-Yan). Für das Kunstlied nimmt neben Gesang und Komposition vor allem das Klavierspiel eine wichtige Rolle ein, da der Klavierpart dort ebenso bedeutend ist wie der Gesangspart und er die Stimmung des Liedes wesentlich mitbestimmt. Aufgrund der Ausbildung durch hochqualifizierte Lehrkräfte in allen drei Fächern schuf Xiao eine wichtige Voraussetzung für die Entwicklung der chinesischen Liedkomposition.

XIAO You-Mei legte neben der Ausbildung in Fächern der westlichen Musik auch Wert darauf, den Studierenden an seiner Hochschule einen tiefen Einblick in die traditionelle chinesische Musik und Poesie zu vermitteln, so dass sie beides kennen und schätzen lernten. Xiao legte fest, dass alle Studierenden für das Fach Komposition oder ein westliches Instrument zusätzlich ein traditionelles chinesisches Instrument lernen mussten (damals gab es hauptsächlich zwei Fächer: Erhu und Pipa als Nebenfach).[187]

Auch in diesem Bereich gelang es Xiao, namhafte Persönlichkeiten wie den Pipa-Meister ZHU Ying und den bekannten chinesischen Dichter YI Wei-Zhai als Dozenten für seine Hochschule zu gewinnen. Xiao selbst unterrichtete an der Hochschule das Fach »Entwicklung der alten chinesischen Musik« und schrieb die Lehrbücher dafür. Er vertrat die Auffassung, dass die Musikstudenten traditionelle und moderne, chinesische und ausländische Musik kennenlernen sollten. Wie bereits dargestellt, hatte die erste Generation chinesischer Liedkomponisten, darunter auch XIAO You-Mei selbst, noch große Schwierigkeiten bei der Verbindung des westlichen Liedes mit Elementen der chinesischen Musikästhetik und vor allem mit der chinesischen Sprache. Xiao hoffte, dass zukünftige chinesische Liedkomponisten durch die verpflichtende Ausbildung in beiden Bereichen bessere Lösungen für die Verbindung von westlichen und chinesischen Elementen in der Liedkomposition finden könnten. Sein vorausschauender Ansatz wurde von späteren Musikhochschulen in ganz China übernommen, die neben Fachgruppen für Kompositionstheorie und westliche Musik auch immer eine Gruppe für traditionelle chinesische Instrumente einrichteten. Bis zum heutigen Tage folgen die meisten Musikhochschulen und pädagogischen Universitäten in China diesem Ansatz. Beispielsweise legt die Studienordnung an der heutigen Pädagogischen Universität Peking fest, dass alle Musikstudenten neben dem eigenen Hauptfach noch ein chinesisches Instrument und Gesang als Pflichtnebenfächer belegen müssen. Falls das Hauptfach ein chinesisches Instrument ist, müssen dazu Klavier und Gesang als Nebenfächer belegt werden. Beim Gesangsunterricht ist das Kunstlied (deutsche und chinesische Kunstlieder) eine Pflichtgattung, damit alle Musikstudenten die Chance haben, das Kunstlied kennenzulernen. XIAO You-Mei leistete damit indirekt einen zentralen Betrag für die Entwicklung des Kunstliedes in China.

Die Hochschule für Musik Shanghai brachte in der Folge zahlreiche bedeutende Musiker und Komponisten hervor, darunter auch namhafte Kunstliedkomponisten wie TAN Xiao-Lin, LI Xue-Yan, DING Shan-De, JIANG Ding-Xian und CHEN Tian-He.

---

[187] WANG Yu-He, *Zhongguo jin xian dai yinyue shi*, S. 86. Erhu ist eine chinesische zweisaitige Kniegeige. Pipa ist eine chinesische Kurzhalslaute.

Xiao setzte sich darüber hinaus sehr für die Förderung von jungen, musikalisch begabten Studenten ein, unabhängig von ihrem finanziellen oder sozialen Hintergrund. Dafür etablierte er eine von ihm persönlich geleitete Aufnahmeprüfung für die Musikhochschule Shanghai, in der die Bewerber vor allem nach ihrem musikalischen Talent und weniger nach ihrem technischen Niveau bewertet wurden. Ein bekanntes Beispiel ist der später sehr berühmte chinesische Komponist DING Shan-De, der im Jahre 1928 mit nur sehr grundlegenden, selbst erlernten Kenntnissen für Pipa zur Aufnahmeprüfung an die Musikhochschule Shanghai gekommen war. Trotz seiner geringen Fähigkeiten im Pipa-Spiel erkannte Xiao sein großes musikalisches Talent, ließ ihn für das Studium zu und förderte ihn intensiv. DING schrieb später zahlreiche sehr bekannte Lieder und Klavierstücke, in denen er westliche und chinesische Stilelemente erfolgreich verband. XIAN Xing-Hai, einer der später wichtigsten und bekanntesten Komponisten in China, kam im Jahre 1928 von Peking nach Shanghai zur Aufnahmeprüfung und bestand diese. Allerdings stammte er aus einer armen Familie, die ihn nicht finanziell unterstützen konnte. Als er sein Studium deshalb fast abbrechen musste, bot Xiao ihm eine Teilzeitarbeit an der Hochschule an, im Rahmen derer er mit dem Abschreiben von Noten und Texten ein zusätzliches Einkommen verdienen und so sein Studium erfolgreich abschließen konnte.

XIAO You-Mei förderte die Verbreitung und Entwicklung des Kunstliedes in China weiterhin durch die von ihm organisierten Liederabende und Wettbewerbe. Auf Initiative von Dozenten der Musikhochschule unterstütze er die Organisation und Durchführung von Kompositionswettbewerben für Studierende und Dozenten, um einen zusätzlichen Anreiz für die Schaffung neuer chinesischer Kompositionen zu geben. Ein bekanntes Beispiel ist der 1934 gemeinsam mit Tscherepnin organisierte »Wettbewerb für Klavierkompositionen im chinesischen Stil«, in dessen Rahmen zahlreiche neue Klavierkompositionen auf höchstem Niveau entstanden, darunter das bis heute bedeutende Stück *Mutong duan di* von HE Lu-Ding. Die von XIAO You-Mei initiierten regelmäßigen Dozenten- und Studentenkonzerte mit den Lehrern und Studierenden der Musikhochschule Shanghai boten die Möglichkeit, neue Werke zeitnah und in angemessenem Rahmen einem breiten Publikum vorzustellen.

Einen weiteren indirekten Beitrag für die Entwicklung des chinesischen Liedes stellen die zahlreichen von XIAO You-Mei geschriebenen Lehrbücher dar, beispielsweise das *Klavier-Lehrbuch* (1925), die *Harmonielehre* (1927) und die *Allgemeine Musiklehre* (1928) sowie seine über 50 veröffentlichten Artikel über

Musik und Musikpädagogik,[188] mit denen er zur Verbreitung von Grundlagenwissen über westliche Musik beitrug, welches wiederum eine Basis für die spätere chinesische Liedkomposition bildete. Zu den bis heute anerkannten Veröffentlichungen zählen beispielsweise *Eine geschichtliche Untersuchung über das chinesische Orchester bis zum 17. Jahrhundert* von 1916, *Zhong xi yinyue de bijiao yanjiu* [Vergleichende Studie der chinesischen und westlichen Musik] von 1920, *Shenme shi yinyue? Waiguo de yinyue jiaoyu jiguan. Shenme shi yue xue? Zhongguo yinyue jiaoyu bu fada de yuanyin* [Was ist Musik? Über die Struktur der ausländischen Musikerziehung. Was ist Musikwissenschaft? Die Ursachen der Unterentwicklung der Musikerziehung in China] von 1920, *Gu jin zhong xi yinyue gaishuo* [Eine Übersicht der chinesischen und westlichen Tonleiter der alten und modernen Zeit] von 1930, *Zhongguo lidai yinyue yange gailue* [Überblick der chinesischen Musikgeschichte] von 1931, *Oumei yinyue zhuanmen jiaoyu jiguan ganlue* [Überblick der europäischen und amerikanischen Hochschulen für Musik] von 1934 oder *Fuxing guoyue wo jian* [Meine Meinung über die Wiederbelebung der chinesischen Musik] von 1939.

Darüber hinaus gründete XIAO You-Mei eine Reihe von musikwissenschaftlichen Fachzeitschriften, die den zeitgenössischen chinesischen Musikern, Komponisten, Musikwissenschaftlern und Intellektuellen ein Forum für den freien Meinungsaustausch über Musik im Allgemeinen sowie über neu veröffentlichte Kompositionen boten. Zu den bekannten Journalen gehören das 1929 von Xiao gegründete *Yinyue xueyuan yuan kan*[189] [Journal der Musikhochschule], das 1930 gegründete vierteljährliche Fachmagazin *Yue yi* [Musik-Kunst][190] sowie die Fachzeitschriften *Yinyue zazhi* [Musikmagazin] ab 1934 und *Yinyue yue kan* [Monatsmagazin der Musik] ab 1937. In den darin veröffentlichten Beiträgen wurde Wissen über die westliche Musik sowie über bedeutende westliche Musiker und deren Werke in China zugänglich gemacht. Viele der Artikel stammten von Chinesen, die im Ausland, z. B. in Japan, den USA oder Deutschland studiert hatten, und von dort neu erworbenes Wissen und neue Inspiration nach China mitbrachten.

---

[188] Vgl. CHEN Ling-Qun und LUO Qin (Hrsg.), *XIAO You-Mei quan ji* [Gesamtwerk von XIAO You-Mei], Bd. 1, Shanghai 2004. In dieser Sammlung wurden insgesamt 58 Artikel von XIAO You-Mei zusammengestellt.
[189] Das Fachjournal wurde nach der zweiten Ausgabe umbenannt in *Yin* [Klang].
[190] Der bedeutende chinesische Liedkomponist LIAO Shang-Guo alias Qing-Zhu war als Redakteur für die Magazine *Yin* und *Yinyue zazhi* tätig (siehe Kapitel 2 dieser Arbeit).

Abbildung 16: Titelseiten der ersten Ausgaben des von XIAO You-Mei im Jahr 1930 gegründeten Fachmagazins *Yue yi* [Musik-Kunst] mit den Portraits bekannter westlicher Komponisten[191]

Der bedeutende chinesische Liedkomponist HUANG Zi (siehe auch Kapitel 5) veröffentlichte beispielsweise eine Serie von drei Artikeln über die Biographie und die (Lied-) Kompositionen von Johannes Brahms, stellte die Tonalität der westlichen Musik in dem Artikel »Diaoxing de biaoqing«[192] [Der Ausdruck der Tonarten] vor und empfahl den Lesern des Magazins Werke auf Schallplatte zum Kennenlernen der westlichen Musik.[193] In anderen Beiträgen wurde beispielsweise der Begriff »Kunstlied« eingeführt und kontrovers disku-

---

[191] LUO Qin und QIAN Ren-Ping (Hrsg.), *Guoli yinyue yuan • guoli yinyue zhuanke xuexiao tujian (1927–1941)*, S. 43.

[192] Vgl. HUANG Zi, »Diaoxing de biaoqing« [Der Ausdruck der Tonarten], in: *Yinyue zazhi* [Musikmagazin] 1 (1934), H. 3, S. 24–29.

[193] Vgl. HUANG Zi, »Jieshao gei yiban tingzhong de wu zhang shengyue changpian« [Empfehlung von fünf Schallplatten mit Vokalmusik als Einführung für normale Hörer], in: *Yinyue zazhi*, 1 (1934), H. 4, S. 3–7.

tiert, wie im Kaptitel 2 »Qing-Zhu und Hua-Li-Si« ausführlich erläutert. Nicht zuletzt wurden zahlreiche neu komponierte Kunstlieder chinesischer Komponisten in diesen Magazinen veröffentlicht. Darunter befindet sich zum Beispiel das Lied *Xiari Yuan You* von XIAO You-Mei,[194] das Lied *Dian jiang chun – Fu deng lou* von HUANG Zi[195] oder zehn Lieder der Gesangsdozentin ZHOU Shu-An von der Hochschule für Musik Shanghai, die in den Magazinen *Yue yi* und *Yinyue zazhi* veröffentlicht wurden. Die neuen Veröffentlichungen wurden wiederum in nachfolgenden Artikeln diskutiert und kritisiert. XIAO You-Mei leistete mit der Gründung der Musikfachzeitschriften einen nicht zu unterschätzenden indirekten Beitrag für die Weiterentwicklung des chinesischen Kunstliedes.

---

[194] XIAO You-Mei, »Xiari Yuan You«, in: *Yue yi* [Musik-Kunst] 1 (1931), H. 6, S. 11–12.
[195] HUANG Zi, »Dian jiang chun – Fu deng lou«, in: *Yinyue zazhi* [Musikmagazin] 1 (1934), H. 2. S.10–11.

4 Die Lieder von ZHAO Yuan-Ren – Linguistik trifft Komposition

4.1 Einleitung

ZHAO Yuan-Ren (1892–1982) war sowohl ein bedeutender Sprachwissenschaftler als auch ein leidenschaftlicher Liedkomponist. Er gilt als Begründer der modernen chinesischen Linguistik und komponierte aus persönlichem Interesse und Liebe zur Musik darüber hinaus mehr als hundert musikalische Werke. Sein kompositorisches Schaffen umspannt ein halbes Jahrhundert von ca. 1913 bis 1962. Zhaos Lieder heben sich von den Werken anderer früher chinesischer Liedkomponisten vor allem dadurch ab, dass ihm erstmals die harmonische Verbindung der chinesischen Tonsprache mit einer ausdrucksvollen, frei zur Atmosphäre des zugrunde liegenden Gedichtes komponierten Liedmelodie gelang. Mit den von ihm abgeleiteten Prinzipien für die Vertonung von chinesischsprachiger Lyrik leistete Zhao einen zentralen Beitrag für die Weiterentwicklung des chinesischen Kunstlieds. Seine Kompositionen inspirierten nachfolgende Generationen, und seine Grundsätze wurden von anderen chinesischen Liedkomponisten übernommen.

ZHAO Yuan-Ren war seit seiner frühen Kindheit in China der traditionellen chinesischen Gedichtkunst und Musik sehr zugetan. Er lernte von seinem Vater chinesische Flöte und von seiner Mutter die traditionelle Kun-Oper und Volkslieder. Als Jungendlicher und während seines Studiums in den USA lernte er dann die westliche Musik kennen und eignete sich aus persönlichem Interesse umfassende Fähigkeiten auf den Gebieten westliche Harmonielehre, Kontrapunkt, Komposition, Gesang und Klavier an. Diese Grundlagen verband Zhao gekonnt mit chinesischen Stilelementen, beispielsweise aus der chinesischen Oper, der traditionellen Gedichtrezitationsowie regionalen Musikstilen oder Volksliedern, was den Liedern einen besonderen Charakter verleiht. ZHAO Yuan-Ren, der sich selbst als Vertreter des Kunstliedes im Sinne von Schumann und Schubert sah, gelang es, die Empfindungen der Chinesen zur damaligen Zeit in seinen Liedern auszudrücken, was zu einer hohen Akzeptanz und weiten Verbreitung seiner Lieder führte. Die 1928 veröffentlichte Liedsammlung *Xin shige ji* [Liederalbum der neuen Gedichte] gilt bis heute als wegweisender Meilenstein in der Geschichte des chinesischen Kunstlieds.

4.2 Biographie

ZHAO Yuan-Ren (Englische Schreibweise CHAO Yuen Ren) wurde am 3. November 1892 in Tianjin, Nordchina, geboren. Seine Familie stammte ursprünglich aus der Gegend von Changzhou in der Provinz Jiangsu in Südchina. Beide Elternteile waren gut gebildet, sein Vater war sehr musikalisch und liebte besonders das Flötenspiel, während seine Mutter sehr gut chinesische Kunqu-Oper sang und der chinesischen Lyrik zugetan war. Im Jahr 1900 kehrte die Familie in die Heimat ihrer Vorfahren nach Südchina zurück. Zhao setzte seine Schulbildung dort an einer renommierten privaten Mittelschule[196] fort. Die frühe gute Ausbildung im Bereich der chinesischen Kultur und Traditionen beeinflusste ihn tief in allen späteren Lebenslagen und Arbeitsbereichen. Bereits als Kind offenbarte Zhao ein großes sprachliches Talent. Verschiedenste regionale Dialekte erlernte er schnell und ohne großen Aufwand.[197]

Von 1907 bis 1910 studierte er mit hervorragenden Leistungen am Jiangnan Studienkolleg Nanking. Dort erweiterte er seine sprachlichen Fähigkeiten um Englisch und Deutsch, desweiteren lernte er während seiner Studienzeit westliche Musik kennen. Sein Englischlehrer ud ihn oft zu sich nach Hause ein, wo Zhao so manches englische Lied von Carves Ehefrau lernte, die eine hervorragende Sängerin und Klavierspielerin war. Im Jahr 1910 bestand er die Aufnahmeprüfung am Tsinghua College in Peking, einer vorbereitenden Schule für chinesische Studenten, die von der Regierung zum Studium in die USA geschickt werden sollten. Nach dem erfolgreichen Abschluss ging Zhao, ausgestattet mit einem Stipendium, in die USA und studierte Mathematik an der Cornell University New York. Da die Lebenshaltungskosten in den USA zur damaligen Zeit relativ günstig waren, hatte Zhao genügend Geld aus dem Mitteln seines Stipendiums übrig, um seinem privaten Interesse an der Musik nachzugehen. Er besuchte in seiner Freizeit zahlreiche Konzerte und studierte Musik als Wahlfach. Er lernte Harmonielehre bei Edward Johnson und Klavier bei Sonya Paeff Silverman.[198] Im Jahr 1914 nahm ZHAO Yuan-Ren als Harmoniumspieler an einem Konzert an der Cornell University teil und spielte das traditionelle chinesische Stück *Zou ba ban* mit einer eigenen dazu komponierten

---

[196] Unter dem Begriff Mittelschule (Zhongxue) wird in China im Allgemeinen die Schulzeit zwischen der Grundschule (Xiaoxue) und dem Studium (Daxue) verstanden.
[197] JI Xian-Lin, »Vorwort«, in: ZHAO Ru-Lan, CHEN Yuan, YANG De-Yan usw. (Hrsg.), *ZHAO Yuan-Ren quan ji* [Gesamtwerk von ZHAO Yuan-Ren], Bd. 11, Beijing 2005, S. 1.
[198] Vgl. LIU Ching-Chih, *Zhongguo xin yinyue shi lun*, S. 136.

Begleitung. Nach seinem Studienabschluss in Mathematik wechselte er aus eigenem Interesse zum Fach Philosophie und studierte ein weiteres Jahr lang an der Cornell University, bevor Zhao zur Promotion im Fach Philosophie an die Harvard University wechselte.

Abbildung 17: ZHAO Yuan-Ren an der Harvard University aus dem Jahr 1916[199]

Auch während seiner Promotion in Harvard setzte Zhao sein Studium der Musik als Wahlfach fort und nahm Musikunterricht bei Prof. Edward Burlingame Hill und Prof. Walter Raymond Spalding.[200] Im Jahr 1918 schloss er sein Studium als Doktor der Philosophie ab und reiste, ausgestattet mit einem »Sheridan Travel and Research«-Stipendium der Harvard University über New England nach Chicago, wo er ein Jahr lang Wissenschaftstheorie an der University of Chicago studierte. Auch in dieser Zeit blieb Zhao der Musik eng verbunden, nahm privat weiteren Unterricht in Harmonielehre, Kontrapunkt, Komposition, Klavier und Gesang, war Mitglied im Universitätschor und besuchte zahlreiche Konzerte.

---

[199] ZHAO Xin-Na, HUANG Pei-Yun (Hrsg.), *ZHAO Yuan-Ren nian pu* [Chronik von ZHAO Yuan-Ren], Shanghai 2001.
[200] ZHAO Ru-Lan, »Wo fuqin de yinyue shenghuo« [Das Musikerleben meines Vaters], in: *Yinyue yishu* [Kunst der Musik, Journal der Staatlichen Hochschule für Musik Shanghai] 2 (1980), H. 3, S. 18.

»Über seine gesamte Studienzeit gelang es Zhao, sich intensiv mit Musik zu beschäftigen, Konzerte zu besuchen, Musiktheorie und Klavier zu lernen, im Chor zu singen, selbst zu komponieren sowie Harmonik und Klavierbegleitung für die Lieder Anderer zu arrangieren. Trotzdem er niemals offiziell als Student einer Musikhochschule war, nahm er inoffiziell Unterrichtsstunden in Harmonielehre, Kontrapunkt und Klavier und erwarb ein umfassendes Wissen im Bereich der Musiktheorie und -techniken.«[201]

Im Jahr 1919 kehrte ZHAO Yuan-Ren für eine einjährige Lehrtätigkeit an die Fakultät für Physik an die Cornell University New York zurück, bevor er 1920 für eine Lehrtätigkeit in den Fächern Physik, Mathematik und Psychologie an die Tsinghua Universität Peking nach China zurückkehrte. Im Winter des selben Jahres fungierte er als Übersetzer für den berühmten britischen Philosophen Bertrand A.W. Russell, als dieser einen Vortrag in China gab. In Peking lernte er die Ärztin YANG Bu-Wei kennen, die er später heiratete.

Nur zwei Wochen nach seiner Rückkehr nach China traf sich Zhao mit dem bekannten Komponisten und Musikpädagogen XIAO You-Mei[202] in Peking, um sich mit ihm über Komposition und die chinesische Musikbildung auszutauschen. XIAO You-Mei lud privat an Wochenenden und Feiertagen oft Kollegen und Professoren, die wie er selbst im Ausland studiert hatten, zu sich nach Hause ein, um Gedicht vorzutragen, Klavier zu spielen und Lieder zu singen. Während seiner Zeit in Peking war ZHAO Yuan-Ren ein ständiger Gast auf diesen Treffen. Neben seiner Arbeit beschäftigte sich Zhao leidenschaftlich mit Musik und gründete gemeinsam mit XIAO You-Mei im Jahr 1921 die »Yue you she« [Gesellschaft der Musikfreunde], deren Mitglieder ihre Meinungen über Musik austauschten und sich gegenseitig inspirierten und förderten, wodurch die Entstehung neuer Kompositionen der modernen chinesischen Musik gefördert wurde.

Ein Jahr später reiste Zhao gemeinsam mit seiner Frau in die USA zurück und arbeite an der Harvard University als Dozent für Philosophie und Chinesische Sprache. Hier begann er auch seine Forschungen im Bereich der Linguistik, für die er später weltbekannt werden sollte. Er kehrte im Jahr 1925 nach China zurück und unterrichtete Mathematik und Physik am Tsinghua College in Peking. Im Jahr 1928 wurde die Academia Sinica (Nationale Akademie der Wissenschaften der Republik China) in China gegründet und ZHAO Yuan-Ren wurde 1929 als Leiter der Philologie-Abteilung am Forschungsinstitut für

---

[201] LIU Ching-Chih, *Zhongguo xin yinyue shi lun*, S. 136.
[202] Siehe Kapitel 3 dieser Dissertation.

Geschichte und Philologie der Academia Sinica[203] angestellt. Er lehrte und forschte auf den Gebieten der chinesischen Phonologie, der Allgemeinen Sprachwissenschaften, der modernen chinesischen Dialekte, der chinesischen Musiknotation und gab Kurse zur Vermittlung westlicher Musik (western music appreciation class). In diesem Zeitraum bereiste er für seine Forschungen viele verschiedene Sprach-Regionen in China und sammelte dort auch die verschiedenen Volkslieder und Volksmusikarten.

Im Jahr 1928 veröffentlichte ZHAO Yuan-Ren seine erste Liedsammlung *Xin shige ji* [Liederalbum der neuen Gedichte], welche in China hohe Anerkennung fand und ihm den Titel »chinesischer Schubert« einbrachte.[204] XIAO You-Mei bewertete sie in einer Veröffentlichung als wertvollste Liedsammlung innerhalb der ersten zehn Jahre der Neuen Chinesischen Musik, die eine neue Epoche für die chinesische Musik eröffne.

Im Jahr 1936 zog Zhao mit seiner Familie aufgrund der Verlegung seines Instituts in die damalige Hauptstadt Nanking um und baute dort ein eigenes Haus mit Bibliothek für die vielen Bücher. Nur kurze Zeit nach dem Einzug brach allerdings am 7. Juli 1937 der zweite Japanisch-Chinesische Krieg aus, in dessen Folge Nanking im Dezember 1937 durch japanische Truppen besetzt wurde. Beim »Nanking-Massaker« wurden 200.000 Zivilisten und Kriegsgefangene ermordet. Zhao und seiner Familie gelang es, noch kurz vor dem Fall der Stadt in die USA zu flüchten. Von 1938 bis 1939 arbeitet ZHAO Yuan-Ren an der Universität Hawaii und gab dort Kurse in chinesischer Musik.

Von 1939–1941 lehrte er als Gast-Professor an der Yale University. Im Anschluss kehrte er für fünf Jahre (1941–1946) zurück an die Harvard University und wirkte beim Lektorat des *Harvard-Yangjing Chinesisches-Englisches Lexikon* am Harvard-Yenching Institute[205] mit.

---

[203] Academia Sinica ist ein staatliches akademisches Institut für Geschichte und Philologie. Es wurde in der Zeit Chinas als Republik im Jahr 1928 in Guangzhou gegründet, 1929 nach Peking und 1936 aus politischen Gründen nach Nanking verlegt.

[204] XIAO You Mei, »Jieshao ZHAO Yuan Ren xiansheng de xin shige ji« [Vorstellung des Liederalbums der neuen Gedichte von ZHAO Yuan-Ren], in: *Yue yi* [Musik-Kunst] 1 (1930), H. 1, S. 114.

[205] Das Harvard-Yenching Institute (chin. 哈佛燕京学社) ist eine Stiftung, welche von der Harvard University und der Yanjing-Universtität 1928 für die akademische Bildung in Sozialwissenschaften in Ost- und Südostasien gegründet wurde. Die Gründung wurde von Charles Martin Hall initiiert. Das Institut ist trotz der Lage auf dem Harvard Campus finan-

Neben seiner Lehrtätigkeit war Zhao 1945 weiterhin als Präsident der »Linguistic Society of America« und gehörte in den 1950er Jahren zu den ersten Mitgliedern der Amerikanischen »Society for General Systems Research«. Von 1947 bis 1962 lehrte er chinesische Literatur, Sprache und Linguistik an der University of California in Berkeley, wo er im Jahre 1952 zum Professor für orientalische Sprachen berufen wurde. ZHAO Yuan-Ren wurde im Jahr 1954 amerikanischer Staatsbürger. Nach seiner Pensionierung lehrte er weiter an der University of California in Berkeley als emeritierter Professor. Im Zuge der Normalisierung der sino-amerikanischen Beziehungen ab 1973 besuchte Zhao seine Heimat China mit seiner Ehefrau und Enkelin und wurde von Premierminister ZHOU En-Lai herzlich empfangen. Sie diskutierten geplante Reformen der chinesischen Schriftzeichen. 1981 wurde er vom Parteivorsitzenden DENG Xiao-Ping erneut nach China eingeladen und erhielt den Titel Ehrenprofessor der Universität Peking.

Abbildung 18: ZHAO Yuan-Ren (1892–1982)[206]

Am 24. Februar 1982 starb ZHAO Yuan-Ren im Alter von 89 Jahren in Cambridge, Massachusetts. Er hinterließ vier Töchter.

---

ziell und juristisch unabhängig. Die Yanjing-Universität ist die Vorgängerin der heutigen Universität Peking.

[206] ZHAO Ru-Lan, CHEN Yuan, YANG De-Yan usw. (Hrsg.), *ZHAO Yuan-Ren quan ji* [Gesamtwerk von ZHAO Yuan-Ren], Bd. 11, Beijing 2005.

Durch den starken Einfluss ihres Vaters interessierten sich auch seine Töchter sehr für Musik. Seine älteste Tochter ZHAO Ru-Lan wurde später eine bekannte Musikwissenschaftlerin und Professorin für Musik und Ostasien Studien an der Harvard University. Im Jahr 1987 gab sie das Buch *Das Musikalische Gesamtwerk von ZHAO Yuan-Ren* heraus und veröffentlichte darüber hinaus zahlreiche Artikel über ihren Vater.

4.3 Zhaos Beitrag zur Entwicklung des chinesischen Kunstlieds

ZHAO Yuan-Ren verfügte über eine seltene Sprachbegabung, er sprach fließend Englisch, Deutsch, Französisch, etwas Japanisch, hatte Kenntnis der griechischen und lateinischen Sprache und erforschte 33 verschiedene chinesische Dialekte. Den Schwerpunkt seines Schaffens bilden seine Forschungen im Bereich der Linguistik, insbesondere der chinesischen Sprache.

Angetrieben von seiner großen Liebe zur Musik und auf Basis seiner herausragenden sprachlichen und musikalischen Fähigkeiten sowie seines Wissens über die Kultur Chinas und des Westens leistete Zhao darüber hinaus einen großen Beitrag im Bereich der Musikwissenschaften und gilt als einer der wichtigsten Liedkomponisten in der neueren chinesischen Musikgeschichte. Er nutzte das musikalische Medium des Lieds, um seinen Gedanken und Gefühlen Ausdruck zu verleihen; seine Kunstlieder wurden in China schnell verbreitet und sind bis heute beim chinesischen Publikum sehr beliebt.

Zhao vertonte moderne chinesischsprachige Gedichte, meist von den zeitgenössischen Dichtern HU Shi, LIU Ban-Nong, LIU Da-Bai, ZHOU Ruo-Wu und XU Zhi-Mo, welche in der Ära der »Neuen Kulturbewegung« aufgrund ihrer modernen Prosa und neuen Form sehr populär waren. Als sein bedeutendstes Werk gilt das im Jahr 1928 veröffentlichte Liederalbum *Xin shige ji* [Liederalbum der neuen Gedichte], welches 14 von Zhaos frühen Liedkompositionen umfasst. Es enthält die Kunstlieder *Guo Yinduyang* [Überquerung des indischen Ozeans], *Ta* [Er], *Qiu zhong* [Herbstglocken], *Xiao shi* [Kleines Gedicht] und *Mai bu yao* [Ballade vom Stoffverkaufen] sowie das Chorlied *Laodong ge* [Arbeitslied], welche Zhao bereits im Jahr 1922 geschrieben hatte, desweiteren das Lied *Zhi bu* [Weben] aus dem Jahr 1925, die vier Lieder *Shang shan* [Den Berg erklimmen], *Jiao wo ruhe bu xiang ta* [Sag' mir, wie ich ihn nicht vermissen soll], *Chahuanü zhong de yinjiu ge* [Trinklied aus *La Traviata*][207], *Ye shi weiyun* [Auch die leichten Wolken] aus dem Jahr 1926, die zwei Lieder *Ting yu* [Dem Regen zuhören] und *Ping hua* [Blumen in der Vase] sowie das Lied *Hai yun* [Der Wohlklang des Meeres] für Sopranstimme und Chor von 1927. Abgesehen von den beiden Chorliedern *Laodong ge* [Arbeitslied] und *Hai yun* [Der Wohlklang des Meeres] sind die anderen zwölf Stücke komponierte Solo-Lieder. Der Inhalt der Lieder verleiht dem Wunsch nach Demokratie und dem Streben nach persönlicher Befreiung und Liebe Ausdruck. Andere Lieder spiegeln die Realität der arbeitenden Bevölkerung wider und zeigen Sympathien für das einfache Volk und seine Vorstellung, dass sie ein Anrecht auf Arbeit, Bildung und Erholung haben sollten. Das Album ist eindeutig das Ergebnis der »Neuen Kulturbewegung«.

Die hohe Bedeutung dieser Liedsammlung für die Entwicklung des chinesischen Kunstlieds begründet sich aus drei Aspekten. Erstens weisen die in diesem Band veröffentlichten Lieder das höchste Niveau innerhalb Zhaos ein halbes Jahrhundert umfassenden musikalischen Schaffens aus. Weiterhin hatte sein neu geprägter Stil, der eine hervorragende Verbindung von Sprache und kompositorischer Freiheit erlaubte, einen großen Einfluss auf spätere chinesische Liedkomponisten, und drittens schrieb Zhao für diesen Liederband eine umfassende Einleitung mit Erläuterungen über eigene Erfahrungen bei der Liedkomposition und sein Verständnis des Kunstlieds.

---

[207] ZHAO Yuan-Ren wählte die chinesische Übersetzung des Librettos der Oper *La traviata* von LIU Ban-Nong als Grundlage für seine Liedkomposition. Seine Melodie hat keinerlei Ähnlichkeit oder Beiinflussung von Verdis Oper. Zhao selbst schreibt in den Anmerkungen zu seiner Komposition: »Ich komponierte dieses Lied bewusst, bevor ich das erste Mal Verdis Oper *La traviata* hörte. Ansonsten hätte die Gefahr bestanden, dass ich in der Komposition entweder von ihm beeinflusst würde oder absichtlich bestimmte Melodie zu vermeiden suchte. In beiden Fällen wäre meine Komposition sicher nicht mehr natürlich.« Siehe: ZHAO Yuan-Ren, »Anmerkungen zur Komposition«, in: ZHAO Ru-Lan, CHEN Yuan, YANG De-Yan usw. (Hrsg.), *ZHAO Yuan-Ren quan ji*, Bd. 11, S. 81.

Abbildung 19: Erstausgabe von ZHAO Yuan-Rens Liedsammlung *Xin shige ji* [Liederalbum der neuen Gedichte] aus dem Jahr 1928; Titelseite (links) und Liedverzeichnis (rechts)[208]

Noch heute sind einige von Zhaos Liedern, wie z. B. *Jiao wo ruhe bu xiang ta* [Sag' mir, wie ich ihn nicht vermissen soll], in China sehr populär, werden zur Aufführung gebracht und im Musik- und Kompositionsunterricht verwendet.

Weitere Liedsammlungen von ZHAO Yuan-Ren umfassen die *Ertongjie gequji* [Kinderfest-Lieder] von 1934, *Xiaozhuang gequji* [Sammlung von Liedern aus Xiaozhuang] von 1936, *Minzhong jiaoyu gequ* [Sammlung von Liedern zur Volksbildung] aus dem Jahr 1939, *Xing zhi gequ ji* [Sammlung von Liedern zur Förderung von Verhalten und Allgemeinwissen] von 1949 und *ZHAO Yuan-Ren gequ ji* [ZHAO Yuan-Ren Liederalbum] von 1981. Die meisten Werke darin sind Kunstlieder.[209]

Zusätzlich zu den Liedsammlungen schrieb ZHAO Yuan-Ren zahlreiche Liedbearbeitungen auf Basis chinesischer Volksliedmelodien wie z. B. das Lied *Li jin Zhonghua* [Bemühungen für China] von 1914 mit einem von Zhao selbst geschriebenen Text und eine Bearbeitung der bekannten Volksliedmelodie *Yankou diao* [Melodie aus Yankou], oder das berühmte Kunstlied *Jiang shang cheng chuan ge* [Lied der Yangzi Schiffer] von 1933, das aus einer Bearbeitung

---

[208] ZHAO Ru-Lan, CHEN Yuan, YANG De-Yan usw. (Hrsg.), *ZHAO Yuan-Ren quan ji*, o. S.
[209] Vgl. LIU Ching-Chih, *Zhongguo xin yinyue shi lun*, S. 138.

des Volkslieds *Jiangnan chuangong haozi* [Arbeitslied der südchinesischen Schiffer] entstand.[210]

Im Jahr 1987, fünf Jahre nach Zhaos Tod, wurde auf Anregung von HE Lu-Ting, dem amtierenden Präsidenten der Staatlichen Hochschule für Musik Shanghai, das *Musikalische Gesamtwerk von ZHAO Yuan-Ren* mit Notation im Liniensystem veröffentlicht. Die Sammlung wurde von Zhaos erster Tochter ZHAO Ru-Lan, ihrerseits Professorin für Musik und Ostasien Studien an der Harvard University, herausgegeben. Es umfasst 83 Solo-Lieder, 24 Chorlieder, 19 neu komponierte Klavierbegleitungen für Volkslieder und sechs instrumentale Stücke, insgesamt 132 Werke.[211]

ZHAO Yuan-Ren war seit seiner Kindheit von Musik begeistert und wurde während seiner Studienzeit in den USA weiter von der westlichen Musik, insbesondere dem Kunstlied, inspiriert. Seine älteste Tochter ZHAO Ru-Lan erinnert sich:

> »In meinen Erinnerungen, wenn mein Vater sich daheim selbst unterhalten wollte, hörte und spielte er mit Vorliebe westliche Musik. Als ich klein war, gab es bei uns zu Hause ein Klavier, und mein Vater spielte gerne vor oder nach dem Abendessen. Er liebte am meisten die klassischen Werke, wie die Sonaten von Haydn, Mozart und Beethoven, Präludien von Chopin sowie zweistimmige Inventionen und Fugen von Bach. Ich glaube, dass er ganz besonders Schuberts Kompositionen schätzte. Neben Impromptus und den Moments Musicaux spielte er oft Schuberts Lieder und ließ uns mit ihm zusammen dazu singen.«[212]

---

[210] Bei der Klassifizierung bearbeiteter Volkslieder als Kunstlied gibt es in Europa verschiedene Umgangsweisen (siehe z. B. bei Brahms oder Bartók). In China zählen die genannten Lieder von ZHAO Yuan-Ren als Kunstlieder.

[211] Vgl. ZHAO Ru-Lan (Hrsg.), *ZHAO Yuan-Ren Yinyue zuopin quanji* [Musikalisches Gesamtwerk von Zhao Yuan-Ren], Shanghai 1987.

[212] ZHAO Ru-Lan, »Wo fuqin de yinyue shenghuo«, S. 19.

Abbildung 20: ZHAO Yuan-Ren 1944 mit seiner ersten Tochter ZHAO Ru-Lan am Klavier[213]

Bei seiner Analyse der Unterschiede zwischen westlicher und chinesischer Musik befand Zhao, dass zwei Hauptaspekte unterschieden werden müssten: Unterschiede aufgrund der charakteristischen Elemente der jeweiligen Kultur bzw. Ästhetik und Unterschiede in der Reife der Kompositionstechnik. Zhao war der Auffassung, dass in der chinesischen Musik großer Nachholbedarf auf dem Gebiet der Harmonik bestünde. Da die traditionelle chinesische Musik homophon ist, seien Freiräume und künstlerische Gestaltungsmöglichkeiten sehr begrenzt. Nur mittels Änderungen in der Harmonik gäbe es Möglichkeiten zur Modulation, die in der Liedkomposition essentiell seien, um die Stimmung zu beschreiben und ein Werk interessant und lebhaft zu gestalten. Zhao beschreibt die Situation auf anschauliche Weise:

> »Die homophone Musik besitzt nur einen eindimensionalen Freiheitsgrad, so wie ein langer dünner bunter Streifen, bei dem ein Teil rot und ein Teil grün sein kann, bei dem theoretisch die Farbe unendlich oft wechseln kann aber dessen Gestaltung immer auf die eine Richtung begrenzt ist. Selbst wenn man in dem Streifen alle Farben des Regenbogens variiert, sobald er eine Länge von drei Metern erreicht, wird der Betrachter sehr wahrscheinlich anfangen, sich etwas zu langweilen, oder? Wenn allerdings verschiedene Töne gleichzeitig laufen, entsteht eine zweidimensionale Gestaltungsfreiheit, so wie in einem Gemälde, in dem es in die Breite und in

---

[213] ZHAO Ru-Lan, CHEN Yuan, YANG De-Yan usw. (Hrsg.), *ZHAO Yuan-Ren quan ji* [Gesamtwerk von ZHAO Yuan-Ren], Bd. 11, Beijing 2005.

die Höhe Berge und Flüsse geben kann, welche gerade oder schräg verlaufen können, und welche man ohne Grenzen mit Spaß fortführen kann.«[214]

Da es in China zu der Zeit keine eigene Harmonielehre gab, empfahl Zhao den chinesischen Komponisten, zunächst die westliche Harmonielehre zu erlernen und zu verwenden, allerdings in Verbindung mit charakteristischen chinesischen Stilelementen und dem langfristigen Ziel, eine chinesische Form der Harmonielehre zu entwickeln:

> »Zunächst müssen wir die Welt der Musik bis zu einem akzeptablem Niveau analysieren und erlernen, um ihr dann unseren eigenen Stil überzustülpen, bzw. Chinas eigenen Stil entwickeln, als unseren individuellen Beitrag.«[215]

Zhao war der Überzeugung, dass die neue chinesische Musik sich nach dem Vorbild der Russischen Schule des 19. Jahrhunderts zu einer nationalen chinesischen Musik auf gleichem Niveau, mit ihrer eigenen, unverkennbaren Charakteristik entwickeln könne. ZHAO Yuan-Ren setzte seine Vorstellungen in seinen eigenen Liedkompositionen konsequent um. Sie basieren auf der westlichen Harmonielehre, aber er experimentierte gleichzeitig auch mit neuen Elementen, beispielsweise verwendete er Quintparallelen, um auch die Begleitmelodie innerhalb der pentatonischen Tonleiter zu komponieren und den chinesischen Charakter seines Liedes zu verstärken. Er verwendete weiterhin Elemente der chinesischen Oper oder Melodien der klassischen Gedichtrezitation für seine Liedmelodien und setzte gleitende Tonhöhen als typisch chinesische Stilelemente ein.

Da die traditionellen chinesischen Kompositionen aus festen, an Melodie und Rhythmus der Sprache orientierten Formen bestehen, bemerkte Zhao, dass es tausende passende Gedichte zu einer einzigen Melodie gäbe und diese keinerlei Bezug zum Inhalt des Gedichtes habe. Dies führe dazu, dass in der chinesischen Musik generell sehr viele Gemeinsamkeiten gäbe, selbst zwischen verschiedensten Stücken, und nur geringfügige Variationen vieler fester Motive:

> »Sämtliche Kunstformen, unabhängig davon welche, folgen dem grundlegenden Prinzip: ›in Unterschieden finden sich Gemeinsamkeiten und in Gemeinsamkeiten liegen auch Unterschiede‹. Allerdings betont die chinesische Musik den zweiten Teil dieses Prinzips zu stark, so dass sie zu einem Fall von ›großen Ähnlichkeiten und

---

[214] ZHAO Yuan-Ren, Einleitung der Liedsammlung *Xin shige ji* [Liederalbum der neuen Gedichte], Shanghai 1928, o. S.

[215] ZHAO Yuan-Ren, Vorwort der Liedsammlung *Xin shige ji*, o. S.

kleinen Unterschiede‹ geworden ist und die magische Kunst der ›großen Unterschiede und kleinen Gemeinsamkeiten‹ verloren gegangen ist.«[216]

Er vertrat die Meinung, dass jedes Kunstlied seine eigene, einzigartige Melodie haben müsse, angepasst an den Inhalt und Charakter des zugrundeliegenden Gedichtes. Es gäbe beim Kunstlied keine zwei gleichen Melodien. Das bedeute nicht, dass es innerhalb eines durchkomponierten Liedes keine Wiederholung geben dürfe; in der Musik könnten sehr wohl Teile wiederholt werden, da dies einem Stück eine Einheit verleihen könne.[217]

ZHAO Yuan-Ren verstand sich selbst als ein Vertreter des Kunstliedes im klassischen Sinne. Gleich im ersten Absatz des Vorworts zu seiner Liedsammlung *Xin shige ji* [Liederalbum der neuen Gedichte] erklärt Zhao:

»Der Weg der Lieder in diesem Band folgt dem Kunstlied (art song) im Stil Schuberts und Schumanns. Die Stücke sind für Musikliebhaber zu singen und spielen, aber können auch als Lehrmaterial für Musik-Akademien herangezogen werden. Die Begleitung der Lieder in diesem Band ist als vollwertiges Musikwerk komponiert. Beispielsweise kann der Klavierpart der zwei Lieder *Zhi Bu* und *Ting Yu* auch als Klavier-Solostück gespielt werden. [...] Alle Lieder können sowohl mit weiblicher als auch mit männlicher Stimme gesungen werden, und die Tonart kann je nach Stimmlage in der Höhe nach unten oder oben angepasst werden.«[218]

Eine Besonderheit von Zhaos Liedkompositionen ist die ausgereifte Verbindung von Klavierbegleitung und Vokalmusik. Der Klavierpart stellt nicht nur eine einfache Begleitung des Gesangsparts dar, sondern er spielt eine wichtige Rolle für die Gesamtkomposition. Wie in einem Duett spiegelt sich die Klavierpartie in der Vokalmusik wider und verstärkt die Atmosphäre des Liedes. Der über viele Jahre hinweg aus persönlichem Interesse genommene professionelle Klavierunterricht ermöglichte Zhao eine hohes Niveau bei der Klavierkomposition, und er verwendete flexibel verschiedene Begleitformen, Klangfarben und Harmonien, was die Gestaltung seiner Lieder weitaus lebendiger macht als bei andern chinesischen Komponisten seiner Zeit. Beispielsweise komponierte er für das Lied *Mai bu yao* [Ballade vom Stoffverkaufen] die Klavierbegleitung der linken Hand mit einem fünf Schläge Ostinato, welches die monotone Bewegung des Webstuhls vermittelt (siehe Notenbeispiel 14).

---

[216] ZHAO Ru-Lan, CHEN Yuan, YANG De-Yan usw. (Hrsg.), *ZHAO Yuan-Ren quan ji*, Bd. 11, S. 9.
[217] Ebd.
[218] ZHAO Yuan-Ren, Vorwort der Liedsammlung *Xin shige ji*, o. S.

Notenbeispiel 14: Die ersten fünf Takte von ZHAO Yuan-Rens Lied *Mai bu yao*[219] (oben) und die ersten drei Takte von Schuberts Lied *Gretchen am Spinnrade*[220] (unten)

Die Begleitmusik des Lieds *Ting yu* [Dem Regen zuhören] beschreibt den Klang des prasselnden Regens in der Nacht (siehe Notenbeispiel 15).

In *Qiu zhong* [Herbstglocken] ahmte Zhao in der Klavierbegleitung den Klang der Glocken nach und verwendete eine Halbton-Tonleiter, um das Geräusch des heulenden Herbstwindes zu erzeugen (siehe Notenbeispiel 16).

Wahrscheinlich wurde Zhao bei der Komposition dieser Lautmalereien von Liedern wie *Gretchen am Spinnrade* von Schubert (Notenbeispiel 14) oder der *Regentropfen prélude* von Chopin (Op. 28 No. 15) inspiriert.

---

[219] ZHAO Yuan-Ren, »Mai bu yao«, in: ZHAO Ru-Lan, CHEN Yuan, YANG De-Yan usw. (Hrsg.), *ZHAO Yuan-Ren quan ji*, Bd. 11, S. 27.

[220] Franz Schubert, *Gretchen am Spinnrade* D 118 (op. 2), in: Franz Schubert, *Neue Ausgabe sämtlicher Werke*, Serie IV: Lieder, Bd. 1a, hrsg. von Walther Dürr, Kassel u. a.: Bärenreiter, 1970, S. 10.

Notenbeispiel 15: Die ersten sieben Takte von ZHAO Yuan-Rens Lied *Ting yu*[221]

Ein weiterer zentraler Aspekt, der die Lieder von ZHAO Yuan-Ren so bemerkenswert macht, ist sein umfassender Hintergrund auf dem Gebiet der chinesischen Sprache und Phonologie. Er betrachtet den Text seiner Lieder vom Standpunkt eines Linguisten und die Melodien vom Standpunkt eines Komponisten.

So wählte Zhao nicht nur ein literarisch wertvolles Gedicht für die Vertonung in seinen Liedern aus, er achtete weiterhin besonders darauf, dass die Wörter deutlich, klar und leicht auszusprechen sind, dass die Reimschemata des Gedichtes geordnet sind und die inhaltliche Bedeutung des Textes leicht verständlich ist. Letzeres ist in der chinesischen Sprache nicht selbstverständlich, da ein- und dieselbe Silbe verschiedene Bedeutungen haben kann, die erst im Gesamtkontext deutlich wird. Beim Lesen eines Gedichtes besteht diese Schwierigkeit nicht, da die Schriftzeichen eindeutig sind. ZHAO Yuan-Ren beschäftigte sich im Rahmen seinen Linguistikforschungen intensiv mit diesem Thema, von ihm stammt zum Beispiel das berühmte Gedicht *Shi shi shi shi shi*

---

[221] ZHAO Yuan-Ren, »Ting yu«, in: ZHAO Ru-Lan, CHEN Yuan, YANG De-Yan usw. (Hrsg.), *ZHAO Yuan-Ren quan ji*, Bd. 11, S. 35.

[Die Geschichte vom löwenfressenden Herrn Shi]²²², welches die hohe Anzahl von homophonen Wörtern in der chinesischen Sprache demonstriert. Es besteht vollständig aus Zeichen mit der Aussprache *shi* (insgesamt 92 Zeichen), welche lediglich durch die vier unterschiedlichen Töne variieren. Ohne die Schriftzeichen, d. h. im Pinyin System geschrieben oder vorgelesen, ist das Gedicht völlig unverständlich.

Notenbeispiel 16: Die ersten neun Takte von ZHAO Yuan-Rens Lied *Qiu zhong*²²³

Über die Vertonung von chinesischen Gedichten schreibt Zhao:

---

²²² ZHAO Yuan-Ren, *Shi shi shi shi shi* [Die Geschichte vom löwenfressenden Herrn Shi]: »施氏食狮史«: »石室诗士施氏，嗜狮，誓食十狮。施氏时时适市视狮。十时，适十狮适市。是时，适施氏适市。氏视是十狮，恃矢势，使是十狮逝世。氏拾是十狮尸，适石室。石室湿，氏使侍拭石室。石室拭，氏始试食十狮尸。食时，始识十狮尸，实十石狮尸。试释是事« in: ZHAO Ru-Lan, CHEN Yuan, YANG De-Yan usw. (Hrsg.), *ZHAO Yuan-Ren quan ji*, Bd. 1, Beijing 2002, S. 121.
²²³ Ebd., S. 38.

»Wenn ein Gedicht vertont und gesungen wird, geht zwangsläufig etwas verloren. Zum einen was die Intonation angeht, und zwar unabhängig davon, wie gut der Komponist die traditionelle chinesische Tonleiter auf die tonalen Muster des Gedichtes (ping-ze) anpasst, da in Liedern üblicherweise viel mehr festgelegte Tonhöhen als gleitende Tonhöhen existieren, was einen großen Unterschied zur natürlichen Intonation des Gedichtes macht, wo es sich genau umgekehrt verhält. Daher ist es vergleichsweise schwierig, die Wörter im Lied zu verstehen, und selbst wenn man sie versteht, kann deren Bedeutung nicht so direkt vermittelt werden wie in der natürlichen Intonation. Zum anderen was den Rhythmus anbetrifft, unabhängig davon, wie frei im Tempo der Vortrag des Liedes ist. Der Rhythmus wird dennoch immer stärker reglementiert sein als beim Rezitieren eines Gedichtes mit gesprochener Intonation, und einige Töne werden unvermeidlich länger sein, als sie beim normalen Lesen des Gedichtes wären. Dies ist ein weiterer Punkt, durch den die gesungenen Wörter in einem Lied weniger natürlich sind als die Intonation in der Sprache. [...] Es ist offensichtlich, dass das Rezitieren eines Gedichtes eine besondere Note aufweist und das Singen eines Liedes eine andere, und dass beide nicht gleichzeitig erlebt werden können. Es muss eingeräumt werden, dass wenn ein Gedicht gesungen wird und daraus ein Lied entsteht, etwas von seiner Eigenart geopfert werden muss.«[224]

Zhao machte sich weiterhin Gedanken, wie die Schwierigkeit, in der chinesischen Liedkomposition die Sprach- und Liedmelodie in Einklang zu bringen, zu lösen sei. Er sah dies als eine charakteristische Besonderheit der chinesischen Kompositionen an und erkannte im Gegensatz zu anderen frühen Liedkomponisten, dass, wenn diesem Aspekt nicht genügend Rechnung getragen werde, die Gefahr bestünde, dass die Sprachmelodie von der Liedmelodie überdeckt und dadurch der Text beim Singen unverständlich oder zumindest unangenehm anzuhören sein werde.

Zur Lösung dieses Problems beschrieb Zhao zwei Möglichkeiten. Die eine Möglichkeit bestehe darin, der Sprachmelodie bei der Komposition möglichst exakt zu folgen. Dies habe aber den Nachteil, die Komposition sehr stark zu begrenzen. Dadurch werde es nahezu unmöglich, verschiedene Stimmungen ausdrucksvoll zu beschreiben. Die zweite Möglichkeit bestehe darin, an Stelle der starren Regel der ersten Lösung einen gewissen Rahmen zu definieren, der einerseits die Sprachcharakteristik erhält, andererseits aber einen Freiraum für die Komposition zulässt. Zhao orientiert sich bei diesem Prinzip an der Reimstruktur der den Liedern zugrunde liegenden Gedichte im traditionellen

---

[224] LIU Ching-Chih, *Zhongguo xin yinyue shi lun*, S. 137.

»ping-ze«-System der chinesischen Gedichtrezitation und des traditionellen Musiktheaters.

Die vier Töne der chinesischen Sprache werden darin in zwei Gruppen geteilt. Erster und zweiter Ton werden als »ping yun« (gerader Reim) bezeichnet, wohingegen dritter und vierter Ton als »ze yun« (schiefer Reim) bezeichnet werden. In der klassischen chinesischen Gedichtkunst existieren eine Vielzahl fester Reimschemata, d. h. fester Kombinationen von »ping«- und »ze«- Reimen.[225] Basierend auf dieser Einteilung definiert Zhao folgende vier Regeln für die Liedkomposition:

(I) Für Wörter aus der Gruppe »ping« sollte die Melodie mit gleichbleibender Tonhöhe geschrieben werden, vorzugsweise unter Verwendung der ersten, dritten oder fünften Stufe der jeweiligen Tonleiter (do, mi, so in der relativen Solmisation). Wenn auf »ping« ein Wechsel der Tonhöhe verwendet werden soll, dann sollte die Tonhöhe von oben nach unten verlaufen.

(II) Für Wörter aus der Gruppe »ze« sollte die Melodie mit wechselnder Tonhöhe geschrieben werden (ein Zeichen mit mehreren Tönen, ähnlich eines kurzen Melismas) oder mit gleichbleibender Tonhöhe auf der zweiten, vierten, sechsten oder siebten Stufe der Tonart (re, fa, la, ti).

(III) Wenn in einem Wortsatz eine Kombination von »ping« und »ze« vorkommt, sollte die Tonhöhe für das »ping«-Zeichen tiefer sein als für das »ze«-Zeichen (in diesem Fall muss die Regel II nicht zur Anwendung kommen).

(IV) Die oben genannten Regeln I bis III müssen nur für die zentralen, bedeutendsten Wörter im Text, z. B. in Reimen, angewendet werden. Für die anderen Zeichen kann die Melodie frei komponiert werden.

Die Anwendung dieser Grundsätze der neuen chinesischen Musiktheorie führt dazu, dass Zhaos Liedkompositionen farbenreich, fließend und ausdrucksvoll sind, gleichzeitig aber auch die Texte leicht verständlich und vollendet integriert. Diese Kombination war vor Zhao keinem anderen chinesischen Liedkomponisten so gut gelungen, so dass seine neuen chinesischen Liedkomposition großen Einfluss auf zeitgenössische und nachfolgende Komponisten

---

[225] Ein typisches festes Reimschema zeichnet sich durch die Spiegelung der »ping«-»ze« Folge einer Phrase in der folgenden Phrase aus. Beispielsweise ist im berühmten Gedicht »Chun wang« [Frühlingsaussicht] des Dichters DU Fu aus der Tang-Dynastie das Muster der ersten Phrase »ze ze ping ping ze« (國破山河在) und in der zweiten »ping ping ze ze ping« (城春草木深).

hatte. Seine Kunstlieder sind ein überaus gelungener Versuch der Integration von Elementen traditioneller chinesischer Musik und westlicher Kompositionstechniken. Er strebte, wie es die chinesische Tradition fordert, stets nach einem ausgewogenen Zusammenspiel von Text und Musik. Der Hongkonger Musikwissenschaftler LIU Ching-Chih schreibt über Zhaos Stellenwert in der Entwicklung des chinesischen Kunstlieds:

> »Im Jahr 1922 schrieb Zhao sechs Lieder, von denen jedes einzelne besser ist als die Werke aller seiner Vorgänger und die Lieder der Komponisten seiner Generation (XIAO You-Mei). Insbesondere *Qiu zhong* [Herbstglocken] kann als erstes chinesische Kunstlied von bemerkenswertem Niveau betrachtet werden. [...] Die Verdienste von Zhaos Liedkompositionen liegen in seinem tiefgründigen Verständnis der Wörter und seinem überaus gelungenen Ansatz, diese zu verarbeiten, in der Art wie er Melodie und Text in Einklang brachte, seinem Verständnis von der Funktion der Klavierbegleitung und seiner Ausdruckskraft, der Verwendung von Klangfarben sowie dem meisterhaften Gebrauch von Harmonik und Kontrapunkt. All dies führt dazu, dass seine Lieder einen höheren Standard aufweisen als alle anderen chinesischen Lieder seiner Zeit. Sein musikalischer Erfindungsreichtum und seine künstlerische Darstellungskraft waren ausgezeichnet und unter allen Komponisten der Ära des 4. Mai war nur HUANG Zi auf Augenhöhe mit ihm. [...] In der Geschichte der Neuen Musik in China steht Zhao als ein Komponist von Kunstliedern, der eine neue Entwicklung begründete, und er war einer von Chinas wenigen wirklich herausragenden Liedkomponisten.«[226]

4.3.1 Analyse von *Jiao wo ruhe bu xiang ta*

Das Lied *Jiao wo ruhe bu xiang ta* [Sag' mir, wie ich ihn nicht vermissen soll] komponierte ZHAO Yuan-Ren im Jahr 1926 und veröffentlichte es in seiner Liedsammlung *Xin shige ji* [Liederalbum der neuen Gedichte] im Jahr 1928. Es entwickelte sich in China in den 1920er und 30er Jahren zu einem überaus populären »Hit« und ist bis heute aufgrund seiner tiefsinnigen Konzeption, seiner schlichten harmonischen Melodien und dem starken Ausdruck von Leidenschaft und Poesie eines der beliebtesten und bekanntesten Kunstlieder in China. In der Originalversion von 1928 komponierte Zhao dieses Lied für Gesang und Klavier, in einer Neuausgabe der Liedsammlung von 1960 gestaltete er die Begleitung mit vereinfachtem Klavierpart und Geige neu.

---

[226] LIU Ching-Chih, *Zhongguo xin yinyue shi lun*, S. 139 und S. 144.

Inhalt

Das Lied basiert auf dem gleichnamigen Gedicht des Dichters und Linguisten LIU Ban-Nong, einem Zeitgenossen von Zhao, welches dieser im Jahre 1920 während eines Studienaufenthalts in England geschrieben hatte. Das vierstrophige Gedicht ist in alltagssprachlichem Chinesisch geschrieben und spiegelt die Empfindungen vieler junger Intellektueller während der »Neuen Kulturbewegung« wider, die die Fesseln des feudalen ethischen Kodex brechen wollten, um individuelle Freiheit und Glück zu erlangen. Das Gedicht kann aufgrund der Ambiguität des Wortes »ta«[227] im gesprochenen Chinesisch auf zweierlei Weise verstanden werden. Es preist einerseits die Hingebung und die reine Liebe (»ta« in Bezug auf eine Person), kann aber auch als Ausdruck der Sehnsucht nach der Heimat (»ta« als sächliches Pronomen) verstanden werden, die der Dichter, ebenso wie auch Zhao selbst, während ihrer langen Aufenthalte im Ausland empfunden haben mögen. Das Lied kann sowohl aus der Perspektive einer Frau als auch eines Mannes verstanden bzw. gesungen werden, da im Chinesischen das Pronomen »ta« für »ihn«, »sie« und »es« gleich ausgesprochen wird. Auch in Zhaos eigener englischer Übersetzung des Titels behält er die Mehrdeutigkeit bei und betitelt sein Lied mit »How can I help thinking of you«.

In den vier Strophen werden die vier Jahreszeiten beschrieben, leichte Wolken und sanfter Wind im Frühling, Mondschein und Meer im Sommer, gefallene Blüten im Herbst und karge Bäume im Winter, was der lange anhaltenden Sehnsucht Ausdruck verleiht.

Der Text des Liedes und Gedichtes lautet sinngemäß übersetzt:

---

[227] »ta« steht im Chinesischen für das Personalpronomen in der dritten Person Singular und kann »er«, »sie«, »es«, »ihn«, »ihm« und »ihr« bedeuten. Die Unterscheidung in weiblich, männlich und sächlich kann nur anhand der Schriftzeichen erfolgen.

教我如何不想他 Jiào wǒ rúhé bù xiǎng tā	Sag' mir, wie ich ihn nicht vermissen soll[228]
天上飘着些微云， Tiānshàng piāozhe xiē wēiyún, 地上吹着些微风。 dìshàng chūizhe xiē wēifēng.	Am Himmel schweben leichte Wolken, auf der Erde weht ein sanfter Wind.
啊！微风吹动了我头发， À! Wēifēng chūidòngle wǒ tóufà, 教我如何不想他？ jiào wǒ rúhé bù xiǎng tā?	Ach! Der leichte Wind streicht durch mein Haar, Sag' mir, wie ich ihn nicht vermissen soll.
月光恋爱着海洋， Yuèguāng liàn ài zhe hǎiyáng, 海洋恋爱着月光。 hǎiyáng liàn ài zhe yuèguāng.	Der Mondschein ist verliebt in das Meer, und das Meer ist verliebt in den Mondschein.
啊！这般蜜也似的银夜， À! Zhè bān mì yě sì de yí yè, 教我如何不想他？ jiào wǒ rúhé bù xiǎng tā?	Ach! So eine honigsüße Silbernacht, Sag' mir, wie ich ihn nicht vermissen soll.
水面落花慢慢流， Shuǐmiàn luòhuā mànmàn líu, 水底鱼儿慢慢游。 Shuǐdǐ yúér mànmàn yóu.	Gefallene Blüten auf dem sanft fließenden Fluss, Fische schwimmen gemächlich unter Wasser.
啊！燕子，你说些什么话？ À! Yànzi, nǐ shuō xiē shénme huà? 教我如何不想他？ jiào wǒ rúhé bù xiǎng tā?	Ach! Schwalbe, was erzählst du? Sag' mir, wie ich ihn nicht vermissen soll.
枯树在冷风里摇， Kūshù zài lěngfēng lǐ yáo, 野火在暮色中烧。 Yěhuǒ zài mù sè zhōng shāo.	Verdorrte Bäume schütteln sich im kalten Wind, Wildfeuer brennen in der Dämmerung.
啊！西天还有些儿残霞， À! Xītiān hái yǒu xiēer cánxiá, 教我如何不想他？ jiào wǒ rúhé bù xiǎng tā?	Ach! Am westlichen Himmel gibt es noch einen Rest Abendrot. Sag' mir, wie ich ihn nicht vermissen soll

---

[228] Deutsche Übersetzung des Titels übernommen aus: Barbara Mittler, Art. »Zhao Yuanren«, in: *MGG2*, Personenteil (2007), Sp. 1442.

ZHAO Yuan-Ren hielt es für wichtig, dass ein Gedicht, welches für die Vertonung zum Kunstlied ausgewählt wird, neben einem ansprechenden Inhalt auch eine sehr klare Struktur und einen leicht verständlichen Text aufweist. Dies ist in Lius Werk gegeben, in dem die Verse gleiche Längen aufweisen und es im zweiten Teil jeder Strophe eine feste, sich wiederholende Struktur mit dem Ausruf »Ach!« und der Endung »Jiao wo ruhe bu xiang ta« gibt. Das folgende Notenbeispiel 17 zeigt das Schriftbild der Originalveröffentlichung von 1928.

Notenbeispiel 17: Schriftbild des Liedes *Jiao wo ruhe bu xiang ta* von ZHAO Yuan-Ren in der Originalveröffentlichung von 1928.[229]

Form und Harmonik

ZHAO Yuan-Rens Komposition orientiert sich in ihrer Form eng an Inhalt und Stimmung des Gedichtes und setzt dessen vierteilige Struktur in eine typische westliche Form des Liedes um. Mittels eines vier Takte andauernden Vorspiels bereitet er die Stimmung des Lied vor und führt die Hauptmelodie

---

[229] ZHAO Yuan-Ren, *Jiao wo ruhe bu xiang ta*, in: ZHAO Ru-Lan, CHEN Yuan, YANG De-Yan usw. (Hrsg.), *ZHAO Yuan-Ren quan ji*, Bd. 11, S. 74–75.

ein. Weiterhin komponiert er zwischen den Strophen jeweils Zwischenspiele, um von der vorhergegangenen Szene zur folgenden Szene überzuleiten. Mit dem Nachspiel lässt er die Stimmung von Sehnsucht und Hoffnung nachwirken.

In Bezug auf die Harmonik verwendet Zhao typisch westliche Fortschreitungen. Im zweiten Teil des Liedes führt die Tonart von E-Dur nach H-Dur, im dritten Teil von E-Dur über e-Moll nach G-Dur, um im vierten Teil wieder zurück zur Anfangstonart E-Dur zurückzukehren. Der im dritten Teil verwendete Abschnitt der Komposition in e-Moll unterstreicht die fragende und wehmütige Stimmung, während im vierten Teil das Bild der verdorrten Bäume im kalten Wind des Winters mit e-Moll beschrieben wird. Die folgende Abbildung 21 zeigt die Analyse von Form und Harmonik des Liedes *Jiao wo ruhe bu xiang ta*.

	Tonart	Takt	Taktart
Vorspiel	E	1–4	3/4
Teil I	E	4–18	3/4
Zwischenspiel	E	18–22	3/4
Teil II	E–H	22–36	3/4
Zwischenspiel	H–E	36–44	3/4
Teil III	E–e–G	44–58	3/4
Zwischenspiel	G	58–62	3/4
Teil IV	e–E	62–72	4/4 – 3/4
Nachspiel	E	72–76	3/4

Abbildung 21: Form und Harmonik des Liedes *Jiao wo ruhe bu xiang ta* von ZHAO Yuan-Ren.

Was den Takt anbetrifft, so komponiert Zhao die ersten drei Strophen im 3/4-Takt mit Tempo Moderato, um damit eine Atmosphäre von Liebe und Glück zu erzeugen. In der vierten Strophe »kushu zai lengfeng li yao, yehou zai muse zhong shao« [Verdorrte Bäume schütteln sich im kalten Wind, Wildfeuer brennen in der Dämmerung] verändert sich die Stimmung des lyrischen Ichs von sentimentalem Glück in Niedergeschlagenheit und Sorge. Die zwischenzeitliche Taktartänderung von 3/4 zu 4/4 an dieser Stelle erzeugt eine höhere Spannung.

Bei *Jiao wo ruhe bu xiang ta* handelt es sich weder um ein Strophenlied mit immer gleicher Melodie, noch um ein typisches durchkomponiertes Lied. Zhao konzipiert dieses Lied mit einer klaren Struktur in vier Strophen, wobei es in jeder Strophe Gemeinsamkeiten zu den anderen Strophen gibt, aber auch

Variationen. So wie im Gedicht jede Strophe aus einem individuellen ersten und zweiten Vers mit gleicher Struktur besteht, komponiert Zhao auch die Musik entsprechend. Für den jeweils ersten Teil jeder Strophe unterstreicht die Komposition den Inhalt der Verse individuell.

Die erste Kennzeichnung in Notenbeispiel 18 zeigt den sich am Anfang des dritten Verses jeder Strophe wiederholenden Ausruf »Ach!«, stets mit gleichem Rhythmus und in Strophe I, II und IV darüber hinaus mit identischer Melodie. In Strophe III ist die Melodie abgewandelt, um den folgenden Fragesatz und die wehmütige Stimmung auszudrücken. Die Endung einer jeden Strophe »Sag' mir, wie ich ihn nicht vermissen soll« (zweite Kennzeichnung) komponiert Zhao mit gleichen Grundelementen, was einerseits die Struktur des Gedichts repräsentiert und andererseits das Lied aufgrund der Wiederholungen eingängiger macht (siehe Notenbeispiel 18). Die letzen vier Töne am Ende jeder Strophe sind jeweils gleich.

Notenbeispiel 18: Melodie für den Ausruf »啊!« [Ach!] in Takt 12–14 und die Ende der ersten Strophe »教我如何不想他« in den Takten 16–18 des Liedes *Jiao wo ruhe bu xiang ta* [Sag' mir, wie ich ihn nicht vermissen soll] von ZHAO Yuan-Ren.[230]

---

[230] Ebd.

Strophe	Melodie für »Ach!« (mit Stufen)	Melodie für die Endung (mit Stufen)
I	5613535 in E-Dur	25326121 in E-Dur
II	5613535 in E-Dur	54326121 in H-Dur
III	6132343 in e-Moll	25326121 in G-Dur
IV	5613535 in E-Dur	61216121 in E-Dur

Abbildung 22: Gemeinsamkeiten und Variationen in den vier Strophen von *Jiao wo ruhe bu xiang ta* von ZHAO Yuan-Ren.

Die von Zhao verwendeten Techniken des Vor-, Zwischen- und Nachspiels, die Modulationen und Taktartwechsel stellen typische Elemente der deutschen Kunstliedkomposition dar und werden von ihm bewusst und mit reifer Technik eingesetzt.

Chinesische Elemente

Die Hauptmelodie des Liedes basiert auf einer pentatonischen Tonleiter im typisch chinesischen Stil (12356, do, re, mi, so, la). Um den chinesischen Charakter weiter zu verstärken, setzt Zhao für die sich in jeder Strophe wiederholende Endung »Sag' mir, wie ich ihn nicht vermissen soll« eine klassische chinesische Pekingopern-Melodie ein, das sogenannte »xipi yuanban«-Zwischenspiel[231] (Stufen 25326121), mit Modulationen passend zum Inhalt der jeweiligen Strophe. Diese Melodie ist zum einen beim breiten chinesischen Publikum sehr bekannt und wird zum anderen von Kennern der Peking-Oper als Anspielung auf diese traditionelle Kunstform gehört. Dieses Beispiel zeigt die gekonnte Verbindung von chinesischen und westlichen Stilelementen und verdeutlicht Zhaos Ansatz, seine Kompositionen auf der westlichen Harmonik zu begründen, sie aber gleichzeitig mit unverkennbarem chinesischem Charakter zu gestalten.

Zur lyrisch-harmonischen Melodie im chinesischen Stil mischt Zhao an zwei Stellen im Lied Abschnitte in westlicher Harmonik mit Halbtönen, um dort

---

[231] Xipi bezeichnet den führenden Musikstil der Pekingoper mit einem vollständig ausgebildeten System an Ban-Formen. Das Ban ist ein Sandelholzbrettchen, dessen Klang vornehmlich metrische Einheiten indiziert und somit eine den musikalischen Ablauf akustisch organisierende und dirigierende Funktion erfüllt. Die Ban-Formen sind vergleichbar mit den westlichen Taktarten. Der Yuanban [ursprünglicher Ban] ist eine grundlegende Ban-Form und wird im 2/4-Takt musiziert (mäßiges Tempo). Vgl. Horst Seeger (Hrsg.), Musiklexikon, Bd.1, Leipzig 1966, S. 79.

gezielt die Spannung und Dramatik zu verstärken. Die erste Stelle findet sich in der dritten Strophe bei dem Satz »燕子,你说些什么话« (Pinyin: yanzi, ni shuo xie shenme hua? Deutsch: Schwalbe, was erzählst du?) in Takt 54–56, welche Zhao unvermittelt chromatisch und in der Art eines westlichen Rezitativs komponiert. Die chromatisch angereicherte Komposition erzeugt ein Gefühl von innerem Konflikt und lenkt die Aufmerksamkeit auf die Frage.

Notenbeispiel 19: Takte 53–58 des Liedes *Jiao wo ruhe bu xiang ta* von ZHAO Yuan-Ren.[232]

Die zweite Stelle in den Takten 62–66 beschreibt vertrocknete Bäume im kalten Winter, wofür Zhao eine westliche Moll-Tonart verwendet, um die kalte düstere Winterstimmung auszudrücken.

Notenbeispiel 20: Takte 62–66 des Liedes *Jiao wo ruhe bu xiang ta* von ZHAO Yuan-Ren.[233]

---

[232] ZHAO Yuan-Ren, *Jiao wo ruhe bu xiang ta*, in: ZHAO Ru-Lan, CHEN Yuan, YANG De-Yan usw. (Hrsg.), *ZHAO Yuan-Ren quan ji*, Bd. 11, S. 74–75.
[233] Ebd.

Verhältnis von Sprache und Liedmelodie

Neben der gelungenen Verbindung von chinesischen und westlichen Musikelementen zeichnet sich ZHAO Yuan-Rens Komposition besonders durch die perfekte Integration der Töne der chinesischen Sprache in die Liedmelodie aus. Als Linguist gelingt es Zhao, bei der Liedkomposition Tonhöhe und Rhythmus der Musikmelodie mit den Reimen der zugrundeliegenden Lyrik perfekt zu verknüpfen. Die Anwendung der von Zhao eigens dafür abgeleiteten Regeln lässt sich anhand der Komposition von *Jiao wo ruhe bu xiang ta* nachvollziehen. Die folgende Abbildung 23 zeigt dies exemplarisch am Beispiel des ersten Verses.

| Text | Tiān | shàng | piāo zhe | xiē | wēi | yún, |
| System | ping | ze | ping | ping | ping | ping |

Abbildung 23: Tonhöhenverläufe von Sprache und Musik am Beispiel der Takte 5–8 des Liedes *Jiao wo ruhe bu xiang ta* von ZHAO Yuan-Ren.

Das erste Zeichen des Textes »天« (Tiān) gehört zur Gruppe der »ping«-Zeichen und das zweite Zeichen »上« (shàng) zur Gruppe der »ze«. Gemäß Zhaos Kompositionsregel (III) ist die Tonhöhe für das »ping«-Zeichen tiefer als für das »ze«-Zeichen, wenn in einem Wortsatz eine Abfolge »ping + ze« vorkommt. Für das folgende Verb »飘着« (piāo zhe) in Takt fünf achtet Zhao weiterhin auf Betonung und Rhythmus der Wörter. Die Betonung beim Sprechen liegt auf der ersten Silbe »piāo«, die Zhao daher mit einer punktierten Achtelnote komponiert, und für das kurz gesprochene, betonungslose Wort »zhe« setzt er entsprechend eine Sechzehntelnote. Für die drei weiteren Wörter »xiē«, »wēi« und »yún«, die allesamt zur Gruppe der »ping«-Zeichen gehören, komponiert Zhao gemäß seiner ersten Kompositionsregel lange Töne mit jeweils gleichbleibender Tonhöhe. Die Beachtung der von Zhao abgeleiteten Prinzipien für die Vertonung führt in der Tat dazu, dass der gesamte Text in Verbindung mit der dazu komponierten Melodie natürlich klingt und klar verständlich wird. Das Lied *Jiao wo ruhe bu xiang ta* von ZHAO Ruan-Ren gilt bis heute als eine der gelungensten Verbindungen von charakteristischen chinesischen Elementen, Melodien und Sprache, mit den Kompositionstechniken des deutschen Kunstlieds. Es diente als Vorbild und wichtige Inspiration für alle späteren chinesischen Kunstliedkomponisten.

5 HUANG Zi und seine Schüler – die Blütezeit des modernen chinesischen Kunstlieds

5.1 Einleitung

HUANG Zi (1904–1938, englische Schreibweise: HUANG Tzu) war ein bedeutender chinesischer Komponist, Musiktheoretiker und Musikpädagoge. Er studierte im Zeitraum von 1924 bis 1929 für fünf Jahre in den USA und erhielt dort eine professionelle Ausbildung in westlicher Musiktheorie und Komposition. Er widmete einen Großteil seines Schaffens der Komposition von Vokalmusik. Huang schrieb einige chinesische Kunstlieder auf höchstem Niveau, desweiteren über 30 kleinere Lieder als Lehrmaterial für die Mittelschule sowie zahlreiche patriotische Lieder für das Volk und ein bedeutendes klassisches chinesisches Oratorium. Seine Liedkompositionen kombinieren chinesische Elemente, Melodien und traditionelle oder zeitgenössische chinesische Lyrik, in bis dahin unerreichter Perfektion mit Harmonik und Tonsatz des deutschen Lied-Genres, wodurch ein neuer Stil innerhalb des chinesischen Kunstlieds geschaffen wurde. Seine Lieder gelten aufgrund der vielseitigen und tiefgreifenden Inhalte sowie des hohen künstlerischen Niveaus der Komposition als herausragend unter den chinesischen Kunstliedern, und seine Schaffensperiode gilt als Blütezeit des chinesischen Kunstlieds.

Als Professor für das Fach Komposition an der Staatlichen Hochschule für Musik Shanghai führte er als erster eine systematische Ausbildung in westlicher Musiktheorie und Komposition ein und förderte zahlreiche Nachwuchstalente mit herausragender musikalischer Begabung. Viele berühmte zeitgenössische Musiker in China wie zum Beispiel HE Lu-Ting, JIANG Ding-Xian, LIN Sheng-Xi und LIU Xue-An waren seine Zöglinge. HUANG Zi leistete einen wesentlichen Beitrag für die Entwicklung der modernen Musikkultur in China, vor allem im Bereich der Liedkomposition und Musikerziehung. Sein Schaffen hatte bedeutenden Einfluss auf künftige Generationen von Komponisten, vor allem auf die Komposition von chinesischen Kunstliedern.

5.2 Biographie

HUANG Zi wurde im Jahr 1904 in Chuansha (Provinz Jiangsu, heute zu Shanghai gehörig), geboren. Seine Vater HUANG Hong-Pei war Industrieller und Politiker und Cousin von HUANG Yan-Pei, dem in China berühmten chinesischen Pädagogen, Industriellen und Politiker (Gründungsmitglied der Demokratischen Liga China). Die Mutter von HUANG Zi, LU Mei-Xian, war eine gebildete Frau mit großem Interesse an Musik und Poesie. Sie stiftete 1902 eine Frauenschule in Chuansha. HUANG Zi war seit seiner Kindheit in seiner Familie sowohl von der traditionellen chinesischen Kultur als auch vom »neuen modernen Wissen« seiner Zeit geprägt. Unter dem Einfluss seiner Mutter begann HUANG Zi bereits sehr früh Lieder zu singen und Gedichte zu rezitieren. HUANG Zi selbst schrieb über seine Jugend:

> »Seit ich sehr klein war, hatte ich große Freude am Singen. Viele Lieder konnte ich schon früh sehr geübt singen. […] Als ich über ein Jahr alt war, lernte ich von Mutter Lieder zu singen und Gedichte auswendig vorzutragen. Wenn ich eine Trommel oder ein anderes Instrumente sah, wollte ich es immer anfassen und mit den Fingern darauf spielen und mitsingen.«[234]

Neben Gesang lehrte seine Mutter ihn auch chinesische Literatur aus der alten Zeit und ließ ihn Gedichte auswendig aufsagen. HUANG Zi selbst schreibt:

> »Als ich klein war, war mein Lieblingsgedicht ›Pipa Xing‹ von BAI Le-Tian. Damals war ich so jung und kannte noch nicht die Bedeutung aller Wörter – ganz zu schweigen vom tiefen Sinn des Gedichtes. Ich mochte dieses Gedicht allein wegen seiner klangvollen Silben und seines Rhythmus. Es ist wunderschön, es laut zu rezitieren.«[235]

Ab 1911 ging HUANG Zi auf die Grundschule in Shanghai. »Während dieser Zeit in der Grundschule lernte er über fünfzig Schullieder« (HUANG Zi, Vorwort für *Xin-Gong chang ge ji*), die meisten aus dem Lehrbuch *Chongbian xuexiao ge ji* [Erneuerter Schul-Liedband] von SHEN Xin-Gong.[236] HUANG Zi erhielt eine umfassende Erziehung und wurde tief von der traditionellen chinesischen Kultur beeinflusst. Seine Liebe zu Liedern und die Begeisterung für traditionelle chinesische Poesie und Literatur hatten tiefgreifende Auswir-

---

[234] DAI Peng-Hai, »HUANG Zi nian pu«, S. 16.
[235] HUANG Zi, »Yinyue de xinshang«, in: *Yue yi* [Musik-Kunst] 1 (1930), H.1, S. 26.
[236] SHEN Xin-Gong (1870–1947), ein chinesischer Musikpädagoge, Mitbegründer und Führer der »Xuetang yuege« Bewegung. Der Begriff »Xuetang yuege« (学堂乐歌) bezieht sich auf Schullieder, die zu Beginn des 20. Jahrhunderts in China für den Musikunterricht in modernen Vor-, Grund- und Mittelschulen verwendet wurden. Diese Lieder basieren auf populären Melodien aus Japan, Europa und den USA, die mit Texten chinesischer Gedichte neu verfasst wurden.

kungen auf seine späteren Liedkompositionen. HUANG Zis Kunstliedkompositionen zeigen seine tiefe Verwurzelung in der chinesischen Kultur, sein Orchesterwerk »Huai Jiu« und seine Lieder haben eine sehr poetische Sprache und anmutige Melodien.

Seit dem Jahr 1916 lernte er am Tsinghua College, einer bekannten vorbereitenden Schule für ein späteres Studium im Ausland. Bereits während dieser Zeit kam er mit westlicher Musik in Berührung und sang z. B. Tenor im Schulchor. Im Alter von 17 Jahren, ab 1921, begann HUANG Zi bei HE Lin-Yi (Dozent am Tsinghua College) das Klavierspiel zu erlernen und hatte seitdem verstärkt Kontakt zu europäischer Musik. Ab 1922 lernte er weiterhin bei seiner späteren Frau WANG Wen-Xian (Dozentin am Tsinghua College) Harmonielehre.[237] Im Jahr 1924 erhielt HUANG Zi ein staatliches Stipendium, welches ihm ein Studium in den USA ermöglichte. Über die Dokumente von HUANG Zi in den USA gibt es eine detaillierte Aufstellung des Autoren HAN Guo-Huang.[238] Hier wird nur ein Überblick über die wichtigsten Punkte in Bezug auf sein Schaffen als Liedkomponist vorgestellt. HUANG Zi studierte zunächst am Oberlin College in Ohio das Hauptfach Psychologie und Nebenfach Musik und schloss sein Studium dort im Jahr 1926 mit dem Bachelor in Psychologie ab. Das chinesische Stipendium bot keinen Studienplatz für das Fach Musik an, weshalb er Musik entgegen seines persönlichen Interesses nicht als Hauptfach studieren konnte. Allerdings absolvierte er seine Aufgaben und Prüfungen im Hauptfach Psychologie sehr zügig und deutlich vor Ablauf des Stipendiums, so dass er die restlichen Semester (1926–1929) weiter nach seinen eigenen Wünschen Musik, insbesondere Komposition und Klavier, studieren konnte. Er belegte am Oberlin College insgesamt die Kurse Gehörbildung, Klavier, Gesang, Musikerziehung, Komposition und Harmonik.

---

[237] DAI Peng-Hai, »HUANG Zi nian pu«, S. 17.
[238] HAN Guo-Huang, *Liu mei san yue ren: HUANG Zi, TAN Xiao-Lin und YING Shang-Neng liu mei ziliao zhuanji* [Drei in den USA studierte Musiker: HUANG Zi, TAN Xiao-Lin und YING Shang-Neng, Album der Daten in den USA], Taipei 1984.

Abbildung 24: Portrait des jungen HUANG Zi aus seiner Studienzeit in den USA.[239]

Im Jahr 1928 wechselte er zur »Music School« (Fakultät für Musik) der Yale University (New Haven) und wandte sich dort einem Studium der Theorie und Komposition der westlichen Musik zu. Das Fach Komposition studierte er bei Prof. David Stanley Smith (1877–1949), der in München Komposition studiert hatte und dessen Stil konservativ und nah am Vorbild der deutschen klassischen und romantischen Musik orientiert war. Huang wurde in seinem späteren Schaffen stark von Prof. Smiths Unterricht beeinflusst. 1929 erlangte HUANG Zi an der Yale University einen Bachelor für Musik mit seiner Komposition *Huai jiu* (In Memoriam-Overture for Orchestra), die als das erste groß angelegte Orchesterwerk eines chinesischen Komponisten gilt.[240] Abgesehen von diesem Orchesterwerk sind die meisten Kompositionen von Huang aus der Zeit seines Musikstudiums Übungsstücke,[241] darunter drei Kunstlieder (mit englischen Texten), ein Chorlied, ein Orchesterstück und acht Klavierstücke (Fugen und Inventionen).

Nach Abschluss seines Studiums verließ HUANG Zi im Jahr 1929 die USA und trat eine Forschungsreise durch Europa an, die er mit Hilfe einer Leis-

---

[239] WANG Yu-He, *Zhongguo jin xian dai yinyue shi*, S. 136.
[240] LIU Ching-Chih, *Zhongguo xin yinyue shi lun*, S. 114.
[241] WANG Yu-He, *Zhongguo jin xian dai yinyue shi*, S. 137.

Die Stücke wurden von Huang zur Unterstützung des antijapanischen Widerstands nach dem »18.-September-Zwischenfall« [Mukden-Zwischenfall [245]] komponiert und gelten als früheste chinesische Kompositionen im Stile des westlichen Chorlieds. HUANG Zi organisierte zahlreiche öffentliche Aufführungen der Stücke mit seinen Studenten in Shanghai, um Spenden für den betroffenen Nordosten Chinas zu sammeln.

1933–1935 bekam Huang die Aufgabe von der Regierung, im Rahmen der landesweiten »Neubelebung der Mittelschule«[246] neues Unterrichtsmaterial für den Musikunterricht in den Mittelschulen zu schreiben. Er war verantwortlich für Organisation und Inhalt des Unterrichts, insbesondere in den Bereichen Harmonielehre und Musikgeschichte, und gab Einführungskurse für europäische Musik. Die von ihm gemeinsam mit ZHANG Yu-Zhen, YING Shang-Neng und WEI Han-Zhang verfasste Lehrbuchreihe *Yinyue* [Musik] umfasst insgesamt sechs Bände, darin 56 Lektionen und 28 eigens von Huang komponierte Lieder. Das umfassende Werk traf auf überaus positive Resonanz, und durch den breiten Einsatz seiner Lektionen und Lieder im Rahmen der chinesischen Musikerziehung wurde Huangs Werk in China weithin bekannt.Die Kunstform des Liedes wurde durch Schüler und Studenten weit verbreitet und bis ins Volk bekannt gemacht. Durch seinen Einfluss interessierten sich viele seiner Schüler für das Lied und schufen ihrerseits zahlreiche Liedkompositionen. Huang wurde deshalb in China auch als »Erster Mentor der chinesischen Komposition der Neuzeit« betitelt.

Während seiner Zeit an der Musikhochschule Shanghai komponierte HUANG Zi selbst über 40 Werke, insbesondere im Bereich der Vokalmusik, darunter zahlreiche Kunstlieder, Chorlieder, patriotische Lieder und Oratorien. Obwohl die Anzahl seiner Kompositionen vergleichsweise gering ist, beeindrucken sie durch ihre Qualität und Reife.

---

[245] Der »18.-September-Zwischenfall« oder auch »Mukden-Zwischenfall« 1931 war ein von Japan inszenierter Anschlag, der als Vorwand für eine weitere militärische Expansion Japans in China diente. In der Folge kam es zum Ausbruch des zweiten Japanisch-Chinesischen Krieges.
[246] Siehe Kapitel 3 über XIAO You-Mei dieser Dissertation.

Abbildung 26: HUANG Zi in seinem Arbeitszimmer in Shanghai.[247]

Im Jahr 1937 trat Huang von seinen Verpflichtungen als Dozent zurück, um sich auf seine Arbeit an zwei einführenden Lehrwerken zur Musikgeschichte und -theorie zu konzentrieren. Er verstarb im Mai 1938 unerwartet noch vor deren Fertigstellung im jungen Alter von lediglich 34 Jahren an Typhus. Sein Beitrag zur Musikerziehung und seine Kompositionen wurden nach seinem Tod in ganz China hoch geschätzt. Im Jahr 1958 veröffentlichten Huangs ehemalige Schüler und Kollegen anlässlich seines 20. Todestages eine Reihe von Artikeln über sein Schaffen zu seinem Gedenken.

Unter der Führung der Kommunistischen Partei China geriet das intellektuelle Bürgertum immer mehr ins Abseits, und Massenbewegungen wie »Der große Sprung nach vorn« (1958–1961) wurden ins Leben gerufen. Während der Kulturrevolution wurde Huang als »Vertreter westlicher, kapitalistischer Musik«, als ehemaliges Mitglied des Propagandakomitees der Nationalistischen

---

[247] LUO Qin und QIAN Ren-Ping (Hrsg.), *Guoli yinyue yuan • guoli yinyue zhuanke xuexiao tujian (1927–1941)*, S. 107.

Partei Guomindang und auch wegen seiner Komposition der Nationalhymne der Republik China diffamiert, und seine Werke wurden nicht mehr gespielt. Erst nach der Reform und Öffnung Chinas ab 1978 wurde Huangs Schaffen langsam wiederentdeckt. Zu den ersten Veröffentlichungen aus dieser Zeit gehören z. B. DAI Peng-Hais Artikel »HUANG Zi nian pu« [Chronik von HUANG Zi][248] im Journal der Staatlichen Hochschule für Musik Shanghai aus dem Jahr 1981 und HAN Guo-Huangs »HUANG Zi liu mei ziliao de yanjiu« [Forschung über HUANG Zis Zeit in den USA][249] aus dem Jahr 1983. Anlässlich des 45. Todestages von Huang befasste sich HE Lu-Ting, ein ehemaliger Schüler von Huang und damaliger Vorsitzender der Staatlichen Hochschule für Musik Shanghai, intensiv mit dessen Werken und veröffentlichte 1985 den Artikel »HUANG Zi yi zuo ji zong xu« [Vorwort der Sammlung von HUANG Zis hinterlassenen Werken][250] mit dem Ziel, Huang zu rehabilitieren und seinen Beitrag für die Musikentwicklung in China ins rechte Licht zu rücken. Diese Veröffentlichung traf auf große Resonanz und initiierte eine ganze Reihe weiterer Forschungsarbeiten über Huang Zis Leben und Werk. Die folgende Abbildung zeigt eine Übersicht der musikwissenschaftlichen Veröffentlichungen über Huang in China aus dem Zeitraum von 1949 bis 2013.

---

[248] DAI Peng-Hai, »HUANG Zi nian pu«, S. 16–29.

[249] HAN Guo-Huang, »HUANG ZI Liu mei ziliao de yanjiu« [Forschung über HUANG Zis Zeit in den USA], in: Yinyue yishu [Kunst der Musik, Journal der Staatlichen Hochschule für Musik Shanghai] 5 (1983), H. 1, S. 54–69.

[250] HE Lu-Ting, »HUANG Zi yi zuo ji zong xu« [Vorwort der Sammlung von HUANG Zis hinterlassenen Werken], in: *Yinyue yishu* [Kunst der Musik, Journal der Staatlichen Hochschule für Musik Shanghai] 7 (1985), H. 2, S. 1–3. Das »Vorwort« wurde von HE Lu-Ting bereits im November 1984 geschrieben und im Jahr 1985 im Musikmagazin *Yinyue yishu* vorab veröffentlicht. Die eigentliche Sammlung mit den Noten von HUANG Zis Werken *HUANG Zi yi zuo ji* wurde erst im Jahr 1997 herausgegeben.

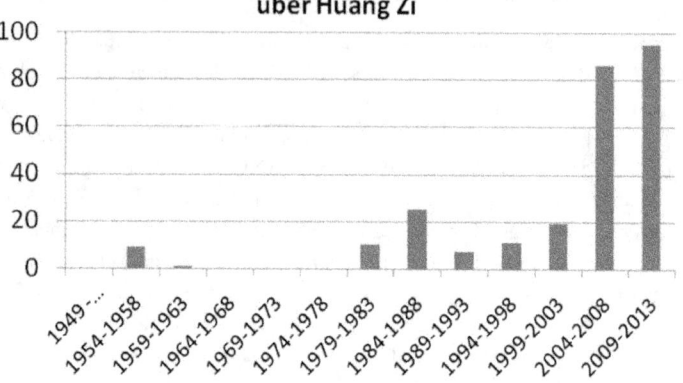

Abbildung 27: Musikwissenschaftliche Veröffentlichungen über HUANG Zi in China.[251]

Bis heute ist das Interesse an Huangs Wirken und seiner Musik ungebrochen. Allein seit der Jahrtausendwende wurden in China über 300 Schriften sowie Master- und Doktorarbeiten veröffentlicht.

---

[251] Diese Grafik basiert auf der Forschungsarbeit von QIAN Ren-Ping und SUN Shou-Ji von der Staatlichen Hochschule für Musik Shanghai, die derzeit Forschungsarbeiten über Huang Zi zusammenstellen und analysieren. URL: http://blog.sina.com.cn/s/blog_552a69410102e8f9.html (zuletzt eingesehen am 25.07.2015). Der Autor dieses Blogs »Qian« ist der berühmte Musikwissenschaftler Prof. QIAN Ren-Ping, der amtierende Sektionschef der Wissenschafts- und Forschungsabteilung der Staatlichen Hochschule für Musik Shanghai.

Abbildung 28: Statue von HUANG Zi auf dem Campus der heutigen Staatlichen Hochschule für Musik Shanghai mit dem Titel: *Großmeister und Urvater der Musik - HUANG Zi 1904–1938*[252]

Im heutigen China erfreuen sich Huangs Kunstliedkompositionen großer Beliebtheit und werden häufig auf Liederabenden zur Aufführung gebracht. Seine akademischen Errungenschaften und sein bedeutender Beitrag für die Weiterentwicklung der Musikkultur in China sind hoch anerkannt. Aktuelle, intensive Forschungsarbeiten zu seinem Gesamtwerk an der Staatlichen Hochschule für Musik Shanghai zeigen das ungebrochene Interesse an Huangs Leben und Werk.[253]

---

[252] Eigenes Foto der Autorin ZHANG Jingyu, aufgenommen am 13.07.2015 in der Staatlichen Hochschule für Musik Shanghai.

[253] In einem aktuellen Großprojekt an der Staatlichen Hochschule für Musik Shanghai wurden HUANG Zis Lebenslauf und Kompositionsstil erforscht sowie seine Gesamtausgabe zusammengestellt. Die Ergebnisse werden auf Konferenzen, Konzerten, Vorträgen sowie der Wanderausstellung »Touring Exhibition of Huang Tzu's Rare Manuscripts – Commemorating the 110th Anniversary of his Birth« weltweit vorgestellt.

5.3 HUANG Zis Beitrag zur Entwicklung des chinesischen Kunstliedes

Huangs Schaffen führte auf zweierlei Weise zu einem bedeutenden Schritt in der Entwicklung des chinesischen Kunstlieds. Zum einen ermöglichte eine einmalige Kombination aus familiärem Hintergrund, Ausbildung und Persönlichkeit Huang Zi Liedkompositionen auf höchstem, bis heute nicht mehr erreichtem Niveau. Zum andern sah sich Huang Zeit seines Lebens weniger als Komponist, sondern vielmehr als Pädagoge und widmete den Großteil seiner Zeit der Modernisierung der Musikerziehung in China. Die hohe Qualität seines Unterrichtsmaterials, die Eingängigkeit seiner Lieder und sein Enthusiasmus für die Lehre prägten nachhaltig spätere Generationen von chinesischen Liedkomponisten und trugen zu einer Welle der Popularität und zur Verbreitung des Liedes in China bei.

5.3.1 Liedkompositionen

Wenn man die Aufnahme des Musikstudiums 1926 am Oberlin College in den USA als Startpunkt definiert, umfasst HUANG Zis Schaffensperiode als Komponist zwölf Jahre. Seine Frühwerke sind zumeist Übungsstücke, darunter die drei während seines Studiums in den USA komponierten Kunstlieder, *Jolly Good Ale and Old*, *Song* und *Given Tart* mit englischen Texten, das Chorlied Fugue in G-Major sowie acht Klavierstücke: Two part Inventions in G-Dur und C-Dur, drei Fugen für zwei Stimmen in F-Dur, C-Dur und B-Dur, zwei Fugen für drei Stimmen in G-Dur und Es-Dur und eine Fuge in As-Dur.

Nach der Rückkehr in seine Heimat China erkannte Huang einen großen Nachholbedarf in der chinesischen Musikerziehung und konzentrierte sich auf den Unterricht talentierter chinesischer Studenten und die Schaffung neuen Lehrmaterials. Er fühlte sich weniger als Komponist, sondern vielmehr als Lehrer und Erneuerer der chinesischen Musik. Aus diesem Grund sind die meisten seiner Kompositionen vergleichsweise kurze Vokalstücke, darunter Kunstlieder, Chorlieder und patriotische Lieder, die dem Unterrichtsniveau der verschiedenen Stufen angepasst sind. Dabei wählte Huang für jedes noch so kleine Übungsstück ein literarisch wertvolles Gedicht als Grundlage und komponierte die Werke sorgfältig mit Klavierbegleitung, um die Stimmung des Gedichtes wiederzugeben und die Liedmelodie mit der chinesischen Sprache in Einklang zu bringen. Einen Großteil seiner Lieder veröffentlichte Huang in der Sammlung *Yinyue – Fuxing chuji zhongxue yinyue jiaokeshu* [Musik – Lehrbuch für die Neubelebung der Mittelschule], Shanghai 1933][254] in den Jahren 1933–1935. Das Material beinhaltet insgesamt 56 Lektionen und 69 Lieder,[255] von denen 28 von HUANG Zi eigens dafür komponiert wurden, darunter 19 Kunstlieder, fünf zweistimmige Chorlieder, drei dreistimmige und ein vierstimmiges Chorlied. Huang setzt für die Kompositionen die in den USA erlernten westlichen Liedkompositionsmethoden ein und verbindet sie gewandt mit chinesischen Elementen. Das hohe Niveau des Lehrmaterials und der Lieder führte zu einer raschen weiten Verbreitung in China. Viele der Lieder aus dieser ersten Sammlung sind bis heute beliebt und werden häufig zur Aufführung gebracht, darunter *Hua fei hua* [Blumen im Nebel] nach einem Gedicht von BAI Ju-Yi, *Yu hou xihu* [Der Westsee nach dem Regen] nach einem Gedicht von WEI Han-Zhang, *Ta xue xun mei* [Auf der Suche nach Pflaumen-Blüten im Schnee] auf Basis eines Gedichts von LIU Xue-An, *Dian jiang chun – fu deng lou* [Prosagedicht – Eine Pagode erklimmen] und *Shui shi* [Der schlafende Löwe].

Das folgende Notenbeispiel 21 zeigt die Komposition des Liedes *Hua fei hua* [Blumen im Nebel] als ein typisches Beispiel aus dieser Gruppe.

---

[254] HUANG Zi, ZHANG Yu-Zhen, YING Shang-Neng und WEI Han-Zhang, Yinyue – Fuxing chuji zhongxue yinyue jiaokeshu [Musik – Lehrbuch für die Neubelebung der Mittelschule], Bd.1–6, Shanghai 1933–1935.
[255] Detaillierter Katalog von allen Liedern und Lektionen von HUANG Zi siehe: LIU Ching-Chih, *Zhongguo xin yinyue shi lun*, S. 183–185.

Notenbeispiel 21: Das Lied *Hua fei hua* [Blumen im Nebel] von HUANG Zi[256]

Das zehn Takte umfassende Lied ist die Vertonung des gleichnamigen klassischen Gedichtes von BAI Ju-Yi (772–846 n. Chr.) aus der Tang Dynastie und

---

[256] MO Ji-Gang, *Zhongguo yishugequ yanchang zhinan*, S. 49.

wurde von Huang ursprünglich für den Unterricht an Mittelschulen konzipiert. Die literarische Grundlage verleiht dem Stück inhaltliche Tiefe und dem Text die entsprechende gehobene sprachliche Ausdrucksform. Die Hauptmelodie des Gesangsparts komponiert Huang rein unter Verwendung der chinesischen pentatonischen Tonleiter, während die Komposition der Klavierbegleitung auf der westlichen Dur-Moll-Tonalität basiert. Die besonders gelungene Verbindung der beiden Elemente erreicht Huang dadurch, dass er Töne der pentatonischen Tonleiter in die Akkorde der Begleitung integriert. Gut nachzuvollziehen ist dieser Ansatz z. B. in den Takten drei, vier, fünf und acht von *Hua fei hua* (siehe Notenbeispiel 21), in denen die Klavierbegleitung zwischen Dur- und Molldreiklängen wechselt und Huang zusätzlich alle Töne aus der pentatonischen Tonleiter verwendet, um den chinesischen Stil des Stücks zu verstärken. In den Takten 2, 6 und 10 verwendet Huang mit Halb- und Ganzschluss weitere Elemente klassischer westlicher Kompositionstechnik. Der Ganzschluss in Takt 10 wird durch einen die Doppeldominante repräsentierenden verminderten Akkord und einen Dominantseptakkord vorbereitet. Dieser enthält einen harmoniefremden Ton auf leichter Taktzeit (mit O gekennzeichnete Töne in Notenbeispiel 21), die Tonika-Terz als Vorausnahme für den Abschluss. Diese, in der klassischen westlichen Kadenz häufig anzutreffende Schlusskadenzformel, kündigt den Abschluss vorzeitig an und fügt ihm Farbe hinzu. Dieses von Huang in vielen seiner Lieder angewendete Prinzip erschuf einen neuen Kompositionsstil für chinesische Kunstlieder und wurde von späteren Liedkomponisten aufgegriffen.

Wie auch ZHAO Yuan-Ren[257] achtet Huang auf die Reimstruktur der vertonten Gedichte im traditionellen »ping-ze« System[258] und komponiert die Liedbegleitung entsprechend, um Unstimmigkeiten zwischen Sprach- und Liedmelodie zu vermeiden. Dies wird beispielsweise bei der Analyse des in der folgenden Abbildung dargestellten dritten und vierten Taktes aus dem Lied *Hua fei hua* deutlich.

---

[257] ZHAO Yuan-Ren ist ein Zeitgenosse von Huang Zi. Er ist ein bekannter chinesische Linguist und Liedkomponist. Siehe Kapitel 4 in dieser Dissertation.
[258] Erklärung siehe Kapitel 4 über ZHAO Yuan-Ren.

Text	Huā	fēi	huā	wù	fēi	wù
System	ping	ping	ping	ze	ping	ze

Abbildung 29: Melodik von Sprache und Musik am Beispiel des dritten und vierten Taktes aus dem Lied *Hua fei hua* von HUANG Zi.

Im dritten Takt gehören alle Wörter des Gedichts zur Gruppe »ping«, wohingegen im vierten Takt mehrheitlich Wörter aus der Gruppe »ze« stehen. Huang komponiert dazu gemäß der traditionellen chinesischen Kompositionsmethode für den dritten Takt relativ tiefe Töne und versetzt den Melodiebaustein im vierten Takt passend zu »ze« vier Stufen aufwärts. Durch die Beachtung dieser Prinzipien gelingt Huang die besonders gelungene Vertonung chinesischsprachiger Gedichte.

Neben dem genannten Material für die Mittelschule komponierte Huang im Jahr 1935 noch 13 Solo-Lieder und zwei Chorlieder als Vorbereitung für neues Lehrmaterial zum Einsatz an Grundschulen, das Buch wurde aber aufgrund von politischen Umwälzungen nie veröfentlicht, weshalb von den 15 Werken nur die drei Solo-Lieder *Yang can*, *Xi feng de hua* und *Niu* später bei anderen Gelegenheiten publiziert wurden.[259]

Abgesehen von Unterrichtsmaterialien veröffentlichte Huang im Jahr 1933 seine Liedsammlung *Chun si qu*, die seine drei berühmtesten Lieder *Chun si qu* [Frühlingsgedanken], basierend auf einem Gedicht von WEI Han-Zhang, *Si xiang* [Gedanken an die Heimat] nach einem Gedicht von WEI Han-Zhang und *Meigui san yuan* [Die drei Wünsche der Rosen] nach einem Gedicht von LONG Yu-Sheng enthält. Diese drei Lieder gelten bis heute als chinesische Kunstliedkompositionen auf höchstem Niveau, werden häufig bei Liederabenden aufgeführt und sind in allen aktuellen Fachbüchern über das chinesische Kunstlied als besonders gelungenes Beispiel enthalten.[260] Huangs familiärer

---

[259] Vgl. LIU Ching-Chih, *Zhongguo xin yinyue shi lun*, S. 185.
[260] Zum Beispiel in folgenden drei aktuellen Fachbüchern: 1. LUO Xian-Jun, LI Bin-Sun, XU Lang (Hrsg.), *Shengyue qu xuanji- Gaodeng shifan yuanxiao shiyongjiaocai* (Ausgewählte Gesangsstücksammlung – Probelehrmaterial für pädagogische Akademien), Bd. 1, Beijing 1986.

Hintergrund aus dem intellektuellen Bürgertum, sein früher und intensiver Kontakt mit traditionellen chinesischen Gedichten sowie dem lokalen chinesischen Musiktheater und sein sensibler, zurückhaltender Charakter ermöglichten ihm einen tiefen Zugang zur Kunstform des Lieds. WANG Yu-He, eine Koryphäe auf dem Gebiet der Musikwissenschaft in China, schreibt über die Werke:

> »Dies sind die drei Kunstlieder, die von HUANG Zi für Solo-Gesangskonzerte komponiert wurden. Huang durchdachte sorgfältig und gewissenhaft das künstlerische Konzept jedes dieser Werke. Er legte bewusst Wert darauf, die Kunst des Gesangs zur Geltung zu bringen und darauf, dass Gesang und Klavierbegleitung zusammenwirken, um ein ausdrucksvolles Bild entstehen zu lassen und die Stimmung zu umrahmen. Ein jedes der drei Lieder besitzt seine eigene künstlerische Individualität und beschreibt verschiedene Stimmungen mit anmutigen Melodien, bildhafter Gestaltung, minuziösem Empfinden und bewussten, reichhaltigen Farbveränderung.«261

In der Liedkomposition setzt HUANG Zi die westliche Dur-Moll-Tonalität ein, wie sie Ende des 18. und Anfang des 19. Jahrhunderts in Europa verwendet wurde. Durch seine gründliche Ausbildung in den USA (sein Professor David Stanley Smith hatte u. a. in München studiert und kannte daher das deutsche Lied aus erster Hand) schätzte und beherrschte er diese und setzte sie präzise, prägnant und effektiv ein. Zur Rezeption von Huangs Liedern aus westlicher Perspektive Barbara Mittler:

> »Seine Musik ist eher von der Dur-Moll-Funktionsharmonik und konventionellen europäischen Kompositions-Techniken bestimmt als von den penta- oder heptatonischen Skalen der traditionellen chinesischen Musik oder modernistischen Elementen.«262

Er verwendet häufig auch Alterationen, um die Tonalität verschwimmen zu lassen, um die Klangfarben von Harmonien anzureichern und so die Attrakti-

---

Es enthält sechs Lieder von HUANG Zi: *Ta xue qun mei*, *Shui shi*, *Mei gui san yuan*, *Dian jiang chun – fu deng lou*, *Si xiang* und *Chun si qu*. 2. MO Ji-Gang, *Zhongguo yishugequ yanchang zhinan*. Es enthält vier Lieder von HUANG Zi: *Chun si qu*, *Si xiang*, *Mei gui san yuan* und *Hua fei hua*. 3. ZHANG Chou und WANG Kuangping (Hrsg.), *Zhongguo yishugequ xuanji*, [Chinesische Kunstlied-Anthologie] Bd. 1, Shanghai 2007. Es enthält vier Lieder von HUANG Zi: *Dian jiang chun – fu deng lou*, *Mei gui san yuan*, *Chun si qu* und *Si xiang*.

261 WANG Yu-He, *Zhongguo jin xian dai yinyue shi*, S. 142.
262 Zur Rezeption von Huangs Liedern aus westlicher Perspektive siehe Barbara Mittler: Art. »Huang Zi«, in: *MGG2*, Personenteil 9 (2003), Sp. 430–431.

vität seiner Lieder zu verstärken. Aber diese Alterarationen sind so sparsam verwendet, dass sie die Klarheit der Harmonik des gesamten Liedes nicht stören.

»Unabhängig davon, ob er ein kurzes Lied mit zehn Takten schrieb, einen Choral oder sogar ein komplettes Oratorium, seine Kompositionen sind stets exquisit. [...] Seine Melodien sind unkonventionell, aber angenehm für das Ohr. Die Struktur seiner Lieder ist sehr stringent und stimmig. Die Klavierbegleitung setzt die Tradition des frühen Deutschen Lieds fort, indem sie präzise ist und einen guten Kontrast zum Gesangspart bildet. [...] Alle Melodien, die Huang geschrieben hat, anmutig und gefühlvoll, leidenschaftlich, resigniert oder traurig, sind sehr anziehend und wirken in keiner Weise künstlich oder arrangiert.«[263]

Ein weiterer Teilaspekt, der Huangs Lieder so herausragend macht, ist die überaus gelungene Verbindung von Musik und Sprache in seinen Kompositionen. Er achtete und schätzte die Besonderheiten und die Schönheit der chinesischen Gedichtsprache, die ihn seit seiner Kindheit fasziniert hatte. Ihm gelang wie kaum einem anderen die Verbindung von Musik und Text, von Sprachmelodie und Liedmelodie, um Inhalt und Stimmung des Gedichts zu beschreiben. Wegen seiner Liebe zur chinesischen Literatur und Musik und seiner Hochachtung der chinesischen Kunst und Ästhetik sind seine Lieder von chinesischer Färbung geprägt. Der bekannte chinesische Linguist und Liedkomponist ZHAO Yuan-Ren, ein Zeitgenosse von HUANG Zi, schreibt über dessen Kompositionen:

»Musiker, die die westliche Kompositionsmethode erlernt haben und wohlklingende Lieder schreiben, gibt es viele. Aber ein Chinese, der die westliche Technik so vollständig verinnerlicht hat, dass sie ein Teil von ihm wird und er damit den Genuss der chinesischen Ästhetik und des chinesischen Lebensstils ausdrücken kann, ist eine seltene Kostbarkeit. [...] HUANG Zi komponiert die Liedmelodie so, dass laute und leise sowie lange und kurze Töne perfekt zur Betonung der Zeichen [Silben] der chinesischen Sprache passen. Er hält sich außerordentlich streng an diese Regel. [...] Dennoch spüren wir anderen Komponisten und die Zuhörer nicht, dass dies seine Kompositionen begrenzte, sondern empfinden die Liedkomposition als ganz natürlich. [...] Egal was er schreibt, komponiert Huang immer so wie es sein soll, außergewöhnlich taktvoll und immer sehr leicht zu singen. Ich habe ihn daher

---

[263] LIU Ching-Chih, *Zhongguo xin yinyue shi lun*, S. 123 ff.

als ›most singable‹ [englische Formulierung im Originaltext] Komponisten des gegenwärtigen China bezeichnet.«[264]

HUANG Zis Kompositionen gelten in China bis heute als Blüte des chinesischen Kunstlieds und führten zu einer Welle in der Entwicklung und Verbreitung der Kunstform in China. Sie endete mit dem frühen Tod von Huang und mit der japanischen Okkupation. Als Beispiel folgt die Analyse von *Chun si qu*.

5.3.2 Analyse der Kunstlieder von HUANG Zi am Beispiel von *Chun si qu*

Das Lied *Chun si qu* [Frühlingsgedanken] wurde von HUANG Zi im Mai 1932 komponiert und ein Jahr später in der gleichnamigen Liedsammlung veröffentlicht. Huang konzipierte es als Kunstlied, vermutlich da sich diese Kunstform besonders dazu eignete, seinen tiefen persönlichen Empfindungen und seiner Unzufriedenheit mit der sozialen Wirklichkeit im Lande Ausdruck zu verleihen. Bei der Gestaltung des Liedaufbaus legte er viel Aufmerksamkeit auf die Funktion der Harmonik und achtete darauf, dass die Stimmung in Musik und Text harmonieren. *Chun si qu* ist ein typisches Kunstlied aus Huangs intensiver Schaffensperiode in China und bis heute ein beliebtes Vorbild chinesischer Kunstliedkomposition. Das Stück wird bis heute häufig bei Liederkonzerten in China aufgeführt und erscheint in nahezu jedem Lehrbuch für die chinesische Gesangsausbildung. Anhand des Inhalts, der Gestaltung, der Kompositionstechnik, der Melodik und Harmonik lässt sich deutlich nachweisen, wie stark Huangs Stück vom deutschen Lied beeinflusst wurde.

Inhalt

HUANG Zi folgte den typischen Eigenschaften des deutschen Kunstliedes und wählte als Text für sein Lied *Chun si qu* ein Werk aus der zeitgenössischen chinesischen Lyrik mit hohem weltanschaulichen und künstlerischen Wert: das Gedicht *Chun Si* von WEI Han-Zhang aus dem Jahre 1932. HUANG Zi und WEI Han-Zhang arbeiteten beide im gleichen Zeitraum an der Staatlichen Hochschule für Musik Shanghai und pflegten einen engen Austausch. Wei war zwar Dichter, aber er interessierte sich auch sehr für die musikalische Umset-

---

[264] ZHAO Yuan-Ren, »HUANG Zi de yinyue- wei 5.9 yinyue jie er zuo«, in: *Dagongbao* [Zeitung] 09.05.1939 Hongkong. Siehe: ZHAO Ru-Lan, CHEN Yuan, YANG De-Yan usw. (Hrsg.), *ZHAO Yuan-Ren quan ji*, Bd. 11, S. 517–518.

zung von Poesie. Zahlreiche seiner Gedichte wurden von Huang und anderen Komponisten vertont.

Der Text des Liedes und Gedichtes lautet sinngemäß übersetzt:

春思曲	**Frühlingsgedanken**
潇潇夜雨滴阶前，	Der dichte nächtliche Regen tröpfelt auf die Treppe vor meiner Tür.
寒衾孤枕未成眠。	Unter der kalten Bettdecke liege ich alleine auf dem Kopfkissen, ohne Schlaf.
今朝揽镜，应是梨涡浅，	Am Morgen betrachte ich mein Gesicht im Spiegel, die Grübchen in meinem Gesicht werden flacher.
绿云慵掠，懒贴花钿。	Teilnahmslos streiche ich mein Haar zur Seite, kein Interesse, es mit einer Blume zu verzieren.
小楼独倚，	Träge lehne ich allein auf dem Dachboden,
怕睹陌头杨柳，	und fürchte mich vor den Schatten der Weide, die auf dem Vorhang des Fensters spielen.
分色上帘边。	
更妒煞无知双燕，	Eifersüchtig auf ein Paar unvorsichtige Schwalben,
吱吱语过画栏前。	die zwitschernd an meinem Fenster vorbeifliegen.
忆个郎，远别已经年，	Ich vermisse meinen Mann, der sich vor Jahren in die Ferne verabschiedete.
恨只恨不化成杜宇，	Ich hasse mich dafür, dass ich mich nicht in ein Vogelweibchen verwandeln kann,
唤他快整归鞭。	das seinen Mann ruft, der darauf schnell nach Hause zurückkehrt.

Das Gedicht gehört zum damals in China noch jungen Genre der »Freien Vers-Gedichte«, welches in den 1910er und 1920er Jahren unter dem Einfluss der »Neuen Kulturbewegung« entstand. Im Vergleich zu den klassischen chinesischen Gedichten ist die metrische Struktur bzgl. Verslänge und Reimschema offener, was der Sprache mehr Flexibilität verleiht und einen Rhythmus voller Veränderungen erlaubt. Es weist keine gleichmäßigen Strophen, keine strukturierten Verse und kein regelmäßiges Reimschemata auf. Die Gedichtform eröffnet somit auch mehr Freiheiten bei der Komposition der Vertonung. Eine Besonderheit dieses Gedichts von Wei ist, dass es sprachlich dennoch in klassischem Chinesisch verfasst ist und schriftliche förmliche Begriffe statt alltagssprachlicher Ausdrücke verwendet.

Das Gedicht lässt sich inhaltlich in drei Abschnitte unterteilen. Der erste Teil beschreibt vor dem Hintergrund des nieselnden Nachtregens (潇潇夜雨) eine einsame, bereits etwas abgemagerte Frau, die in melancholischer Wehmut ihren Gatten vermisst. Der Vers »Träge lehne ich allein auf dem Dachboden« (小楼独倚) eröffnet den Auftakt zum zweiten Abschnitt. Die Zweige der Weide[265] spielen im leichten Wind, der den einsamen Nachtregen verstreut. Das lyrische Ich der einsamen Frau wird weiter erregt durch den Anblick des Schwalbenpaars, dass sie an vergangene glückliche Zeiten mit ihrem Mann erinnert. Mit dem inneren Ausruf »Ich vermisse meinen Mann« (忆个郎) beginnt der dritte Abschnitt, in dem starke Emotionen von Verzweiflung und Sehnsucht zum Ausdruck kommen. Das Gedicht beschreibt die widerstreitenden Gefühle des lyrischen Ichs zwischen Sehnsucht und Realität und beschreibt anschaulich die psychischen Veränderungen der Frau sowie ihre Sehnsucht und Hoffnung auf die Rückkehr ihres Mannes.

Inhalt und Stil des Gedichts *Chun Si* tragen typische Merkmale der Zeit. Vor dem geschichtlichen Hintergrund andauernder Unruhen, der japanischen Aggression und verbreiteter Armut und Chaos im Land drückt es Emotionen der Einsamkeit, Sehnsucht, Melancholie, aber auch von Erwartung aus. Wie viele zeitgenössische Intellektuelle und Künstler wurde auch Huang von der Situation in seinem Land tief berührt, konnte aber direkt nicht viel zur Verbesserung der Lage beitragen. Deshalb wandte er sich Literatur und Liedkomposition zu, um einen ideellen und emotionalen Halt zu finden und seine innersten Empfindungen auszudrücken.

---

[265] Die Weide ist in China u. a. ein Symbol des Frühlings, der Lebenskraft und Vitalität.

Komposition von *Chun si qu*

Das Lied *Chun si qu* komponierte Huang mit der typischen Kompositionstechnik des deutschen Liedes und ließ sich bei der musikalischen Gestaltung sowohl formal als auch im Detail von dessen Semantik inspirieren. Auf formaler Ebene ist es kein Strophenlied, sonderndurchkomponiert.

Notenbeispiel 22: HUANG Zi, *Chun si qu*[266]

Verhältnis von Sprachmelodie und Liedmelodie

HUANG Zi war seit seiner Kindheit der chinesischen Gedichtkunst sehr zugetan, in der die verschiedenen Töne der Silben zu einer Sprachmelodie verbunden werden. Bei der Vertonung von chinesischen Gedichten stellt die der Sprache eigene Melodie für den Kunstliedkomponisten eine zusätzliche Herausforderung dar, da die relativen Tonhöhen der Sprache und der Liedmelodie eine feste Beziehung haben müssen, damit es nicht zu Missverständnissen kommt. HUANG Zi achtete bei sämtlichen Kompositionen, selbst bei den kürzesten Stücken, die er als Unterrichtsmaterial geschrieben hatte, sehr auf diesen Aspekt. Ihm gelang wie kaum einem anderen, die Besonderheiten der chinesischen Sprache in seine Kompositionen einzubeziehen. Weiterhin stimmte HUANG Zi, nach dem Vorbild der deutschen Liedkomposition, die er studiert hatte, Rhythmus und Betonung der Komposition von *Chun si qu* sehr gut mit dem zugrunde liegenden Gedicht ab. Die relative Tonhöhe der Liedmelodie steht nicht im Widerspruch zur Sprache, und laute und leise sowie lange und kurze Töne passen perfekt zur Betonung der Silben (Zeichen) der chinesischen Sprache. In der folgenden Abbildung wird dies anhand einer Phrase aus dem Lied analysiert.

---

[266] HUANG Zi, *Chun si qu*, in: MO Ji-Gang, *Zhongguo yishu gequ yanchang zhinan*, S. 42–44.

Text	更	妒	煞	无	知	双	燕
Aussprache	Gèng	dù	shà	wú	zhī	shuāng	yàn
Betonung	leicht	schwer	leicht	mittel	leicht	leicht	schwer
Sprachrhythmus	•	—	•	—	•	—	—
Musikrhythmus	♪	♩.♩	♪	♩	♪	♩.	♩.

Abbildung 30: Rhythmus und Betonung anhand einer typischen Phrase von *Chun si qu*. Der Rhythmus des Gedichts ist durch Punkte für kurze Wörter und Striche für lange Wörter visualisiert.

Abbildung 30 zeigt die Analyse von Sprachrhythmus und -betonung bei der Rezitation des zugrundeliegenden chinesischen Gedichts und vergleicht diese mit Huangs Komposition bei dessen Vertonung. Huang achtet außerordentlich streng darauf, seine Komposition der Sprachmelodie anzupassen. Dies stellt eine essentielle Eigenschaft des Kunstlieds im Gegensatz zur mehrstimmigen Vokalmusik dar. Text und Stimmung sollen deutlich und klar ausgedrückt werden, da es sich um Lyrik in Form eines Liedes handelt.

Harmonik und Form

HUANG Zis Komposition orientiert sich in ihrer Form eng an Inhalt und Stimmung des Gedichts und setzt dessen dreiteilige Struktur auch im Lied um, ergänzt durch ein Vor- und Nachspiel. Das Lied *Chun si qu* ist in der Originalfassung für hohe Stimme in d-Moll komponiert. Die Taktarten sind $^{12}/_8$ und $^9/_8$.

Periode		Tonart	Takt	Anzahl der Takte	Taktart
Eröffnung		d-Moll	1	1	$^{12}/_8$
A	a	nat. d-Moll – harm. d-Moll	2–5	4	$^{12}/_8$
	a'	d–C^{79}–F	6–11	6	$^{12}/_8$
B		F–f–As–E–cis–Cis–F	11–17	7	$^{12}/_8$
C		F-Dur	18–23	6	$^9/_8$–$^{12}/_8$–$^9/_8$–$^{12}/_8$
Nachspiel	a	d-Moll	23–25	3	$^{12}/_8$

Abbildung 31: Form und Harmonik des Liedes *Chun si qu* von HUANG Zi

Die Klavierbegleitung ist inspiriert durch das deutsche Lied und stellt in der chinesischen Ausprägung der Gattung eine Besonderheit von HUANG Zis Liedkomposition dar. Seine Klavierbegleitungen sind in Struktur und Harmonik variabel und auf den Inhalt des Textes ausgerichtet. Wie bei den Liedern Schuberts, dem Urtyp der Gattung des deutschen Kunstlieds, wird die Klavierbegleitung bei Huang zum wesentlichen Bestandteil des Liedes. Sie hat nicht nur die Aufgabe, die Singstimme harmonisch zu begleiten und zu unterstützen, sondern sie vertieft den Inhalt des Textes, verdichtet die Stimmung und wird eingesetzt, um Motive als Lautmalerei klanglich darzustellen. HUANG Zi verwendet weiterhin häufige Modulationen, ein typischesGestaltungsmittel des romantischen deutschen Liedes, um den Inhalt und die Änderung der Stimmung des Textes zu unterstützen.

An den Anfang des Liedes setzt HUANG Zi eine kurze Eröffnung des Klaviers, eine typische deutsche Liedkompositionsmethode, um die Grundstimmung des Liedes einzuführen. Das sanfte Spiel der Klavierbegleitung beschreibt im ersten Takt den nieselnden Nachtregen, indem die rechte Hand leise, sich ständig wiederholende triolische Schläge spielt. Verdichtet wird die Stimmung durch die Vortragsbezeichnungen *p* und *sempre delicato*, die überdies auf die sanfte, zarte Person des lyrischen Ichs hinweisen und die schwermütige Stimmung der Liedes entstehen lassen, noch ehe der Text beginnt. Wie aus einem Nachsinnen erklingt dann der Gesang.

In Teil A (Takt 2–11) der Textvertonung wird das Eröffnungsmotiv der rechten Hand konsequent als Begleitung fortgesetzt. Das leise Tropfen des dichten Nachtregens auf die Haustreppe als Sinnbild von Tränen und Trennung tritt deutlich als klangliches Element hervor. Der triolische Rhythmus, die Tempoangabe *Adagietto* und die Vortragsbezeichnung *sempre delicato* verstärken den Eindruck der einsamen Frau in der kalten Regennacht. Die linke Hand oktaviert dazu die Melodie der Singstimme, so wirkt das Klangsymbol der Regentropfen als Hintergrund, von dem sich die Hauptmelodie gut abhebt. Huang wählt für den ersten Teil die eher kleinteilige Taktart $^{12}/\square$ und eine vermischte Moll-Tonart (erste Phrase in natürlichem d-Moll und zweite Phrase in harmonischem d-Moll) Im vierten Takt verwendet HUANG Zi einen dissonanten Dominantseptakkord, um 寒 [kalt] zu betonen und vermutlich ein dunkles, unbehagliches Gefühl beim Zuhörer zu erzeugen. Danach komponiert er die Gesangsmelodie auf dem 7. Schlag für das Wort 孤 [alleine] mit einem Oktavsprung aufwärts, wobei die Mollterz der Tonika auf dem 6. Schlag als akkordfremde Dissonanz vorausgenommen ist. Im fünften Takt untermalen ein halbverminderter Septakkord gefolgt von einem erneuten Dominantseptakkord die Textpassage »ohne Schlaf« (未成眠). HUANG Zi erzeugt hier sehr gelungen eine Stimmung von Kälte, Einsamkeit und Schlaflosigkeit. In der dritten Phrase werden Melodie und Klavierbegleitung der Eingangsphrase wiederholt, doch schon in T. 7 ändert sich der harmonische Verlauf im Vergleich zug T. 3. Beim letzten Wort der Phrase 浅 [flacher] (T. 7, zweite Takthälfte) ändert sich entgegen der Erwartung auch die Melodie, die auf dem Ton *as* statt *a* endet. Die Töne der Klavierbegleitung, *as/h/f*, lassen die Deutung des *as* als tiefalterierte None eines verkürzten Dominantseptnonakkords auf *g* zu, dem außer dem Grundton auch die Quinte fehlt. Durch diese Dissonanz wird das Wort hervorgehoben. Der Akkord ist außerdem der Ausgangspunkt für eine rasche Modulation nach F-Dur, das mit dem Ende von Abschnitt A in T. 11 endgültig erreicht wird. Die vierte Phrase wird durch ein Klavierzwischenspiel im neunten Takt gedehnt, was vermutlich das Bild der teilnahmslosen, desillusionierten Frau untermalen soll.

Der Einsatz des zweiten Teils B (Takt 11–17) behält die neue Tonart F-Dur bei, und die Stimmung des Liedes ändert sich jäh, hin zur sonnigen, von Leben erfüllten Frühlingsszene vor dem Haus. Die Textur der Begleitung verändert sich ebenso abrupt, das Motiv des Regens weicht einer neuen, wellenartigen Figur aus in Sechzehntelnotengebrochenen Akkorden, die leicht im Wind schwebende Weidenzweige und Schwalben vor dem Fenster beschreiben. Diese neue Klangfarbe durchzieht die ersten Textzeilen des zweiten Abschnitts. Huang kombiniert hier eine typische Ausdrucksmethode des Klaviers, die ständige Sechzehntelbewegung, mit gebrochenen Akkorden der chinesischen pentatonischen Tonleiter, und fügt so der ansonsten sehr stark am westlichen Kunstlied orientierten Komposition eine chinesische Note hinzu. Die harmonische Analyse zeigt einen sehr unruhigen Abschnitt des Liedes, der das aufgeregte Herz der Frau beschreibt. Huang komponiert diesen Teil mit ständigen Modulationen und führt die Harmonik von F-Dur über f-moll und As-

Dur nach E-Dur, schließlich nach cis-Moll und Cis-Dur, um ganz am Ende wieder zu F-Dur zurückzukehren. Besonders in den Takten 12–14 moduliert Huang von F-Dur in einem einzigen Takt (Takt 13: f-Moll und As-Dur) schnell zu E-Dur, wodurch die Zuhörer stimuliert werden und sich die Unruhe der Figur überträgt. Bei der genaueren Analyse wird aber offenbar, dass die chromatische Modulation nicht gänzlich unerwartet ist, sondern von Huang bereits im elften Takt durch die Veränderung der Klavierbegleitung vorbereitet. Modulationen und Textur der Klavierbegleitung passen zur Änderung der Stimmung im Gedicht. Die Weide und das Schwalbenpaar vor dem Fenster sind lebendig und dynamisch. Aber die einsame Frau lehnt alleine auf dem Dachboden und betrachtet widerwillig und eifersüchtig das Geschehen. Ihr Herz wird im Innersten von der lebhaften Außenwelt berührt und sorgt für Aufregung und Beunruhigung.

Im dritten Teil C (Takt 18–23) entsteht nach einem kurzen Übergang und einer Fermate in T. 17 der dramatische Höhepunkt des Liedes. Die einsame Frau schreit ihren Herzenswunsch heraus, ihren lange vermissten Mann rufen und endlich wiedersehen zu können. Huang gestaltet diesen Teil mit abwechselnder Taktart 9/8 – 12/8 – 9/8 – 12/8, um die Musik an Text und Stimmung des Gedichts anzupassen. Er komponiert die Melodie auf das Wort »郎« [Mann] mit dem höchsten Ton des ganzen Liedes und die Begleitung mit kraftvollen Akkorden für die rechte Hand, um die Melodie zu stärken und den Höhepunkt des Liedes zu erreichen. Ergänzt wird die Komposition noch mit Akzenten, um die Leidenschaft und Hoffnung der Frau im Inneren besser zu beschreiben.

Im Nachspiel kehrt die Musik zurück zu d-Moll und auch zur Melodie der Einleitungsphrase, um an das Vorspiel und den Anfang des Liedes anzuknüpfen und die bleibende Hoffnungslosigkeit und Resignation der Frau verdeutlichen. Das Stück endet in Moll, und die depressive Stimmung verdichtet sich mit den Vortragsbezeichnungen *delicato* und *morendo*. Somit entsteht eine gelungene Umrahmung des Stückes.

5.3.3 Indirekter Beitrag zur Entwicklung des chinesischen Kunstliedes

Neben seinen einzelnen Kunstliedkompositionen auf höchstem Niveau ist es vor allem Huangs unermüdlicher Einsatz für die chinesische Musikerziehung, der seinen außerordentlichen Beitrag für die Entwicklung des chinesischen Kunstliedes ausmacht. Als Dekan an der Staatlichen Hochschule für Musik Shanghai und Professor für die Fächer Komposition und Musikgeschichte konzentrierte er sich auf die umfassende Ausbildung einer neuen Generation von chinesischen Musikern mittels eigens dafür neu geschaffenen Unterrichtsmaterials. Huang gilt als erster chinesischer Musikpädagoge, der einen systematischen und ganzheitlichen Ansatz für die Musikausbildung chinesischer Studenten in zeitgenössischer westlicher Musiktheorie und Komposition verfolgte. Er lebte für seine Vision der Gründung einer nationalen chinesischen Schule für die Musik.

Als Dekan war Huang verantwortlich für die Lehrinhalte an der Hochschule für Musik Shanghai und entschied sich für eine komplette Neugestaltung des Unterrichtsmaterials für Musikgeschichte, Harmonielehre und Komposition. Außerdem verfasste er gemeinsam mit seinen Kollegen ZHANG Yu-Zhen, YING Shang-Neng und WEI Han-Zhang das *Lehrbuch für die Neubelebung der Mittelschule*. Huang investierte einen Großteil seiner Energie und Zeit für die Schaffung von Unterrichtsmaterial von höchster Qualität, verfasste einen Großteil der Texte inklusive sämtlicher Lektionen zu Harmonielehre und Musikverständnis persönlich und komponierte 28 Lieder als Übungsmaterial – jedes noch so kleine Unterrichtsstück auf Basis eines wertvollen Gedichts und mit sorgfältig komponierter Begleitung. In den Lektionen sind die Lieder eingebettet in weiterführende Erläuterungen zur westlichen und chinesischen Musikgeschichte sowie Erklärungen zum besseren Verständnis der europäischen Musiktheorie. Durch den modernen Ansatz und die hohe Qualität der Texte und Lieder wurde das Werk mit großer Zustimmung aufgenommen und allein in den ersten Jahren elfmal nachgedruckt. Huangs Lieder und die Kunstform des Liedes im Allgemeinen wurden dadurch weit über die Grenzen Shanghais hinaus in ganz China verbreitet. Das Interesse bei Lehrern, Schülern und Studenten trug maßgeblich dazu bei, dass die Kunstform des Liedes in China verbreitet und populär wurde.

Auch für seine alltäglichen Unterrichtsstunden an der Hochschule bereitete sich Huang mit viel Hingabe vor. Seine Ehefrau WANG Yinian sagt über seinen selbstlosen Einsatz für die Musikerziehung:

> »Was mich an HUANG Zi, abgesehen von seinem Unterricht selbst, am meisten beeindruckt hat, ist die Zeit, die er sich für die Vorbereitung seiner Unterrichtsstunden nahm – manchmal bis spät in die Nacht. Er kannte sämtliche seiner Lehrstunden in- und auswendig, und ich habe nie verstanden, warum er so viel Zeit mit den Vorbereitungen verbrachte. Er sagte einmal mit zutiefst ernstem Tonfall zu mir, dass es nicht genug sei, den Inhalt selbst zu verstehen, sondern dass alles sorgfältig vorbereitet werden müsse, um die Inhalte lebendig und anschaulich zu ver-

mitteln und so die Aufmerksamkeit der Studenten zu gewinnen, so dass sie sämtliche Inhalte wahrhaftig aufnehmen.«[267]

Durch seinen Einsatz gelang es Huang, Interesse und Begeisterung für das Lied bei seinen Schülern zu wecken, und zahlreiche seiner Schüler entwickelten sich ihrerseits zu bedeutenden Liedkomponisten und Musikwissenschaftlern (siehe folgendes Kapitel). Dabei ging es ihm nicht darum, seinen eigenen Ansichten und seinen Stil zu verbreiten, sondern er ermutige seine Schüler zu experimentieren und ihren persönlichen Stil zu entwickeln.

Neben dem Lehrmaterial veröffentlichte HUANG Zi zahlreiche musikwissenschaftliche Artikel, um dem chinesischen Publikum die westliche Musik, insbesondere das Kunstlied, und Musiktheorie näherzubringen. Er stellte weiterhin seine Ansichten zur Diskussion, wie die »Neue Musik« in China zu entwickeln sei. Im Jahr 1934 gründete HUANG Zi gemeinsam mit XIAO You-Mei und YI Wei-Zhai das Journal *Yinyue zazhi* [Musikmagazin], um ein Forum für Forschung und den fachlichen Meinungsaustausch auf dem Gebiet der Musik zu schaffen. Beispiele hierfür sind der Artikel »Diaoxing de biaoqing« [Der Ausdruck der Tonalität][268] von 1934, in dem Huang anhand von Schumanns Lied *Widmung* in die Funktion und Einsatz von Dur- und Moll-Dreiklängen in der westlichen Liedkomposition einführt, »Xiyang yinyue jinhuashi de niaokan« [Überblick der Entwicklungsgeschichte der westlichen Musik][269] oder die Reihe von Artikeln »Bo la mu si« [Brahms][270] über Leben und Schaffen des bekannten deutschen Komponisten, insbesondere über dessen Liedschaffen. Er verfasste den Großteil seiner Texte bewusst in leicht verständlicher Sprache, so dass sie über intellektuelle Kreise hinaus auch für seine Schüler und das interessierte Volk zugänglich waren.

Einen weiteren Schwerpunkt von Huangs Veröffentlichungen bilden seine Ausführungen über die Weiterentwicklung der chinesischen Musik. Nach seinen Auslandsstudien sah er die westliche Musik als weit fortschrittlicher an und sah einen hohen Nachholbedarf in seiner Heimat China. Er schreibt:

---

[267] LIU Ching-Chih, *Zhongguo xin yinyue shi lun*, S. 123.

[268] HUANG Zi, »Diaoxing de biaoqing« [Der Ausdruck der Tonarten], in: *Yinyue zazhi* [Musikmagazin] 1 (1934), H. 3, S. 24–29.

[269] HUANG Zi, »Xiyang yinyue jinhuashi de niaokan« (Part I und II), in: *Yue Yi* [Musik-Kunst] 1 (1930) H. 2, S. 1–8 und H. 4, S. 9–15.

[270] HUANG Zi, »Bo la mu si / Johannes Brahms«, in: *Yinyue zazhi* [Musikmagazin], 1 (1934), H.1, S. 21–27; H. 2, S. 1–7 und H. 3, S. 16–20.

»Beim nüchternen Abwägen muss man feststellen, dass die westliche Musik in der Tat sehr viel fortschrittlicher als die heutige chinesische Musik. Ihre exakte Notation, die Präzision der Instrumente, die wissenschaftliche Darstellungstechnik und Kompositionsmethoden sind in der chinesischen Musik weit zurückgefallen.«[271]

Gleichzeitig betonte Huang allerdings den Stellenwert der traditionellen chinesischen Musik als kulturelle Basis. Er sprach sich für die Schaffung einer eigenständigen nationalchinesischen Musik aus, in der Aspekte der westlichen Musik übernommen werden sollten – allerdings niemals blind, sondern abgewogen und in Verbindung mit den chinesischen Wurzeln. Im Artikel »Zenyang cai keneng chansheng wuguo minzu yinyue« [Wie können wir eine nationale Musik schaffen] schieb Huang sinngemäß übersetzt:

»Einige Leute vertreten die Ansicht, dass die alte chinesische Musik wertlos sei, wie ein morscher Baum, der nicht mehr behauen werden kann, und deshalb gefällt werden und durch die moderne westliche Musik abgelöst werden muss. Aber sie machen einen Fehler, da sie nicht erkennen, dass sämtliche große Kunst als Abbild ihrer jeweiligen Nation und Gesellschaft anerkannt werden kann. Die Eigenschaften und Merkmale, die von traditioneller Musik und Volksliedern offen gelegt werden, stellen eine Manifestierung unseres ureigenen nationalen Charakters dar, und als solche dürfen sie selbstverständlich nicht einfach abgeschrieben werden.«[272]

HUANG Zi vertrat die Vorstellung, dass China einen ähnlichen Weg beschreiten könne wie die nationalrussische Musik und eine Nationale Schule der Musik (Musical nationalism) entstehen solle. Er schreibt:

»Vor hundert Jahren hatte die russische Musik keinen Stellenwert innerhalb der europäischen Musikerkreise. Aber seit etwa fünfzig oder sechzig Jahren entwickelt sie sich mit raschem Tempo und strahlt in besonderer Pracht. [...] Die russischen Musiker entwickelten ihre eigene ursprüngliche Volksmusik mit der deutschen akademischen Kompositionstechnik zu einer eigenständigen Kunstmusik weiter. Ich glaube, dass unsere nationale chinesische Musik auch auf natürliche Weise diesen Weg gehen wird.«[273]

---

[271] HUANG Zi, »Zenyang cai keneng chansheng wuguo minzu yinyue« [Wie können wir eine nationale Musik schaffen], in: *Shanghai Chenbao* [Zeitung], 21.10.1934.
[272] Ebd.
[273] Ebd.

5.4 Die Schüler von Huang Zi und ihre Bedeutung für die Entwicklung des chinesischen Kunstliedes

Noch bedeutender als HUANG Zis Liedkompositionen selbst ist zweifelsfrei sein Beitrag als Lehrer der Musiktheorie und Komposition an der Staatlichen Hochschule für Musik Shanghai. Sein Einfluss ist weltweit bis in die westliche Literatur hin bekannt, was beispielsweise der Personenartikel in MGG bestätigt: »HUANG Zi zählt zu den Gründervätern der modernen chinesischen Kunstmusik und ist einer der einflussreichsten Lehrer der ersten professionellen Komponisten-Generation seines Landes.«[274]

Der bekannte Hongkonger Musikwissenschaftler LIU Ching-Chih schreibt über Huang:

> »Er sah sich selbst weniger als Komponist, sondern legte den Schwerpunkt seines Schaffens auf die gewissenhafte Ausbildung seiner Studenten. Die meisten seiner Kompositionen, Lehrbücher, Vorträge und Artikel dienen dazu, die nächste Generation auszubilden.«[275]

Die von ihm gelegte Basis spielt bis in die heutige Zeit hinein eine wichtige Rolle in der Musikkultur Chinas. Zu seinen wichtigsten Schülern in Bezug auf die Entwicklung des Kunstliedes in China zählen CHEN Tian-He (1911–1955), späterer Professor für Komposition an der Fujian Musikfachhochschule und Komponist für das Zentrale Tanz- und Gesangsensemble in Peking, HE Lu-Ting (1903–1999), von 1949 bis 1984 Direktor der Staatlichen Hochschule für Musik Shanghai, sowie die beiden bekannten Liedkomponisten JIANG Ding-Xian (1912–2000) und LIU Xue-An (1905–1985). Darüber hinaus wurden zahlreiche weitere chinesische Kunstliedkomponisten von Huang unterrichtet und beeinflusst, darunter XIA Zhi-Qiu (1912–1993), DING Shan-De (1911–1995), TAN Xiao-Lin (1911–1948, siehe Kapitel 6) und der in Hongkong ansässige LIN Sheng-Xi (1914–1991). Die Quantität und Qualität der Liedkompositionen von Huangs Schülern ist hoch wie nie zuvor in der Geschichte Chinas. Obwohl es keine genaue Statistik gibt, wird ihre Anzahl in Summe auf über tausend Werke geschätzt, darunter zahlreiche herausragende Lieder wie *Jialing jiang shang* [Auf der Jialing Fluss] von HE Lu-Ting, *Changcheng yao* [Ballade der Großen Mauer] von LIU Xue-An, *Baiyun guxiang* [Die Weiße

---

[274] Barbara Mittler, Art. »Huang Zi«, Sp. 430–431.
[275] LIU Ching-Chih, *Zhongguo xin yinyue shi lun*, S. 133.

Wolke der Heimat] von LIN Sheng-Xi und *Si xiang qu* [Lied vom Heimweh] von XIA Zhi-Qiu, die allesamt bis heute sehr verbreitet und populär sind.

Huangs Schüler entstammten sehr unterschiedlichen Verhältnissen und wurden von ihm aufgrund ihrer Talente individuell gefördert. So stammt beispielsweise JIANG Ding-Xian aus einer fortschrittlichen, intellektuellen Familie, während HE Lu-Ting in einer einfachen Bauernfamilie aufwuchs. CHEN Tian-He stammt aus ärmlichen Verhältnissen, und er musste sein Studium dreimal unterbrechen, um das nötige Geld zu verdienen. Da Huang sein Talent und seine Bemühungen schätzte, erließ er ihm einen Teil der Studiengebühren und ermöglichte ihm, als Gasthörer weiter an seinem Kompositionsunterricht teilzunehmen. In der Analyse der Liedkompositionen von Huangs Schülern wird sein Einfluss vor allem daran deutlich, dass sie alle die bei Huang erlernte Kompositionstechnik gewissenhaft, streng und sorgfältig verwenden und die Liedkompositionen einen formvollendeten lyrischen Charakter aufweisen.

Neben Huangs Unterricht in moderner Komposition, Musiktheorie und -geschichte bot sich den Schülern an der Hochschule für Musik Shanghai auch die Möglichkeit der professionellen Ausbildung in Fächern wie Klavier, Gesang sowie traditionelle chinesische Musik und Lyrik, die allesamt eine wichtige Grundlage für das Kunstlied darstellen. Das insgesamt hohe Niveau der Ausbildung konnte dadurch erreicht werden, dass neben den im Ausland studierten chinesischen Dozenten zahlreiche internationale Musikgrößen aus Europa und Russland als Lehrer gewonnen werden konnten. So studierte beispielsweise JIANG Ding-Xian neben Komposition bei HUANG Zi auch Klavier bei Boris Zakharoff, was sich im hohen Niveau der Klavierbegleitung in seinen späteren Liedkompositionen widerspiegelt. Auch HE Lu-Ting studierte Klavier bei den russischen Dozenten B. Zakharoff und S. Aksakoff und wurde als Preisträger für seine Klavierkompositionen schlagartig berühmt.[276]

---

[276] Mit seinen Klavierwerken *Mutong duan di* [Die Flöte des Büffeljungen] von 1934 und *Yaolan Qu* [Wiegenlied] von 1934 gewann HE Lu-Ting im Jahr 1934 sowohl den ersten als auch den zweiten Ehrenpreis bei einem vom russischem Komponisten A. N. Tscherepnin in Shanghai ausgerichteten »Wettbewerb für Kompositionen im chinesischen Stil«. Durch den doppelten Preisgewinn wurde er schon früh sehr bekannt.

Abbildung 32: HE Lu-Ting, Preisträger im »Wettbewerb für Kompositionen im chinesischen Stil«, mit Dozenten und Professoren der Hochschule für Musik Shanghai im November 1934: HUANG Zi (ganz links), B. Zakharoff (zweiter von links), A. N. Tscherepnin und seine Frau (Mitte), XIAO You-Mei (dritter von rechts), S. Aksakoff (zweiter von rechts) und HE Lu-Ting (ganz rechts)[277]

TAN Xiao-Lin studierte an der Hochschule für Musik Shanghai eigentlich im Hauptfach Pipa, begann sich aber durch den anschaulichen und professionellen Unterricht Huangs für die Kunstform des Liedes zu interessieren. Ähnlich DING Shan-De, der sein Studienfach von Pipa zu Komposition und Klavier wechselte und dadurch eine gute Basis für seine spätere Beschäftigung mit dem Lied hatte.

Huang war nicht daran gelegen, dass die Schüler seinem Vorbild so nah wie möglich folgten, sondern er regte sie an, ihre Kompositionen durch ihren persönlichen Stil weiterzuentwickeln. So sind beispielsweise die Liedkompositionen von HE Lu-Ting ausgeglichen und voll volkstümlichem Kolorit, während LIU Xue-Ans Stücke von der Schönheit der Melodie leben und eine städtische, populäre Atmosphäre ausstrahlen. JIANG Ding-Xian verbindet gekonnt lyrische und dramatische Elemente und orientiert seine Kompositionen nah am westlichen Stil, wohingegen CHEN Tian-He besonders gelungen traditionelle chinesische Musikelemente einfließen lässt.

---

[277] LUO Qin und QIAN Ren-Ping (Hrsg.), *Guoli yinyue yuan • guoli yinyue zhuanke xuexiao tujian (1927–1941)*, S. 80.

Neben zahlreichen Übungsstücken komponierten Huangs Schüler während ihres Studiums etliche chinesische Kunstlieder frei und nach eigenem Interesse, veröffentlichten sie und brachten sie bei Liederabenden zur Aufführung.

So veröffentlichte CHEN Tian-He im Jahr 1931 die drei Kunstliedkompositionen *Shui ban ming chuang du zuo* [Wer begleitet mich, allein am hellen Fenster], *Chun gui he chu* [Wohin der Frühling geht] und *Liang ye* [Eine schöne Nacht] in dem Magazin *Yue yi* [Musik-Kunst, Editor war Qing-Zhu], im Jahr 1934 vier weitere Lieder *Shan zhong* [In den Bergen], *Wang yue* [Den Mond betrachten], *Mu ge* [Schäferlied] und *Gei* [Geben] im Journal *Yinyue zazhi* [Musikmagazin], und in den Jahren 1935 und 1936 *Fengqiao yebo* [Nächtliche Bootsfahrt unter der Ahorn-Brücke] und *Qiutian de meng* [Herbsttraum]. Im Februar 1937 erschien seine bekannte Liedersammlung *Huiyi ji* [Band der Erinnerungen] in der Zhonghua Presse, in der er acht seiner Lieder zusammenfasste.

JIANG Ding-Xians Kunstliedkompositionen während seiner Studienzeit in Shanghai umfassen *Lian Ge* [Lied der Verliebten] auf Basis eines Gedichts von WEI Cong-Wu und *Jing Jing* [Die Ruhe] nach einem Gedicht von LIAO Fu-Shu, die Jiang 1934 in der ersten Ausgabe des Magazin *Yinyue zazhi* [Musikmagazin] veröffentlichte, sowie das Kunstlied *Suiyue youyou* [Langsam vergehen die Jahre] von 1936.

Zu LIU Xue-Ans Kunstliedkompositionen aus diesem Zeitraum gehört das 1934 komponierte Stück *Piaoling de Luohua* [Verwelkende Blume] auf Basis eines von Liu selbst geschriebenen Gedichts, welches im Folgejahr von A. Tscherepnin nach Japan gebracht und in Tokyo veröffentlicht wurde, die Lieder *Fengqiao yebo* [Nächtliche Bootsfahrt unter der Ahorn-Brücke] auf Basis eines Gedichts von ZHANG Ji, *Chu zheng bie mu* [Abschied von der Mutter vor dem Einsatz im Krieg] nach Gedicht und Musik von LIU Xue-An, *Zhan ge* [Kampflied] nach einem Gedicht von WANG Shao-Qing aus dem Jahr 1936 sowie *Changcheng yao* [Ballade der Große Mauer] nach einem Gedicht von PAN Jie-Nong von 1937 und *Zhui xun* [Auf der Suche] nach einem Gedicht von XU Jian-Wu aus dem Jahr 1938.

Den intensiven kreativen Austausch zwischen Huangs Schülern belegt die von LIU Xue-An ins Leben gerufene »Vereinigung chinesischer Komponisten«, die sich regelmäßig in Lius Haus traf und in der unter anderem LIAO Fu-Shu, JIANG Ding-Xian, CHEN Tian-He und TAN Xiao-Lin ständige Mitglieder waren. Die Vereinigung brachte 1937 weiterhin die von Liu finanzierte Zeitschrift *Zhan ge* [Kampflieder] heraus, von der in den nachfolgenden zweieinhalb Jahren insgesamt 17 Ausgaben erschienen. In ihr veröffentlichte die

Gruppe Artikel über Musik sowie Liedkompositionen zur moralischen Unterstützung des Landes im aufkommenden Konflikt mit Japan, hauptsächlich Chorlieder, aber auch einige Kunstlieder wie LIU Xue-Ans *Mu han yi* [Spenden für Winterbekleidung sammeln] nach einem Gedicht von LIU Qian, *Changcheng yao* [Ballade der Großen Mauer] nach einem Gedicht von PAN Jie-Nong und *Liuwang San bu qu* [Exil Trilogie] auf Basis eines Gedichts von JIANG Ling.

Neben der »Vereinigung chinesischer Komponisten« organisierte JIANG Ding-Xian zwischen 1932 und 1933 mit Studienkollegen einen wöchentlichen Lyrik-Zirkel mit dem Ziel, Hintergrund und Vortragstechnik chinesischer Gedichte zu erlernen. Ihm gehörten neben Jiang auch Qing-Zhus Bruder LIAO Fu-Shu und CHEN Tian-He an. Zum Inhalt des Gedichts passende Betonung und Rhythmus ist besonders für die moderne chinesische Lyrik mit ihren abwechselnden kurzen und langen Phrasen ein wichtiger Aspekt bei der Rezitation. Das in diesem Rahmen erworbene Wissen war auch für die Liedkompositionen auf Basis solcher Lyrik förderlich und trug zum hohen Niveau der Kunstlieder bei.

Neben der freien Liedkomposition beteiligte HUANG Zi seine Schüler an seinem Großprojekt *Musik – Lehrbuch für die Neubelebung der Mittelschule* (1933–1935) und gab ihnen damit die Möglichkeit, Erfahrung im professionellen Arbeiten zu sammeln und einen Beitrag zur landesweiten Musikbildung zu leisten. CHEN Tian-He steuerte für das umfassende Werk neun Lieder bei, darunter *Cai Sang Qu* [Lied vom Maulbeerpflücken] und *Chun gui he chu* [Wohin der Frühling geht], *Chun you* [Frühlingsausflug], *Yanzi de ge* [Das Lied der Schwalbe] und *Cai lian Yao* [Vom Lotus pflücken]. Es enthält weiterhin sieben Kunstlieder von JIANG Ding-Xian, unter anderen die Werke *Qiantu* [Zukunft], *Mianhua* [Die Baumwolle] und *Yufu* [Der Fischer] auf Basis von alten Gedichten oder zeitgenössischen Werken seiner Kommilitonen LIU Xue-An und LIAO Fu-Shu, und die vier Lieder *Xi chun lai* [Freude des nahenden Frühlings], *Bugu* [Der Kuckuck], *Xuehua fei* [Wirbelnde Schneeflocken] und *Chun Ye Luocheng wen di* [Flötenspiel in einer Frühlingsnacht in Luo] von LIU Xue-An. Er verfasste weiterhin mehr als zehn Gedichte, die in anderen Liedern in dieser Reihe vertont wurden, wie *Ta xue xun mei* [Auf der Suche nach Pflaumen-Blüten im Schnee], welches von HUANG Zi vertont wurde und sich zu einem sehr beliebten Lied entwickelte.

Um sich ihren Lebensunterhalt zu verdienen, wurden einige von Huangs Schülern in der neu in Shanghai entstandenen Filmbranche als Komponisten für Filmmusik tätig. So erhielt HE Lu-Ting nach seinem Studium eine Anstellung als Komponist bei einer Shanghaier Filmproduktionsfirma, für die er schon während seines Studiums tätig gewesen war, und stieg dort rasch zum Leiter der Musikabteilung auf. Er schrieb die Filmmusik zu Chinas ersten Tonfilmen, darunter bis heute bekannte Lieder aus den Filmen *Malu tianshi* [Engel der Straße] von 1937, *Siji ge* [Lied der vier Jahreszeiten], *Chun dao renjian* [Der Frühling ist gekommen] und *Gongren zhige* [Lob der Arbeiter]. Inhaltlich beschäftigten sich die meisten dieser Produktionen mit dem Leben der einfachen Leute, Arbeiter und Bauern. Auch LIU Xue-An komponierte Filmmusik für Shanghaier Produktionen, allerdings mit moderneren Inhalten, die das schillernde Großstadtleben darstellten – ein Engagement, das Liu zu Zeiten der Kulturrevolution zum Verhängnis werden sollte.

Diese fruchtbare Phase der Liedkompositionen in Shanghai, die auch als Blütezeit des chinesischen Kunstlieds bezeichnet werden kann, ging mit dem vollen Ausbruch des chinesisch-japanischen Krieges 1937 und dem frühen Tod von HUANG Zi im Jahr 1938 und XIAO You-Mei im Jahre 1940 dem Ende entgegen.

Mit der zunehmenden Ausbreitung des chinesisch-japanischen Konflikts setzte ein Wandel ein, der auch die Musikkultur tiefgreifend beeinflusste. Themen des Krieges wie die Besetzung des Landes, Flucht, Verlust oder Trennung von Familie und Heimat beschäftigten die Gesellschaft und mit ihr die Musiker, die dies in ihren Kunstliedkompositionen verarbeiteten. Sowohl die Liedart des Schullieds als auch das Kunstlied lebten während des acht Jahre andauernden Krieges gegen Japan weiter.[278] Gleichzeitig wurde ein ständig zunehmender Teil von Liedkompositionen zur moralischen Unterstützung der Bevölkerung und der Soldaten komponiert, als Aufruf zum Widerstand und zur Mobilisierung, was eine Verschiebung des Fokus auf Chorlieder, Militärlieder sowie Theater- und Filmmusik bedeutete. Besonders die kommunistische Partei setzte sehr erfolgreich auf Massengesangs-Kampagnen, um den Widerstand gegen die japanischen Aggressoren zu mobilisieren, die Produktion zu steigern und die Zusammenarbeit von Armee und Volk zu fördern. Nach dem Tod von HUANG Zi wurde das Kunstlied für eine sehr lange Zeit zum politischen Werkzeug reduziert.[279]

Als die Situation in Shanghai im Verlaufe des Krieges gegen Japan zunehmend schlimmer wurde, flüchteten zahlreiche Lehrer und Studenten der Musikhochschule Shanghai nach Chongqing, wo die amtierende chinesische Regierung

---

[278] Vgl. LIU Ching-Chih, *Zhongguo xin yinyue shi lun*, S. 285.
[279] Vgl. ebd., S. 172.

der Guomindang ihren Regierungssitz genommen hatte. Im Jahr 1940 war dort das »Qingmuguan National Conservatory Chongqing« gegründet worden, um die Musikbildung im sicheren Hinterland fortführen zu können. 1945 wurde es um eine Musikschule zur musikalischen Früherziehung von Kindern erweitert.[280] Auch HUANG Zis Schüler waren in Chongqing tätig.

CHEN Tian-He floh bereits im Januar 1939 nach Chongqing und arbeitet dort zunächst für die Musikabteilung des Erziehungsministeriums. Von 1940 bis 1949 wirkte er als Dozent der Kompositions- und Theorieklasse der Qingmuguan Musikfachhochschule Chongqing. Auch HE Lu-Ting, LIU Xue-An und JIANG Ding-Xian flohen gemeinsam mit anderen Musikern aus Shanghai nach Chongqing und waren dort zeitweise als Lehrer tätig. Es entstand ein neues Zentrum mit zahlreichen talentierten und hervorragend gebildeten Musikern, in dem sich die chinesische Musik und Musikausbildung weiter entwickelten. Auch für das chinesische Kunstlied war dies eine fruchtbare Periode.

HE Lu-Tings bekanntestes Kunstlied *Jialing jiang shang* [An den Ufern des Jialing Flusses] entstand 1938 während seines Aufenthalts in Chongqing, desweiteren LIU Xue-Ans Lied *Hongdou ci* [Gedicht der roten Bohne] von 1943 auf Basis eines alten Gedichts von CAO Xue-Qin aus der Qing-Dynastie, das bis heute noch sehr populär in China ist. CHEN Tian-He veröffentlichte 1943 den Liedband *Jian sheng ji* [Das Klingen der Schwerter] mit acht seiner patriotischen Lieder, darunter die bekannten Kunstlieder *Zhi Han Yi* [Winterkleidung nähen], sowie das Kunstlied *Jiangchengzi- Xicheng yangliu nong chun rou* [Die Frühlingsweiden bewegen sich sanft in Xicheng] von 1944. JIANG Ding-Xian schrieb 1939 die Kunstlieder *Guo shang* [Krieg] und *Bi xue* [Grünes Blut] sowie die vier Lieder *Lang* [Die Welle], *Shu* [Der Baum], *Xiao ma* [Kleines Pferd], *Jie tuo* [Befreiung] auf Basis von Gedichten von ZONG Bai-Hua und brachte sie 1944 bei einem Liederabend mit seinen Werken in Chongqing zur Aufführung.

Eine weitere bemerkenswerte Aktivität aus dieser Zeit ist die von JAING Ding-Xian Jiang und CHEN Tian-He organisierte Sammlung und Bearbeitung von Volksliedern aus den ländlichen Regionen um Chongqing. Sie folgten damit dem Ansatz HUANG Zis, sich neben der westlichen Musik auch gleichermaßen mit dem nationalen chinesischen Kulturgut auseinanderzusetzen und dies in die neuen Kompositionen einfließen zu lassen. Es entstanden zahlreiche

---

[280] Zahlreichen später bedeutenden Musikern wurden dort in früher Kindheit die musikalischen Grundlagen vermittelt. Nach der Gründung des Neuen China wurden Personal und Studenten von der KP China zum Zentralkonservatorium in Peking abgezogen.

Kunstlieder als Bearbeitungen von Volksliedern, von denen manche bis heute sehr populär sind, darunter z. B. CHEN Tian-Hes Lieder *Zai na yaoyuan de difang* [In der Ferne] und *Song da ge* [Abschied vom älteren Bruder] oder JIANG Ding-Xians Lied *Kang ding qing ge* [Ein Liebeslied in Kangding]. Jiang veröffentlichte später im Jahr 1948 vierzehn dieser Lieder aus eigener Feder gemeinsam mit Werken seiner Studenten in der Liedsammlung *Zhongguo minge xuan*. Weiterhin entstand daraus die Tradition, dass bei Liederabenden berühmter Sänger in Chongqing immer auch ein bearbeitetes Volkslied aufgeführt wurde.

Zusätzlich zu den Auswirkungen des Krieges gegen Japan teilte die Ausweitung des chinesischen Bürgerkrieges das Land in den Einflussbereich der Guomin-dang und den Einflussbereich der Kommunistischen Partei Chinas. Die Spaltung hatte auch negative Auswirkungen auf die Weiterentwicklung der Musik, da Talente und Ressourcen verstreut wurden, so dass die zwischenzeitliche Stärke aufgezehrt wurde. Obwohl die Musikausbildung und Musikkultur in vereinzelten Zentren wie Chongqing und Peking erhalten blieb, wurde das Kunstlied, wie auch sämtliche andere Kunstformen, zunehmend für politische Zwecke instrumentalisiert. Erst in den späten 1970er und frühen 1980er Jahren deuteten sich erste Zeichen der Lockerung dieser Politik an.[281]

Nach Ende des Krieges und der Gründung des Neuen China im Jahr 1949 stabilisierte sich die Situation im Lande. Die Kommunistische Partei nutzte das Talent der gut ausbildeten Komponisten, um Lieder und andere Musikwerke im Sinne der Regierung zu schreiben. Die Ausbildung in moderner Komposition und Musiktheorie wurde zu diesem Zweck fortgeführt, was die Grundlage für die dritte Generation von Komponisten der neuen chinesischen Musik bildete. Der Wandel betraf auch die von HUANG Zi ausgebildeten Schüler, die in der Folge nur noch wenige Kunstlieder komponierten. Der bekannte Hongkonger Musikwissenschaftler LIU Ching-Chih schreibt:

> »[…] eine Abfolge politischer Kampagnen nach 1949 erstickte das kreative Potential der Musiker, vielleicht weil der kreative Funke in jenen Komponisten nur durch Themen wie den Krieg gegen Japan und den Bürgerkrieg gegen die Korruption in der Guomindang entzündet werden konnte. Tatsache ist, dass einige Komponisten wie HE Lu-Ting, CHEN Tian-He, JIANG Ding-Xian, ZHENG Lü-Cheng, MA Ke, XIA Zhi-Qiu und LU Hua-Bo ihre frühere Vitalität und Inspiration zu verlie-

---

[281] Vgl. LIU Ching-Chih, *Zhongguo xin yinyue shi lun*, S. 288.

ren schienen, nachdem die Kommunisten an die Macht kamen, und stattdessen Verwalter oder Pädagogen wurden.«[282]

Diese Zusammenfassung trägt den veränderten politischen und sozialen Verhältnissen im Land und deren Auswirkungen auf das Leben der Komponisten wenig Rechnung. Mit der Regierung durch die Kommunistische Partei Chinas wurde es zunehmend schwieriger, nach persönlichem Interesse frei Musik zu komponieren. Huangs Schüler mussten wie andere Musiker für ihr Auskommen und Überleben in den geänderten Verhältnissen sorgen. Viele von ihnen waren den schwierigen Umständen zum Trotz immer noch künstlerisch aktiv, mussten ihre Lieder aber bezüglich Inhalt und Funktion der neuen Situation anpassen. Mit der Hungerkatastrophe und den Massenbewegungen wie dem »Großen Sprung nach vorn« (1958–1961) und der Kulturrevolution (1966–1976) richtete sich die Politik immer stärker gegen die westliche, kapitalistische Kultur als Feindbild, und das Kunstlied wurde als deren typischer Vertreter zunehmend kritisiert und als Negativbeispiel verteufelt. Fakt ist, dass in der Folgezeit bis zur Reform und Öffnung Chinas 1978 nur noch wenige Kunstlieder nach der engen Definition des Begriffes geschrieben wurden und dass bei den wenigen Werken aus dieser Zeit der Begriff des Kunstlieds als ›westliche Kunstform elitärer Kreise‹ tunlichst vermieden wurde. Allerdings ist der Rückgang der Kunstlied-Komposition nicht allein auf mangelnde Inspiration oder Motivation zurückzuführen. Unter den wenigen Liedern im Kunstlied-Stil finden sich zumeist Vertonungen von MAO Zedongs Gedichten.

CHEN Tian-He arbeitete zwischen Januar 1949 und 1950 zunächst als Professor an der Fujian Musikfachhochschule und war danach, bis zu seinem Tode 1955, als Komponist für das Zentrale Tanz- und Gesangsensemble in Peking tätig. Chen verstarb sechs Jahre nach der Gründung des Neuen China.

JIANG Ding-Xian ging 1950 als Kompositionsprofessor an das Zentralkonservatorium Peking und stieg dort zum Leiter der Instituts für Komposition und zum Vizepräsidenten des Konservatoriums auf. Er war dort bis zum Eintritt in die Rente 1984 aktiv. Jiang komponierte in Zeiten des Kommunismus die zwei Kunstlieder *Huang he lou* [Die Huanghe Pagode] und *Youyong* [Schwimmen] als Vertonung von MAO Zedongs Gedichten und veröffentlichte 1955 die Liedsammlung *Minge jiushou* [Neue Volkslieder] mit bearbeiteten Volksliedern und Klavierbegleitung.[283] Nach der Reform und Öffnung Chinas

---

[282] Ebd., S. 388.
[283] JIANG Ding-Xian, *Minge jiushou* [Neue Volkslieder], Beijing 1955.

komponierte JIANG Ding-Xian wieder zahlreiche Kunstlieder, darunter *Cai Sang Zi* [Vom Maulbeerpflücken] und *Zhou Zhong Li* [Minister Zhou]. In den 80er und 90er Jahren vertonte er zahlreiche Gedichte des zeitgenössischen Dichters LI Ji-Ye in den Kunstliedern *Wo qin ai de zugou* [Mein herzgeliebtes Vaterland], *Chun guang* [Frühlingslicht] und *Shu guang* [Morgenlicht].

LIU Xue-An traf das härteste Schicksal von Huangs Schülern. Nach einigen kürzeren Zwischenstationen als Musikpädagoge in Suzhou, Shanghai und Peking wurde er 1957 aufgrund seiner früheren Kompositionen für die Guomindang sowie der Filmmusik einiger ›anrüchiger‹ Filmproduktionen als ›Rechter‹ abgestempelt und ein Opfer der Intellektuellenverfolgung, in deren Folge Liu ein Vierteljahrhundert lang Erniedrigung und Folter ausgesetzt war. Selbst in diesen schweren Zeiten komponierte Liu, u. a. die drei Kunstlieder *Renmin jiefangjun zhanling Nanking* [Die Volksbefreiungsarmee erobert Nanking], *Wei Nüminbing tizhao* [Titelbild für die weibliche Miliz] und *Huang he lou* [Die Huanghe Pagode] auf Grundlage von Maos Gedichten. Erst 1982 wurde Liu rehabilitiert und verstarb am 15. Mai 1985 in Peking.

HE Lu-Ting kehrte über mehrere kurze Stationen während des chinesischen Bürgerkrieges (u. a. in Yan'an, der Zentrale von Maos Parteiführung) nach der Gründung des Neuen China 1949 an die Staatliche Hochschule für Musik Shanghai zurück und war dort als Direktor tätig. Durch die hohe Belastung mit administrativen Aufgaben komponierte He in dieser Zeit nur noch wenige Werke, veröffentlichte aber eine große Anzahl von Artikeln. Seine späteren Kompositionen waren allesamt für einen politischen Zweck bestimmt und beschreiben zumeist das Leben des einfachen Volkes und der Armen. Während der Kulturrevolution erfuhr He wie viele andere Künstler Erniedrigung und Verfolgung. Aber aufgrund seiner Abstammung aus einer Bauernfamilie und als frühes Mitglied der Kommunistischen Partei Chinas traf ihn die Verfolgung weniger hart, er wurde bereits 1978 rehabilitiert und kehrte als Präsident der Staatlichen Hochschule für Musik Shanghai zurück, wo er bis zu seiner Rente im Amt blieb.

Ein bedeutender indirekter Beitrag von HE Lu-Ting für die Geschichte des chinesischen Kunstlieds aus dieser Zeit ist sein Artikel »HUANG Zi yi zuo ji zong xu« [Vorwort der Sammlung von HUANG Zis hinterlassenen Werken][284], der 1985 im Musikmagazin *Yinyue yishu* veröffentlicht wurde. Darin befasst sich He mit dem Lebenswerk seines ehemaligen Lehrers HUANG Zi und stellt seinen bedeutenden Beitrag für die Musikentwicklung Chinas heraus, nachdem dieser zu Zeiten des Kommunismus über 40 Jahre diffamiert worden war. Durch Hes Position als Direktor der Staatlichen Hochschule für Musik Shanghai hatte dieser Beitrag große Wirkung und fand in ganz China Beachtung. HE Lu-Ting schreibt darin:

> »[…] Du kannst Dir natürlich ein Bild von HUANG Zi machen, als ›Gehilfe von Chiang Kai Shek‹, als Musiker, der ausschließlich der Guomindang diente, als ›Trommler für die Anti-Kommunistische Partei (Gongchandang)‹, aber Du hast nur Angst, diese Aussagen sorgfältig zu überprüfen. Wenn Du dies getan hast, wirst Du die Wahrheit finden, dass es sich nur um eine Verleumdung von HUANG Zi handelt! […] Obwohl HUANG Zi ein Jahr jünger ist als ich, ist er mein Lehrer. Er ist der erste Musikpädagoge, der die moderne westliche professionelle Kompositionstheorie und -methode systematisch und umfassend in China gelehrt hat. Weiterhin hatte er große Ambitionen, eine chinesische nationale Musik zu gründen. Ohne die Lehre von HUANG Zi würde ich als Komponist unmöglich Erfolg haben können, und alle von ihm unterrichteten Schüler meiner Generation haben dieses gleiche tief verwurzelte Gefühl.«[285]

He riskierte mit dieser Veröffentlichung seine Karriere, doch die Richtigstellung traf auf große Resonanz und führte dazu, dass sich zahlreiche Musikwissenschaftler wieder mit Huang und der ersten Generation chinesischer Liedkomponisten beschäftigten und deren Kompositionen und ihr Beitrag zur jüngsten chinesischen Musikgeschichte wiederentdeckt und anerkannt wurde.

---

[284] HE Lu-Ting, HUANG Zi yi zuo ji zong xu, [Vorwort der Sammlung von HUANG Zis hinterlassenen Werken], in: *Yinyue yishu* [Kunst der Musik, Journal der Staatlichen Hochschule für Musik Shanghai] 7 (1985), H. 2, S. 1–3.
[285] Ebd.

6 TAN Xiao-Lin – der chinesische Schüler von Paul Hindemith

6.1 Einleitung

TAN Xiao-Lin (1911–1948) war ein bedeutender chinesischer Komponist und Pädagoge in der chinesischen Musikgeschichte. Als Schüler von Paul Hindemith (1895–1963) wurde er von dessen Musik stark beeinflusst und verbreitete Hindemiths Theorie und Kompositionstechnik in China. Tan widmete sich besonders der Kammermusik und strebte in seiner Musik danach, die Beeinflussung durch die europäische romantische Musik und den Impressionismus zu überwinden. Passend zum jeweiligen Inhalt des Stückes bediente er sich verschiedener musikalischer Elemente, entlehnt aus der traditionellen chinesischen Musik, der klassischen westlichen Harmonielehre und der modernen Harmonik, verschiedene Arten von Rhythmus und Taktart, und setzte sie frei in seinen Kompositionen ein. Sein Werk hat eine strenge aber feine Gesamtheit.[286] Besonders in seinen Kunstliedern zeigt sich sein neuer Stil, mit musikalischen Eigenschaften, die zu dieser Zeit in China einzigartig waren.

Als Lehrer arbeite TAN Xiao-Lin in China aufgrund seines frühen Todes zwar nur zwei Jahre, aber er bildete in diesem Zeitraum mehrere junge Studenten aus, die wiederum eigene Werke mit der modernen Technik komponierten. Unter ihnen finden sich die bekannten Komponisten LUO Zhong-Rong, QIN Xi-Xuan, QU Xi-Xian und YANG Yu-Shi. TAN Xiao-Lin brachte Hindemiths *Unterweisung im Tonsatz* als Lehrmaterial der modernen Kompositionstechnik mit an die Staatliche Hochschule für Musik Shanghai und forderte wie Hindemith seine Schüler dazu auf, Neues zu erforschen und das neue System mit traditionellen chinesischen Stilelementen zu verbinden. Durch seinen Unterricht wurde das neoklassizistische Kompositionssystem, das typisch für die moderne westliche Musik des 20. Jahrhunderts ist, in China verbreitet und die Entwicklung der chinesischen »Neuen Musik« unmittelbar gefördert.

Aufgrund seines frühen Todes sowie der Folgen von Bürgerkrieg und Kulturrevolution (1966–1976) waren Tan und seine Lieder lange Zeit in Vergessenheit geraten. Seine Manuskripte wurden nur durch den persönlichen Einsatz

---

[286] Vgl. WANG Yu-He, *Zhongguo jin xian dai yinyue shi*, S. 284.

einiger enger Freunde vor der Vernichtung durch Krieg und Kulturrevolution bewahrt und blieben dadurch vollständig erhaltenen. Nach der Reform und Öffnung Chinas normalisierte sich die Situation im Kultur- und Musikbereich und im Jahre 1982, 34 Jahre nach Tans Tod, wurde seine Liedersammlung schließlich in China veröffentlicht.

Erst in jüngster Vergangenheit beschäftigen sich mehr und mehr Musikwissenschaftler mit seinem Wirken und erkennen, dass seine Werke der 1940er Jahre, vor allem seine Lieder und sein kreativer Kompositionsansatz, einen besonderen Stellenwert in der Geschichte der modernen chinesischen Musik haben. Hindemith selbst schrieb im Vorwort von Tan-Xiao-Lins Werksammlung über seinen ehemaligen Schüler:

> »It is my opinion that, with the death of TAN Xiao-Lin, the music world in China has been deprived of an extremely talented and intelligent musician. I admired him because he was a remarkable performer on Chinese musical instruments, but apart from that, he also had a profound knowledge of Western musical culture and music. Making techniques, to the extent that if he had had the opportunity to develop his talent to the full, he could have been an outstanding figure in the regeneration of the music of his own country and a sensitive communicator between the musical cultures of China and the West. If the publication of his works can stimulate other talented Chinese musicians to continue moving forward for the benefit of music in China, and can help to endow them with the same virtuous and responsible artistic approach that he had, then the life of this lovely friend of mine, his work and all the hardships he bore before he died, will not have been in vain. His spirit should live on in this way among these musicians, and enable them to carry on the work for his country which he did not manage to complete.«[287]

6.2 Biographie

TAN Xiao-Lin (1911–1948), geboren in Shanghai, wurde schon in seiner frühesten Kindheit von der traditionellen chinesischen Musik in seiner Entwick-

---

[287] Paul Hindemith: Vorwort zu TAN *Xiao-Lin gequ xuan ji* [Liedersammlung von TAN Xiao-Lin], Beijing 1982. Nach TAN Xiao-Lins Tod bat sein enger Freund FU Lei, ein bekannter Übersetzer, Paul Hindemith, das Vorwort für die geplante Werksammlung von TAN Xiao-Lin zu schreiben. Am 7. November 1948 kam Hindemith seiner Bitte nach. Es sollte das einzige Mal bleiben, dass Hindemith für einen seiner asiatischen Schüler ein Vorwort schrieb. Die chinesische Übersetzung des Vorworts wurde erst nach 34 Jahren in China veröffentlicht. Das obige Zitat ist der englischsprachige Originaltext von Hindemith.

lung beeinflusst. Bereits mit sieben Jahren begann er, die traditionelle chinesische Kniegeige Erhu und die traditionelle chinesische Laute Pipa zu erlernen.[288]

Von 1931 an studierte er als Hauptfach Pipa an der Staatlichen Hochschule für Musik Shanghai, der zur damaligen Zeit ersten Hochschule für Musik in China. Shanghai hatte sich in Folge der ausländischen Konzessionen zu einer internationalen Weltstadt entwickelt und bot ein offenes und vielseitiges kulturelles Umfeld. Während dieser Zeit kam Tan zum ersten Mal mit der Musikform des Kunstliedes in Kontakt und entschied sich, im Nebenfach Komposition bei dem berühmten chinesischen Kunstlied-Komponisten HUANG Zi zu studieren, bis dieser im Jahre 1938 verstarb.[289]

Abbildung 33: Portrait von TAN Xiao-Lin aus Studienzeiten an der Staatlichen Hochschule für Musik Shanghai.[290]

Mit der Sehnsucht, sein Wissen über die westliche Musik weiter zu vertiefen, ging TAN Xiao-Lin 1939 in die USA und studierte erst Komposition bei Prof. Norman Lockwood am Oberlin College, Oberlin, Ohio, bevor er im Jahr 1941 an die renommierte Yale University, New Haven, Connecticut wechselte und

---

[288] Vgl. WANG Yu-He, *Zhongguo jin xian dai yinyue shi*, S. 280.
[289] Vgl. QIAN Ren-Ping, »On the Research of Tan Xiao-Lin«, in: *Huangzhong* (Journal of Wuhan Conservatory of Music, China) 18 (2004), H. 2, S. 29.
[290] LUO Qin und QIAN Ren-Ping (Hrsg.), *Guoli yinyue yuan • guoli yinyue zhuanke xuexiao tujian (1927–1941)*, S.130.

sein Studium für weitere 18 Monate bei Prof. Richard Donovan fortsetzte.[291] Ab 1942 studierte er vier Jahre Komposition bei Paul Hindemith,[292] der während der Zeit des Nationalsozialismus in die USA ins Exil gegangen war und an der Yale University eine Lehrtätigkeit aufgenommen hatte. Tan studierte an der Yale University neben der traditionellen europäischen Harmonielehre des 18. und 19. Jahrhunderts auch bei Hindemith Komposition. Dessen moderne Harmonielehre sollte seinen späteren Kompositions-Stil sehr stark beeinflussen. Hindemith und TAN Xiao-Lin verbanden die zu dieser Zeit prägenden Kriegseindrücke und das schwierige politische Klima in ihren jeweiligen Herkunftsländern. Vielleicht fiel es TAN Xiao-Lin auch deshalb leicht, die neue, sich von der »Harmoniesucht« abwendende Musikästhetik für seine Kompositionen zu adaptieren. Im zweiten Jahr seines Studiums bei Hindemith komponierte Tan das Stück *Violin and viola duet* (1944), das als eines der besten Kammermusikwerke in der chinesischen Musikgeschichte gilt.. Durch die erfolgreiche Aufführung dieses Werkes bekam Tan ein Stipendium von der Yale University. Hindemith schätzte ihn als Schüler sehr, unter anderem übernahm er bei einer Aufführung des Werkes im Jahr 1944 in Chicago selbst den Part der Bratsche, produzierte eine Schallplatteneinspielung des Werkes[293] und schrieb nach Tans Tod das Vorwort für dessen Werksammlung[294]. Im Jahr 1945 wurde TAN Xiao-Lin für sein Werk *String Trio* der renommierte Jackson Preis (J. D. Jackson) für »eines der herausragenden kammermusikalischen Werke« verliehen.[295]

Während seiner Zeit in den USA schuf TAN Xiao-Lin auch mehrere Kunstlieder, deren Texte auf alter und zeitgenössischer chinesischer Poesie basieren, z. B. *Zi jun zhi chu yi* (engl. Titel *Since you went away*) nach einem Gedicht von ZHANG Jiu-Ling aus der Tang-Dynastie (618–907 n. Chr.), *Gu lang ji* (engl.

---

[291] Vgl. QIAN Ren-Ping, »Feng zhong de huai nian- Tan Xiao-Lin dui zhongguo xin yin yue fa zhan de gong xian«, in: *Yinyue aihaozhe/Music Lover* 24 (2002), H. 11, S. 29.

[292] Vgl. WANG Yu-He, *Zhongguo jin xian dai yinyue shi*, S.281.

[293] Ebd., S. 282.

[294] Paul Hindemith (Übersetzung ins Chinesische durch YANG Yu-shi), »Vorwort von TAN Xiao-Lins Werksammlung«, in: *Yinyue yishu* [Kunst der Musik, Journal der Staatlichen Hochschule für Musik Shanghai] 2 (1980), H. 3, S. 7. P. Hindemith schrieb das Vorwort bereits am 7. Nov. 1948, aber es erschien erst im Jahr 1980.

[295] SHEN Zhi-Bai, »Tan Xiao-Lin xian sheng zhuan lue«, in: *Yinyue yishu* [Kunst der Musik, Journal der Staatlichen Hochschule für Musik Shanghai] 2 (1980), H. 3, S. 6–7. Dieser Text wurde auch am 15.10.1948, direkt nach TAN Xiao-Lins Tod, von einem unbekannten Autor in der Zeitung *Shanghai xinminbao wankan* veröffentlicht.

Titel *Gulang Rock*)[296], nach einem Gedicht von ZHU Xi-Zhen aus der Song-Dynastie (960 bis 1279 n. Chr.) und *Bieli* (engl. Titel *Parting*) nach einem Gedicht von GUO Mo-Ruo aus dem Jahr 1919.

Abbildung 34: TAN Xiao-Lin bei einem Auftritt mit der chinesischen Laute Pipa anlässlich einer internationalen Studentenfeier in Boston, USA (1944).[297]

Im Herbst 1946, nach dem Ende des Zweiten Weltkrieges, kehrte TAN Xiao-Lin schließlich nach China zurück. Er lehrte an seiner ehemaligen Schule, der Staatlichen Hochschule für Musik Shanghai, als Leiter der Fakultät Komposition und brachte dabei seine neuen Kompositionsansätze ein. Wegen seines umfassenden Wissens und seiner exzellenten Didaktik wurde er von seinen Studenten sehr geschätzt. Nach nur zwei Jahren Lehrtätigkeit in Shanghai verstarb TAN Xiao-Lin unerwartet im August 1948, ein Jahr vor der Gründung des Neuen China. Er wurde nur 37 Jahre alt.

---

[296] Der Gulang Ji ist ein berühmter Felsen im Yangtze-Fluss.
[297] QIAN Ren-Ping (Hrsg.), *TAN Xiao-Lin bainian danchen yanjiu wenji* (Essays for Commemorating the Centenary of Tan Xialin's Birth), Shanghai 2011, S. 245.

6.3 Die Kunstlieder von TAN Xiao-Lin und sein Beitrag für die Verbreitung der modernen deutschen Kompositionstechnik in China

Als Komponist hinterließ TAN Xiao-Lin aufgrund seines frühen Todes nur wenige Werke, hauptsächlich Vokal- und Kammermusik. Sein Stellenwert zeichnet sich daher weniger durch die Anzahl der Stücke als vielmehr durch die ausgereifte Kompositionstechnik und das hohe Niveau aus, mit dem Tan Elemente traditioneller chinesischer Musik mit Hindemiths moderner westlicher Ästhetik kombiniert. Er lehrte als erster Dozent in China nach Hindemiths *Unterweisung im Tonsatz*.[298] LUO Zong-Rong, selbst bekannter Liedkomponist für »Neue Musik«, Schüler von TAN Xiao-Lin und Übersetzer von Hindemiths Werk *Unterweisung im Tonsatz* ins Chinesische, beschreibt Tans Liedkompositionen so:

>»TAN Xiao-Lin unterscheidet sich in der Verwendung der Harmonik wesentlich von anderen Komponisten seiner Zeit. Er setzt in weitem Umfang Akkorde ein, die in der westlichen Klassik und Romantik wenig bis selten benutzt wurden. Seine Anwendung der Akkorde geht dabei weit über die traditionelle Harmonielehre hinaus. Er konzentriert sich nicht nur auf das Verhältnis der verschiedenen Klangfarben, sondern auch gezielt auf die harmonische Spannung innerhalb der Komposition. Er plante das harmonische Gefälle seiner Lieder fein und dediziert von ruhigen Klängen zu stimmungsvollen Entwicklungen und wieder zurück. Darüber hinaus folgte er weder dem romantischen dur-moll-tonalen System, noch der Modulationstheorie der klassischen Harmonielehre, sondern dem neuen Kompositionsansatz seines Lehrers Hindemith. Er nahm die chromatische Tonleiter der zwölf Halbtöne als Kompositionsmaterial, und setzte Hindemiths Modulationstheorie des ›tonalen Zentrums‹ ein. Dazu brachte er bewusst auch die traditionelle chinesische Pentatonik mit ein, um die Tonarten vielfältiger zu gestalten. Er erschuf einen eigenen Stil der ›Polytonalität‹, auf Basis der modernen Musik des 20. Jahrhunderts, aber mit deutlicher chinesischer Prägung.«[299]

Tans Schaffen lässt sich in zwei Perioden unterteilen. Seine frühen Werke stammen aus der Zeit seines Studiums an der Staatlichen Hochschule für Mu-

---

[298] DOU Man-Li, »Theoretical and practical fusion between western and Chinese music in the early 20th century – The case of TAN Xiao-Lin's art songs«, in: *Zhongguo yinyue xue/Musicology in China* 22 (2006), H. 4, S. 110.

[299] Deutsche Übersetzung von LUO Zhong-Rong, »TAN Xiao-Lin yishu gequ de hesheng« [Harmonie der Kunstlieder von TAN Xiao-Lin], in: *Yinyue yishu* [Kunst der Musik, Journal der Staatlichen Hochschule für Musik Shanghai] 11 (1989), H. 3, S. 41–48.

sik Shanghai und den ersten Jahren in den USA (1932–1941). Seine späteren Werke entstanden während seines Studiums bei Paul Hindemith und in den Jahren danach (1942–1948). Beispiele für seine Kompositionen aus der frühen Periode sind das Lied *Chunyu chunfeng* [Frühlingsregen und Frühlingswind] nach einem Gedicht von ZHU Xi-Zhen aus der Song-Dynastie (960–1279 n. Chr.) und das Lied *Yun xiang yi shang hua xiang rong* [Beim Anblick von Wolken erscheint deine Kleidung, Blumen strahlen wie dein Gesicht]. Diese Werke sind deutlich vom musikalischen Stil seines damaligen Lehrers Huang-Zi beeinflusst. Während seiner Studienzeit in den USA komponierte er die Lieder *Zi jun zhi chu yi*, *Gu lang ji*, *Bieli* (dieses Lied wird als typisches Beispiel im Folgenden analysiert) und *Too solemn for Day*. Nach seiner Rückkehr nach China komponierte er mehrere weitere Lieder, darunter *Xiao Lu* [Kleiner Weg] für hohe Stimme und Klavier, eine Bearbeitung eines Volksliedes aus der Inneren Mongolei, das Stück *Zhengqi ge* [Lied der Gerechtigkeit] und das Lied *Song qinglang* [Begleit Dich, Geliebter zum Abschied] für hohe Stimme und zwei Erhu.[300]

6.4 Analyse von TAN Xiao-Lins Kunstliedern am Beispiel von *Bieli*

Bieli (Parting) ist ein typisches Kunstlied aus Tans später Schaffensperiode (1946) und wurde unter direkter Betreuung durch Paul Hindemith komponiert. Anhand des Inhalts, der Gestaltung, der Kompositionstechnik, der Melodik und Harmonik lässt sich deutlich nachweisen, wie stark Tans spätere Werke vom deutschen Lied und Hindemiths Theorie beeinflusst wurden.

6.4.1 Auswahl und Inhalt des Textes von *Bieli*

Tan folgte den typischen Eigenschaften des deutschen Kunstliedes und wählte als Text für sein Lied *Bieli* ein Werk aus der chinesischen Lyrik mit hohem künstlerischen Wert. Das dem Lied zu Grunde liegende Gedicht stammt von GUO Mo-Ruo, einem bekannten Lyriker, Prosaschriftsteller, Dramatiker, Übersetzer und Gründer der »Neuen chinesischen Poesie«, der manchmal auch als der »chinesische Goethe« bezeichnet wird,[301] Tan verwendet das Gedicht

---

[300] Die Erhu ist eine traditionelle chinesische Kniegeige.
[301] GUO Mo-Ruo schrieb zahlreiche Gedichte z. B. *Hundert Blumen blühen* (1957), außerdem Gedichtsammlungen wie *Göttinnen* (1921), *Sternenhimmel* (1923), *Die Vase* (1927) u. a. Er war auch Autor von berühmten chinesischen Dramen wie *Drei rebellische Frauen* (1926), *Qu Yuan*

über die Schmerzen der Trennung von einer Geliebten, um sein eigenes Gefühl des Abschieds und der Ferne von seiner Heimat auszudrücken. Das Lied *Bieli* wurde von Tan im Jahr 1946 während seiner Zeit in Amerika komponiert. Er studierte zu diesem Zeitpunkt schon 7 Jahre in den USA, zehntausend Kilometer entfernt von seiner Familie. Zudem war es die Zeit des antijapanischen Krieges in China, in der er keine Möglichkeit fand, nach Hause zurückzukehren. TAN Xiao-Lin wählte für sein Werk die Form des Kunstliedes, da sich diese besonders dazu eignet, tiefe persönliche Empfindungen Ausdruck zu verleihen.

6.4.2 Komposition von *Bieli*

Bei der Analyse des Liedes *Bieli* wird weiterhin deutlich, dass Tan bei der Komposition von Melodie und Rhythmus seiner Lieder besonderen Wert auf das Zusammenwirken von Text und Musik legte, um Stimmung und Charakter der zugrundeliegenden Lyrik zu erhalten bzw. noch zu verstärken. Zum Beispiel liegen die zentralen Worte des Textes auf betonten Noten oder auf einem langen Ton, und der Rhythmus des Liedes orientiert sich so nah wie möglich an dem Sprachrhythmus des Gedichts. All dies sind auch bekannte Merkmale des deutschen Kunstliedes.

Sprachliche und musikalische Betonungen liegen in *Bieli* auf denselben Stellen. Im fünften Takt in der zweiten Verszeile liegt beispielsweise das Wort »採« (pick) nicht nur auf dem Taktschwerpunkt, sondern die Note ist auch mit einem Akzent bezeichnet. Weiterhin erfolgt hier auch der erste Harmoniewechsel, der gleichsam den Ausstieg aus dem Ostinato der Klavierbegleitung auslöst. In der dritten Phrase in T. 8 wird das wichtige Wort »不« (can't) betont, indem die Singstimme den ersten melodischen und dynamischen Höhepunkt erreicht. Ähnliche Beispiele für Betonungen finden sich auch in den Takten 17 und 19. TAN Xiao-Lin reichert seine Komposition mit einer hohen dynamischen Bandbreite sowie mit Temposchwankungen an, um den Textgehalt noch besser musikalisch zu verdeutlichen (siehe Notenbeispiel 23).

Neben der Verwendung der oben genannten typischen Kunstlied-Elemente achtete TAN Xiao-Lin bei der Komposition von *Bieli* ausgesprochen darauf,

---

(1942), *Cai Wenji* (1959) und vielen weiteren. Er übersetzte weiterhin *Die Leiden des jungen Werthers* und *Faust* I. und II. Teil von Goethe im Jahr 1922, 1928 und 1953, *Wallenstein* von Schiller (1926), *Also sprach Zarathustra* von Nietzsche und *Krieg und Frieden* von Tolstoi (1931) ins Chinesische.

auch die Besonderheiten der chinesischen Sprache (Aussprache und Wort–satz[302]), des dem Text zugrundeliegenden Gedichtes (Reime, Rhythmus) und der chinesischen Musikästhetik einfließen zu lassen. Um die Zusammengehörigkeit zweier Zeichen innerhalb eines Wortsatzes zu unterstreichen, werden Wortsätze mit relativ schnellem Rhythmus vertont, damit die Bedeutung des Textes in der gesungenen Aussprache eindeutig erhalten bleibt und Missverständnisse beim Zuhörer vermieden werden. »掇之« (pick it) erscheint zweimal, in Takt 5 und Takt 14, wobei das erste Zeichen immer im Achtel-Ton komponiert ist, damit es schnell mit dem zweiten Zeichen verbunden werden kann (siehe Notenbeispiel 24). Ein weiteres Beispiel hierfür ist der Wortsatz »青天« (to climb), der in Takt 15 und 17 nach demselben Prinzip vertont ist. Andere Wörter, die mit einzelnen Zeichen geschrieben werden, erhalten meistens eine Viertelnote oder noch längere Notenwerte. Auf diese Weise entspricht der Rhythmus der Melodie möglichst genau dem Rhythmus der Rezitation, sodass der einzigartige Charme der chinesischen Lyrik erhalten bleibt. Wie beim deutschen Kunstlied sollten die Sänger und Sängerinnen den Inhalt und die Reime des lyrischen Textes verinnerlichen und die Lyrik auch ohne Musik gut vortragen können.

Neben den Besonderheiten der chinesischen Sprache bezog TAN Xiao-Lin auch Spezifika der traditionellen chinesischen Musik in seine neu komponierten Kunstlieder mit ein. Die Melodie der Gesangspartie enthält zahlreiche Elemente der chinesischen Pentatonik. Durch diese Verbindung europäischer und chinesischer Elemente wirkt die Melodie seines Liedes für ein chinesisches Publikum nicht fremd. Der Einsatz pentatonischer Tonfolgen wird im folgenden Notenbeispiel 25 anhand der Takte 2–11 von *Bieli* gezeigt.

TAN Xiao-Lin projizierte die chinesischen pentatonische Elemente auf das westliche chromatische System. Wie in Notenbeispiel 25 zu erkennen, sind die einzelnen melodischen Abschnitte diatonisch, aber zusammen ergänzen sie sich zu einem chromatischen Ganzen (allerdings fehlt der Ton *ges*).

---

[302] In der chinesischen Sprache kann ein Schriftzeichen (Wort) je nach Verbindung mit einem benachbarten Zeichen eine grundlegend verschiedene Bedeutung haben. In der modernen Sprache, besteht ein Begriff daher meist aus einer festen Kombination zweier Zeichen, dem sogenannten »Wortsatz«.

Notenbeispiel 23: Partitur von TAN Xiao-Lins Lied *Bieli*, mit englischem Text und harmonischer Analyse. Der englische Text des Liedes im vorliegenden Notenbeispiel ist eine wortwörtliche Übersetzung, die zur musikalischen Struktur passt. Die Töne in Klammern werden nur eingesetzt, um dem englischen Text gerecht zu werden, und kommen in der chinesischen Version nicht vor.[303]

---

[303] TAN Xiao-Lin, *Bieli*, in: ZHANG Chou und MAO Kuang-Ping (Hrsg.), *Zhongguo yishu gequ xuanji*, Bd. 1, S. 183–184. Ein im Jahr 2011 anlässlich von Forschungen zum 100. Geburtstag von TAN Xiao-Lin wiederentdecktes Manuskript von TAN Xiao-Lin zeigt, dass die Komposition in der Originalversion einen ganzen Ton höher war als in dieser Sammlung und allen anderen aktuellen Quellen in China gezeigt. Der Grund für die Änderung ist noch unbekannt. Die Analyse der Akkorde sowie die englische Übersetzung des Textes wurden von der Autorin ZHANG Jingyu hinzugefügt.

Notenbeispiel 24: Melodie des Gesangsparts in *Bieli* am Beispiel der Takte 4–6 und 13–19. Der Rhythmus ist an die Eigenschaften der chinesischen Sprache angepasst.

Notenbeispiel 25: Pentatonische Elemente der Hauptmelodie in den Takten 2–11 von *Bieli*

Die Melodik und Harmonik in Tans späten Werken sind im Vergleich zu seinen frühen Werken stark von Paul Hindemith beeinflusst. Die Analyse von Tans Schaffen erfordert daher, sich mit den Kompositionen sowie den Theorien Hindemiths zu beschäftigen. In seinem Buch *Unterweisung im Tonsatz* legte dieser sein System der Harmonik und Melodik ausführlich dar, welches unter anderem die Obertonreihe, die sogenannten Intervallgrundtöne, den Tritonus, den harmonischen und melodischen Wert der Intervalle, die Gruppeneinteilung der Akkorde, das harmonische Gefälle in Akkordbewegungen sowie weitere Aspekte umfasst. Hindemiths Ziel war die Einführung eines universellen Systems, das »Musik aller Stilarten und aus allen Zeiten«[304] analytisch beschreiben kann. Als Beispiele analysiert er darin Werke von Johann Sebastian Bach, Richard Wagner sowie eigene Werke und Werke weiterer zeitgenössischer Komponisten wie Arnold Schönberg und Igor Stravinsky, die nicht mehr nach der diatonischen Tonleiter komponiert waren.

Die Basis von Hindemiths Theorie ist die natürliche Obertonreihe, sie kann auch klassische westliche Lieder adäquat beschreiben. Dies wird in *Unterweisung im Tonsatz* klar, wo er schreibt:

> »Die Töne 1–6 der Obertonreihe (die Oktave, Quinte, Quarte, große und kleine Terz enthaltend) und ihre höheren Oktaven [...] zeigen uns den ausgebreiteten Durdreiklang [...] So lange es eine Musik gibt, wird sie immer von diesem reinsten und natürlichsten aller Klänge ausgehen und in ihm sich auflösen müssen [...] Der Erdanziehung entspricht im Gebäude der Töne der Dreiklang.«[305]

Die chinesische Pentatonik basiert ebenfalls auf der natürlichen Obertonreihe und kann deshalb auch mit Hindemiths Theorie beschrieben werden. In China herrscht die Auffassung vor, dass Hindemiths Theorie-System auf der natürlichen Eigenschaft der Töne basiert und deshalb jederzeit auf jegliche Musik angewendet werden kann.[306] Dies erlaubte den modernen chinesischen Komponisten einen besseren Zugang zu Hindemiths Theorie und erleichterte es ihnen, später Elemente der traditionellen chinesischen Musik mit in ihre Lieder einzubinden.

Dabei gibt es die Schwierigkeit, dass das wohltemperiert gestimmte Klavier als essentielles Begleitinstrument des Kunstliedes nicht vollkommen zur chine-

---

[304] Paul Hindemith, *Unterweisung im Tonsatz*, Mainz 1940, S. 239.
[305] Ebd, S. 39.
[306] Vgl. QIN Xi-Xuan, »Hui yi tan xiaolin xiansheng« [Erinnerungen an TAN Xiao-Lin], in: *Zhongguo yinyue/Chinese music* 1 (1981), H. 4, S. 51–52.

sischen Pentatonik passt. Um dennoch beides miteinander kombinieren zu können, akzeptierte TAN Xiao-Lin das Komma zwischen den Tonhöhen der chinesischen pentatonischen Tonleiter und dem gleichstufig gestimmten Klavier. Gleichermaßen akzeptierte auch Hindemith, dessen Theorie eigentlich auf der Natur und Physik als Begründungsinstanz basiert, das tatsächliche Komma zwischen den Tonhöhen der natürlichen Obertonreihe und Musikinstrumenten mit gleichstufiger Stimmung. Hindemith erklärt in seinem Buch dazu:

> »Keine irgendwie geartete Lösung des Tonleiterrätsels kann diesen Zwiespalt überbrücken. Immer wird entweder die Reinheit zu kurz kommen oder die Möglichkeit ungehinderter Mehrstimmigkeit fehlt. Es ist darum erstaunlich, dass auf die eben geschilderte raumteilende Weise eine der genialsten Erfindungen des menschlichen Geistes gemacht wurde: unsere auf den heutigen Tasteninstrumenten übliche chromatische Tonleiter gleichschwebender Temperatur. Notwendigerweise ist auch sie eine Kompromißlösung, aber eine von der Art, die im Wirtschaftsleben an Stelle des Warenaustausches das Geld gesetzt hat. Die musikalische Scheidemünze, die 12-Halbtonreihe der gleichschwebend temperierten Tonleiter ist zum Allerweltsverständigungsmittel des Musikers geworden.«[307]

Hindemith befand, dass das Medium und die Basis der Musik die Chromatik sei. Er betrachtete die sieben Töne der diatonischen Dur- und Moll-Tonleitern als Teil der Chromatik, insofern sind auch die fünf Töne der chinesischen pentatonischen Tonleiter darin enthalten. TAN Xiao-Lin arbeitete mit den chinesischen pentatonischen Tonleitern genauso innerhalb der Chromatik. Dies erweiterte den Denkraum der traditionellen Tonalität erheblich.

Basis von Hindemiths Tonalitäts-Auffassung ist die Neuordnung der zwölf chromatischen Töne mit Hilfe der Obertöne. Die so entstehende Reihe zeigt die Verwandtschaftsgrade der Töne in zunehmender Entfernung vom ersten Ton. Ausgehend vom Ton c lautet die Reihe z. B. C – G – F – A – E – Es – As – D – B – Des – H – Ges/Fis. Hindemith erläutert:

> »Wir nennen die bedeutungsvolle Reihe, in der uns die zwölf Töne der chromatischen Leiter in der absteigenden Folge ihrer Verwandtschaft zu einem Ausgangston geordnet erscheinen, von nun an *Reihe 1*. Die Verwandtschaftswerte, wie sie in ihr feststehen, sind Maß und Regel für das Verbinden von Klängen, die Ordnung harmonischer Folgen und dadurch für den klanglichen Ablauf der Kompositionen.«[308]

---

[307] Paul Hindemith, *Unterweisung im Tonsatz*, S. 45–46.
[308] Ebd., S. 78.

Hindemith entwickelte sein System der tonalen Harmonik weiter und ergänzte es durch eine zweite Reihe, die gemäß dem Klangwert der Intervalle angeordnet ist. Dieser ergibt sich aus dem Konsonanzgrad, der durch mitschwingende sogenannte Kombinationstöne entsteht. Hindemiths weiterentwickelte Theorie des harmonischen und melodischen Wertes der Intervalle, des Wertes der Klänge sowie des harmonischen Gefälles, der melodischen Modulation und des Melodiestufenganges fußt auf dem Basisprinzip dieser zwei Reihen.

Bei genauerer Betrachtung wird klar, dass TAN Xiao-Lin in seinem Lied *Bieli* die Hindemith'sche Theorie des Tonsatzes frei, flexibel und zweckdienlich verwendet. Deren Anwendung lässt sich beispielsweise gleich auf den ersten Blick in der ersten Phrase des Liedes *Bieli* anhand der Tonalität der Stufengänge von Melodie und Klavierbegleitung erkennen. Der Gesamtstufengang der Begleitung im ersten Takt wird im zweiten und dritten Takt identisch wiederholt, wobei sich der Melodiestufengang nicht wiederholt. Während im Gesamtstufengang der Begleitung der Grundton A ist, ist G der Grundton der Melodie. Durch die so entstehende Spannung zwischen den beiden Stufengängen wird eine düstere Stimmung erzeugt.

Gegenläufige Stufengänge stellen ein typisches Element von Hindemiths Theorie dar. Hindemith schreibt darüber:

»Häufig kommt es vor, daß sich Gesamtstufengang und Melodiestufengang gleichen; dann wird eine schöne, eindeutige, manchmal nichtssagende Klarheit erzielt. Ebenso häufig ist ein Gegeneinanderstehen beider Gänge. Wie groß die Spanne zwischen ihnen gehalten wird, ob man sie mit geringen Abweichungen miteinander führt oder in krasser Unbekümmertheit eigene Wege gehen läßt, das ist eine Frage, die durch Bildung und Geschmack, nicht durch die Satztechnik gelöst wird. […] Sicher erträgt auch der wenig geschulte Hörer leichter als früher unabhängige Gänge, es hat aber auch heute nur dann Sinn, starke harmonische Spannungen hervorzurufen, wenn Stil und Zweck eines Stückes danach verlangen.«[309]

TAN Xiao-Lin setzt an dieser Stelle seines Stückes das Gegeneinanderstehen zweier Gänge geschickt ein, um die Schemenhaftigkeit des Mondes und den düsteren Gemütszustand des Protagonisten eindrücklich zu beschreiben und besser darzustellen. Die Analyse der Anfangssequenz von *Bieli* zeigt, dass Tan die besondere Tonalität seinem eigenen Stil gemäß erfolgreich einsetzt.

Neben der Melodik gestaltet TAN Xiao-Lin in seinem Stück *Bieli* auch die Harmonik ganz bewusst (eine typische Eigenschaft des deutschen Kunstlie-

---

[309] Ebd., S. 221–222.

des), und setzt dabei Akkorde nach Hindemiths neuer Definition ein, um die tiefe emotionale Stimmung des Liedes zu übertragen. Darunter befinden sich zahlreiche Akkorde, die nicht zur traditionellen Harmonielehre gehören, wie z. B. im 16. Takt deutlich zu erkennen (siehe Notenbeispiel 23).

In der traditionellen Harmonielehre besteht das Bauprinzip der Akkorde aus dem Übereinandersetzen von Terzen, während Hindemith definiert: »als Akkord wird eine Gruppe Töne und davon wenigstens drei verschiedenen gleichzeitig erklingenden Tönen angesehen.«[310] Dadurch ergeben sich in Bezug auf die Struktur der Klänge deutlich mehr Möglichkeiten. Hindemith führt eine Tabelle zur Akkordbestimmung ein, die alle Akkorde, sowohl die traditionellen als auch die modernen Akkorde, umfasst.

Grundsätzlich werden bei der Akkordbestimmung nach Hindemith zwei Kategorien unterschieden, deren eine (Kategorie A) die Akkorde ohne Tritonus und deren andere (Kategorie B) die Akkorde mit Tritonus umfasst. Die Akkorde der Kategorie A teilt Hindemith wiederum in die Untergruppen I, Klänge ohne Sekunden und Septimen, Untergruppe III, Klänge mit Sekunden oder Septimen oder mit beiden und Untergruppe V, Klänge ohne Tritonus (unbestimmbar), auf. Die Akkorde der Untergruppe I werden weiter geteilt in Akkorde, deren Grundton und Basston identisch sind (I_1) und Akkorde, deren Grundton höher als der Basston liegt (I_2). Analog dazu gibt es unter der Gruppe III noch die Untergruppen III_1 und III_2.

Die Kategorie B teilt sich in die Untergruppen II (Klänge ohne kleine Sekunden und große Septimen; Tritonus untergeordnet), IV (Klänge mit kleinen Sekunden und großen Septimen; ein Tritonus oder mehrere untergeordnet) und VI (Klänge sind unbestimmbar und Tritonus übergeordnet) auf, wobei es noch die Unterscheidung in II_a, II_{b1}, II_{b2}, II_{b3}, IV_1, IV_2 zu beachten gilt (siehe nachfolgende Tabelle zur Akkordbestimmung).

---

[310] Ebd., S. 118.

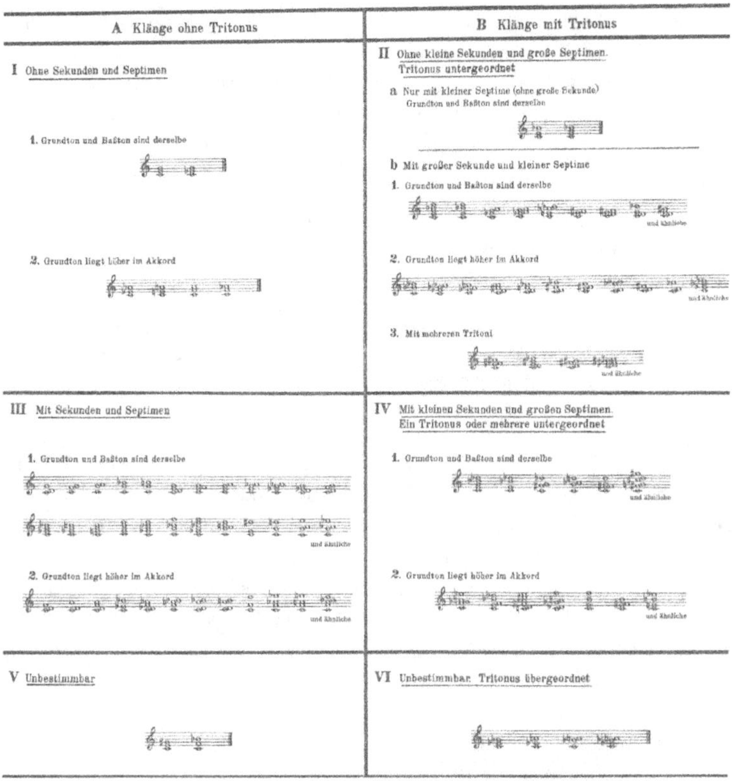
A Klänge ohne Tritonus
B Klänge mit Tritonus
I Ohne Sekunden und Septimen
1. Grundton und Baßton sind derselbe
2. Grundton liegt höher im Akkord
II Ohne kleine Sekunden und große Septimen. Tritonus untergeordnet
a Nur mit kleiner Septime (ohne große Sekunde) Grundton und Baßton sind derselbe
b Mit großer Sekunde und kleiner Septime
1. Grundton und Baßton sind derselbe
und ähnliche
2. Grundton liegt höher im Akkord
und ähnliche
3. Mit mehreren Tritoni
und ähnliche
III Mit Sekunden und Septimen
1. Grundton und Baßton sind derselbe
und ähnliche
2. Grundton liegt höher im Akkord
und ähnliche
IV Mit kleinen Sekunden und großen Septimen. Ein Tritonus oder mehrere untergeordnet
1. Grundton und Baßton sind derselbe
und ähnliche
2. Grundton liegt höher im Akkord
und ähnliche
V Unbestimmbar
VI Unbestimmbar. Tritonus übergeordnet

Abbildung 35: Tabelle zur Akkordbestimmung nach Hindemith.[311]

Über den Charakter der wichtigen Akkordgruppen befindet Hindemith in seinem Buch *Unterweisung im Tonsatz*: Die Akkorde der »Untergruppe III«, so Hindemith,

> »sind ein grobes und wenig edles Geschlecht. Die besten sind die mit drei oder vier Tönen, die entweder einen der Akkorde aus der Untergruppe I enthalten oder sich wenigstens in einigen ihrer Töne dem unerreichbaren Vorbilde möglichst nähern. Auch die Klänge, denen kleine Sekunde oder große Septime mangeln, die sich also auf große Sekunde und kleine Septime beschränken, sind wegen der wegfallenden starken Klangverschärfung edler als die sich sehr reibenden, welche diese Intervalle

[311] Ebd., o. S.

enthalten. Alle Klänge dieser Untergruppe III sind unselbständig, sind sehr abhängig vom Lauf der Melodik und lassen sich nicht mit jedem beliebigen anderen Akkord verbinden. [...] In der Untergruppe IV findet sich ein seltsames Gelichter überspitzter, buntgefärbter, unfeiner Klänge. Alles was sehr gesteigertem Ausdrucke dient, was Lärm macht, aufreizt, erschüttert, anwidert – das gibt sich hier ein Stelldichein.«[312]

Der unterschiedliche Wert, oder Charakter, der Klänge in den einzelnen Akkordgruppen kann dazu eingesetzt werden, die Spannung innerhalb eines Stückes gezielt zu variieren (harmonisches Gefälle).

»Das im Spielen mit den Wert- und Spannungsunterschieden sich ergebende Auf und Ab der Klänge verstehe ich unter dem Namen harmonisches Gefälle. Je nach dem Wert der zur Verbindung nötigen Akkorde kann das harmonische Gefälle steil oder flach sein.«[313]

Hindemith befand, dass sich die harmonische Spannung der Akkorde in der Reihenfolge I– II– III– IV erhöhe, genauer noch in der Folge I_1– I_2– II_a– II_{b1}– II_{b2}– II_{b3}– III_1– III_2– IV_1– IV_2. In der Kategorie IV sind die schrillsten Klänge der modernen Harmonik enthalten. Die Spannung der Kategorien V und VI ist unbestimmbar und hängt von der Verbindung mit dem jeweils vorangegangenen und nachfolgenden Akkord ab. Die im Vergleich zur traditionellen Harmonielehre erweiterte Auswahl an Akkorden und die systematische Zuordnung des Charakters der Klänge in den einzelnen Gruppen gibt dem Komponisten ein System von ›Bausteinen‹ an die Hand, mit deren Einsatz die Komposition gezielt und strukturiert gestaltet werden kann.

Für die Analyse der Akkordgruppen, die TAN Xiao-Lin in seinem Lied *Bieli* einsetzt, sind in der Partitur der Notenbeispiele 23 und 26 zur besseren Nachvollziehbarkeit die Zuordnungen zur jeweiligen Akkordgruppe ergänzt. Durch die harmonische Analyse der Akkordgruppen wird sofort klar, dass sich die Komposition eng an Hindemiths Prinzip orientiert. Die Auswahl der Akkorde aus den verwendeten Gruppen I_1, I_2, III_1, III_2, II_{b2} und IV_2 ist logisch ausgewählt und unterstützt Melodie und Inhalt des Textes. Von Takt 1 bis Takt 15 treten neben den Akkorden aus der Untergruppe I zahlreiche Akkorde aus den Untergruppen III_1 und III_2 auf, insbesondere Akkorde, die nach Hindemith wegen ihrer Nähe zur Untergruppe I die »besten Klänge« dieser Kategorie darstellen. Das harmonische Gefälle zwischen den Akkorden der Untergrup-

---

[312] Ebd., S. 127.
[313] Ebd., S. 145.

pen I und III ist nicht sehr groß und passt zur schweren melancholischen Stimmung in diesem Teil. Abwechslung wird hier vor allem durch Variation der Dynamik erzeugt.

An der dramatischsten Stelle seines Liedes, im Takt 16 (siehe Notenbeispiel 26), erzeugt Tan ein großes harmonisches Gefälle, durch den abrupten Stufengang von II_{b2} auf IV_2.

Notenbeispiel 26: Harmonisches Gefälle in den Takten 13–16 von *Bieli*

Darüber hinaus verstärkt Tan den dramatischen Effekt der »aufreizenden, erschütternden« Akkorde der Gruppe IV durch den Akzent > und *cresc.*, um die im Text beschriebenen Schwierigkeiten zu betonen und die Emotionalität des Worts »难 schwer« darzustellen. In Takt 20 gibt es einen ähnlichen Fall unter Verwendung des Akzents > und von Akkorden der Gruppe IV_1, um die Wörter »我 ich« und »情 fühle« zu betonen und die schmerzlichen Gefühle des Protagonisten zu beschreiben (siehe Notenbeispiel 23). TAN Xiao-Lin war der erste Komponist, der solche Akkorde in der modernen chinesischen Musik anwendete.

6.5 Anforderungen an Sänger und Begleitung

TAN Xiao-Lins Kunstlied-Kompositionen stellen besondere Anforderung an Sänger und Pianisten. Seine neo-klassizistischen, auf der chromatischen Tonleiter basierenden, modernen Kompositionen erfordern, dass der Sänger Tonhöhe und Rhythmus genau hält, da die Gesangsmelodie oft die Dissonanzen innerhalb der Akkorde stellt, die eine starke harmonische Spannung im Takt erzeugen. Der Sänger muss bei solchen Klängen ein besonders genaues Gehör haben, damit solche Akkorde sauber und sicher dargestellt werden können.

Weiterhin erfordern Tans Lieder die Beherrschung sowohl der chinesischen als auch der europäischen Gesangstechnik, da sie in chinesischer Sprache, zugleich aber angelehnt an die Eigenschaften des deutschen Kunstliedes komponiert sind. Jede Sprache hat ihre eigenen klanglichen und melodischen Eigenschaften und Charakteristika, z. B. Italienisch, Französisch oder Deutsch. Je nach Sprache erfordern die Lieder eine eigne, passende Vokalisation für den Gesangspart. In der modernen chinesischen Sprache existieren vier verschiedene Töne, und je nachdem, mit welchem Ton ein und dieselbe Silbe ausgesprochen wird, können sich grundlegend unterschiedliche Bedeutungen ergeben. Um den Inhalt des Liedtextes klar und unmissverständlich ausdrücken zu können (eine Grundanforderung für ein jedes Kunstlied), ist die Vokalisation daher nicht gleich wie bei den europäischen Sprachen. Wegen der Aussprache der Chinesischen Sprache und der daraus entwickelten Gesangtechnik, klingt der chinesische Gesang heller und hat weniger Vibrato als bei typischen deutschen Liedern. Die klare helle Klangfarbe und die deutliche Aussprache der wichtigen Anlaute und Auslaute im chinesischen Gesang wird nicht durch Druck und Verengen der Kehle, sondern durch Verkleinern der Mundhöhle und die Lippenhaltung erzeugt. Die Zwerchfell-Atemtechnik und Resonanzraum-Technik zur Erzeugung von Formanten (kräftige Obertöne) werden aber im chinesischen Kunstlied analog zum deutschen verwendet. Die neuen chinesischen Kunstlieder erfordern vom Sänger daher eine Kombination von beiden Gesangstechniken. Würden chinesischsprachige Kunstlieder mit der reinen westlichen Gesangstechnik (Belcanto oder deutsches Kunstlied) gesungen, erhielte man zwar einen vollen, schönen Klang, aber die Texte wären nur sehr schwer verständlich.

Auch die Klavierbegleitung spielt eine wichtige, dem Gesang gleichgestellte Rolle für die Schaffung der Atmosphäre, das Vermitteln von Emotionen, oder die Ausgestaltung einer Figur. Im Vergleich zu den frühen chinesischen Kunstliedern und den Werken anderer zeitgenössischer Komponisten, ist die Klavierbegleitung bei TAN Xiao-Lin selbstständiger und erzeugt einen Eindruck von Polyphonie zwischen Klavier- und Gesangspart. Seine Liedkompositionen erfordern, dass der Pianist die Bedeutung der auf Hindemiths Theorie der chromatischen Tonleiter und Harmonik basierenden Akkorde versteht, die sich wesentlich von der traditionellen Harmonielehre unterscheiden. Nur so kann er sich erklären, warum die Akkordverbindungen so geschrieben sind und was der Komponist damit ausdrücken wollte. Beispielsweise müssen der

Hauptton der Akkorde und der Zentralton einer jeden Phrase besonders deutlich gespielt werden, damit die Tonalität klarer hervortreten und den Sänger unterstützen kann. Ganz wie beim deutschen Kunstlied müssen die begleitenden Instrumentalisten (meist Pianisten) sowohl der Klangfarbe als auch der Dynamik in Tans Liedern große Beachtung schenken und diese einhalten, damit die innere Stimmung des Liedes richtig wiedergegeben werden kann.

7 Abschließende Bemerkungen

7.1 Zusammenfassung

Die Entstehung und Entwicklung des modernen Kunstlieds in China ist ein wichtiger Teil der modernen chinesischen Musikgeschichte. Dabei ist die Entstehung und Entwicklung der »Neuen Musik« in China nicht vom weltgeschichtlichen Geschehen zu trennen, insbesondere die tiefgreifenden politischen und gesellschaftlichen Veränderungen in China während dieser Zeit übten einen weitreichenden Einfluss aus. Im Zeitraum von 1920, dem Jahr, in dem Qing-Zhu das Lied *Da jiang dong qu* als erstes modernes chinesisches Kunstlied der Geschichte während seines Studienaufenthalts in Deutschland schrieb, bis zu den 1940er Jahren, als TAN Xiao-Lin Hindemiths Theorie aus den USA nach China brachte, entwickelte sich die neue Kunstform rasch und erreichte eine weite Verbreitung und große Beliebtheit mit ihrem Höhepunkt in den 1930er Jahren.

Als eine der Grundlagen blickt China auf eine lange Kulturgeschichte zurück, in der die chinesische Dicht- und Rezitationskunst Schwerpunkte bilden, die bis heute tief in allen Schichten der chinesischen Gesellschaft verwurzelt sind. In der zweitausend Jahre andauernden Epoche des Feudalismus von 221 v. Chr. bis 1912 entwickelte sich eine Hochkultur im Bereich der musikalischen Lyrik mit Blütezeiten in der Tang-, Song-, Ming- und Qing- Dynastie. Da die chinesische Sprache eine Tonsprache ist, in der die Betonung der einzelnen Silben entscheidend für die Bedeutung der Texte ist, weisen die klassischen chinesischen Gedichte eine originäre ›Sprachmelodie‹ auf, die in traditionellen chinesischen Liedern die Basis für die Vertonung bildete. Musikalische Lyrik in Form von Vertonung klassischer Gedichte für Solostimme und instrumentale Begleitung lässt sich in China bis in das erste Jahrhundert v. Chr. zurückverfolgen, in dem nach heutigen Schätzungen das antike Liederbuch *Shijing* entstand. Als ein weiterer Höhepunkt gelten bis heute die Lieder des *Qin Ge* aus der Song-Dynastie (960–1279 n. Chr.), welche dem Austausch persönlicher Gedanken im intellektuellen Bürgertum dienten und damit einem ähnlichen Ansatz folgten wie das romantische westliche Kunstlied.

Das hohe Niveau der chinesischen Dichtkunst und die Jahrtausende alte Tradition im Bereich der musikalischen Lyrik bilden die kulturellen Grundlagen für das moderne chinesische Kunstlied.

Eine Besonderheit dieser traditionellen chinesischen Lieder, wie auch anderer Kunstformen des traditionellen Musiktheaters oder der chinesischen Oper, ist, dass die Kompositionen auf festen Formen, den sogenannten »Qu Pai«, basieren, welche sich aus der Kombination der Reimschemata (»Ci Pai«) der zugrundeliegenden Gedichte mit den Tonfolgen der Sprache ableiten. Durch die strenge Anwendung dieses Prinzips passen neue Kompositionen zur chinesischen Klangästhetik, und Missverständnisse in Bezug auf die Bedeutung des Textes werden vermieden. Die traditionelle chinesische Komposition orientiert sich damit schwerpunktmäßig an strukturellen Aspekten von Text und Sprache und nicht am Inhalt des Stückes oder der Stimmung einer bestimmten Szene. Ein weiteres vorherrschendes Merkmal der traditionellen Musik ist, dass sie zumeist einstimmig komponiert ist und die Begleitinstrumente der Hauptmelodie folgen. Trotz der großen Vielfalt von ›Schulen‹ und Stilen, die sich in der langen Kulturgeschichte Chinas entwickelten, blieben diese Grundprinzipien der Komposition erhalten. Es entwickelte sich eine eigene Musikästhetik, die als Tradition von Meister zu Schüler, von Generation zu Generation überliefert wurde. Diese tief verankerten Grundsätze blieben bis in die »Xuetang yuege« [Schullied-Bewegung] Anfang des 20. Jahrhunderts vorherrschend, in der nach dem Prinzip des »Yi sheng tian ci« [Melodien mit Texten ausfüllen] populäre westliche Lieder mit neuen chinesischen Texten umgeschrieben wurden.

Als direkter historisch-politischer Hintergrund für die Entstehung des modernen chinesischen Kunstlieds als Teil der »Neuen Musik« in China ist die Situation am Ende des 19. Jahrhunderts zu betrachten. China war am Ende der Qing-Dynastie in Folge der Opiumkriege (1840–1842 und 1856–1860) sowie des verlorenen ersten japanisch-chinesischen Kriegs (1894–1895) politisch und wirtschaftlich geschwächt. Während die industrielle Revolution im Westen zu einer stark beschleunigten Entwicklung von Technik und Wissenschaften geführt hatte, war China in sich geschlossen und den Traditionen verschrieben geblieben. Im Jahr 1898 beschloss die kaiserliche Regierung daher die sogenannte »Hundert-Tage-Reform«, die China nach dem Vorbild der erfolgreichen Meiji-Restauration in Japan in einen modernen Staat verwandeln sollte, allerdings ohne dabei das feudalistische System in Frage zu stellen. Zur Modernisierung des Bildungswesens wurden Schulen gegründet und zahlreiche Studenten und Intellektuelle zum Studium nach Japan geschickt. Unvollständigen statistischen Angaben zufolge waren 1905 über 15.000 chinesische Studenten in verschiedensten Fächern an Hochschulen in Japan eingeschrieben.[314] Zu den Neuerungen gehörte auch die Einführung von Musikunterricht im verbindlichen Lehrplan für Grund- und Mittelschulen. Damit bekamen chinesische Schüler die Möglichkeit einer grundlegenden Musikausbildung, lernten darüber hinaus westliche Instrumente wie Klavier oder Geige kennen, nahmen Gesangsunterricht und sangen im Chor. XIAO You-Mei, einer der ersten typischen Vertreter des modernen chinesischen Kunstlieds, studierte sieben Jahre (1902–1909) Pädagogik, Klavier und Gesang in Japan.

Mit der zwischenzeitlichen Öffnung Chinas entstand Anfang des 20. Jahrhunderts die sogenannte »Schullied-Bewegung« als eine der ersten Erscheinungen der chinesischen »Neuen Musik«. Die Schullieder (Xuetang yuege) wurden im neu eingeführten Musikunterricht eingesetzt und basieren auf den Melodien bekannter Lieder aus Japan, Europa und den USA, welche mit chinesischen Texten, zumeist über die Hoffnungen der Menschen auf gesellschaftliche Veränderung, die Unabhängigkeit Chinas, Patriotismus und die Fortschrittsgläubigkeit der damaligen Zeit, neu verfasst wurden. Durch die Schullieder wurde die breite Bevölkerung mit westlicher Musik in Kontakt gebracht.

Auch wenn die Reformbemühungen nach nur hundert Tagen mit der Entmachtung des Kaisers durch seine Tante, Kaiserinwitwe Cixi, im September 1898 ein abruptes Ende fanden, bildeten sie doch eine wichtige Grundlage für die spätere Entstehung des Kunstlieds in China. Das Schullied gilt als direkter Vorläufer des modernen chinesischen Kunstlieds.

Mit der Xinhai Revolution, die zur Absetzung des Kaisers und Gründung der Republik Chinas im Jahr 1912 führte, brach in China eine neue Epoche an, in der Bestrebungen zur Modernisierung des Landes in allen Bereichen im Vordergrund standen. Die »Neue-Kulturbewegung« (Xin wenhua yundong) verband in den 1910er und 1920er Jahren Chinas Intellektuelle in dem Bestreben, moderne westliche Errungenschaften wie Gleichberechtigung und Demokratie sowie Fortschritte in Technik, Wissenschaft und Kultur in China einzuführen und das Bildungsniveau der Bürger zu heben.

Unterstützt von der Regierung ging eine große Anzahl von patriotischen jungen Studenten, zumeist mit hohem Bildungsstand und aus gut situierten Familien, nach Europa und in die USA, um dort Wissen zu erwerben und einen Beitrag zur Rettung ihres Heimatlandes zu leisten. Unter ihnen waren die Be-

---

[314] Vgl. ZENG Jingshou, *Chinas Musik und Musikerziehung im kulturellen Austausch mit den Nachbarländern und dem Westen*, Bremen 2003, S. 299.

gründer des modernen chinesischen Kunstlieds Qing-Zhu, der 1912 für ein Studium der Rechtswissenschaft nach Deutschland ging, XIAO You-Mei, der 1912 für ein Pädagogikstudium nach Deutschland geschickt wurde, ZHAO Yuan-Ren, der 1910 für ein Mathematik- und Physikstudium in die USA ging, sowie HUANG Zi, der 1924 für ein Psychologie-Studium in die USA reiste.

Diese vier unterschiedlichen Persönlichkeiten verbinden drei Gemeinsamkeiten, welche für die Entstehung des chinesischen Kunstlieds von zentraler Bedeutung sind. Erstens haben sie alle vor ihrem Auslandsstudium eine umfassende Ausbildung in der traditionellen chinesischen Kultur, Literatur und Musik genossen und schätzten diese trotz ihrer Bestrebungen zur Modernisierung hoch. Dies bildete die Grundlage für ihre späteren Bemühungen, die westliche Kunstform des Kunstlieds mit Elementen der chinesischen Musik und der chinesischen Sprache zu verbinden und zu entwickeln.

Zweitens lernten sie unabhängig voneinander während ihrer Studienzeit im Westen das dortige Musikleben kennen, was sie begeisterte und stark beeinflusste. Obwohl keiner von ihnen für ein Musikstudium ins Ausland gegangen war, studierten sie aus eigenem Interesse Gesang, Instrumente und Komposition in ihrer Freizeit (Qing-Zhu) oder als Wahlfach (ZHAO Yuan-Ren) oder wechselten sogar ihr Hauptfach zu Musik (HUANG Zi, XIAO You-Mei).

Drittens lernten alle vier unabhängig voneinander das Genre des Kunstlieds kennen, waren davon fasziniert, schrieben erste eigene Lieder und veröffentlichten diese zusammen mit Artikeln über das Kunstlied nach ihrer Rückkehr in China. Dies zeigt, dass das Kunstlied zu dieser Zeit eine große Lebenskraft und Verbreitung im Musikleben des Westens hatte und es daher kein Zufall war, dass diese Kunstform nach China kam.

Ein weiterer Grund für die Attraktivität gerade dieser Kunstform mag gewesen sein, dass die chinesischen Intellektuellen im Ausland nach Möglichkeiten suchten, ihre Gedanken, Hoffnungen und Emotionen vor dem Hintergrund der tiefgreifenden Umbrüche und instabilen Lage in ihrer Heimat in der Kunst Ausdruck zu verleihen, und diese im Kunstlied fanden. Es lassen sich durchaus Parallelen zur Situation zur Zeit der Entstehung des romantischen deutschen Liedes in Europa ziehen, wo die industrielle Revolution zu tiefgreifenden Umbrüchen in Wirtschaft, Philosophie und Kultur geführt hatte und neue Stilrichtungen in Literatur und Musik entstanden, allerdings mit dem Unterschied, dass die Romantik-Bewegung in Europa einen Gegenpol zu Industrialisierung und Modernisierung bildete, wohingegen die Neue-Kultur-Bewegung in China für Modernisierung und Fortschritt eintrat.

Die Auslandsstudien chinesischer Intellektueller im Rahmen der Neuen-Kultur-Bewegung bildeten den Startpunkt für die Entstehung des modernen chinesischen Kunstlieds, seine Wurzeln liegen nicht in der traditionellen chinesischen Musik oder Volksmusik. Im Zeitraum zwischen 1920 und 1928, der als Frühphase des chinesischen Kunstlieds angesehen werden kann, entstanden die ersten chinesischen Liedkompositionen, in denen die Komponisten hochwertige chinesische Gedichte mit der westlichen Kompositionsweise und westlichen Instrumenten zu verbinden suchten.

Die Entwicklung des Kunstlieds in den 1920er Jahren in China profitierte stark von der Rückkehr einzelner gut gebildeten Intellektueller nach ihrem Studium im Westen, unter ihnen Qing-Zhu, XIAO You-Mei und ZHAO Yuan-Ren, die Kompositionstechnik, erste Lieder sowie ihr persönliches Verständnis der Kunstform mit nach China brachten und dort verbreiteten. Aus den unterschiedlichen individuellen Ansichten und Beiträgen zu Begriffsdefinition, Merkmalen und Abgrenzung zu anderen Kunstformen entstand eine rege Diskussion in China, die teilweise bis heute anhält und dazu geführt hat, dass sich keine einheitliche Definition des chinesischen Kunstliedbegriffs etablierte.

Die frühen Kompositionen, darunter das Lied *Da jiang dong qu* von Qing-Zhu (1920), das Lied *Wen* von XIAO You-Mei (1921) und die 14 Lieder des Liederalbums *Xin shige ji* von ZHAO Yuan-Ren (1922–1927), waren dabei zunächst sehr nah an der Form des deutschen Lieds orientiert, beispielsweise in Bezug auf Struktur, Einsatz von Harmonik und Vortragszeichen, zum Teil recht ähnlichen Melodien, Akkordbegleitung oder Lautmalereien, wie anhand der analysierten Frühwerke des chinesischen Kunstlieds in dieser Arbeit gezeigt wurde. Dennoch versuchten alle Komponisten, auch schon einzelne chinesische Elemente in ihre Kompositionen zu integrieren.

Ein grundsätzliches Problem, auf das alle frühen chinesischen Liedkomponisten trafen, ist der Konflikt zwischen dem westlichen Prinzip der freien, an Inhalt und Stimmung des zugrundeliegenden Gedichts orientierten Komposition auf der einen Seite und der festen Sprachmelodie der chinesischen Tonsprache auf der anderen Seite. Zur Lösung verfolgten die Komponisten verschiedene mehr oder weniger gelungene Ansätze bis hin zur vollständigen Nichtbeachtung der Charakteristika der chinesischen Sprache (Qing-Zhu), was zu teils heftigen Diskussionen führte und einige der frühen Liedkompositionen für das normale chinesische Publikum sehr fremd erscheinen ließ.

Trotz einiger anfänglicher Schwierigkeiten stieß das Kunstlied in China auf großes Interesse und die chinesischen Neukompositionen auf positive Resonanz in Intellektuellen- und Musikerkreisen, bei Komponisten und Dichtern, da sie den ›Nerv der Zeit‹ trafen. Dies lässt sich an der steigenden Anzahl von Veröffentlichungen von Liedern und musikwissenschaftlichen Beiträgen in Fachbüchern und Journalen belegen. Neben den fachlichen Veröffentlichungen fand das chinesische Kunstlied auch über private Treffen, Hauskonzerte und Liederabende weitere Verbreitung.

Die rasche Weiterentwicklung und Verbreitung des chinesischen Kunstliedes im Zeitraum von 1928–1938, der als Entwicklungsphase und Blütezeit des modernen chinesischen Kunstlieds bezeichnet werden kann, wurde durch drei wesentliche Meilensteine ermöglicht: Das wohl weitreichendste Ereignis war die Gründung der Staatlichen Hochschule für Musik Shanghai (Guoli yinyue yuan) durch XIAO You-Mei im Jahre 1927, welche als erste Musikhochschule Chinas nach westlichem Vorbild aufgebaut wurde und zum Ziel hatte, chinesischen Musikern und Komponisten eine umfassende Ausbildung in westlicher und chinesischer Musik durch hochqualifizierte Lehrkräfte zu ermöglichen. Shanghai bot dafür aufgrund seiner besonderen Situation mit den westlichen Konzessionszonen und zahlreichen dorthin geflüchteten ausländischen Künstlern eine ideale Umgebung. Durch die systematische und professionelle Ausbildung, insbesondere in Musiktheorie, Klavier und Gesang, konnte das Bildungsniveau der Studenten in kurzer Zeit wesentlich erhöht werden, was eine wichtige Voraussetzung für die weitere Entwicklung des Kunstlieds darstellte. Über die Musikausbildung fand das chinesische Kunstlied weiterhin rasche Verbreitung, da zahlreiche neu komponierte Lieder als neues Unterrichtsmaterial eingesetzt wurden. Die Hochschule erweiterte darüber hinaus ihr aktives Musikleben durch Wettbewerbe und Liederabende und schuf Möglichkeiten zur Veröffentlichung und Diskussion neuer Lieder durch Beiträge in den neu gegründeten musikwissenschaftlichen Fachzeitschriften. Unter den Absolventen der Hochschule finden sich zahlreiche bedeutende Musiker und Komponisten, darunter auch namhafte Kunstlied-Komponisten wie TAN Xiao-Lin, LIU Xue-An, DING Shan-De, JIANG Ding-Xian und CHEN Tian-He.

Als zweiter wichtiger Meilenstein für die Weiterentwicklung des chinesischen Kunstlieds kann die Veröffentlichung von ZHAO Yuan-Rens *Xin shige ji* [Liederalbum der neuen Gedichte] im Jahr 1928 angesehen werden. Darin beschreibt Zhao, studierter Linguist und sprachliches Ausnahmetalent, eine Reihe von Kompositionsregeln, durch deren Anwendung der bislang ungelöste Konflikt zwischen frei zu komponierender Liedmelodie und durch den Text definierter, fester Sprachmelodie aufgelöst werden konnte. So erreichte Zhao, dass seine Kompositionen ausdrucksvoll die Stimmung des zugrundeliegenden

Gedichts wiedergeben, die Texte dabei aber gleichzeitig für das chinesische Publikum leicht verständlich bleiben. Dies ermöglichte einen Sprung in der Qualität der chinesischen Liedkompositionen und führte zum Durchbruch bezüglich Akzeptanz und weiterer Verbreitung der Kunstform in China. Zhaos Kompositionsleitlinien bildeten die Basis für spätere bedeutende Liedkomponisten, die sich daran orientierten.

Als dritter wegweisender Meilenstein kann die Rückkehr des chinesischen Liedkomponisten und Pädagogen HUANG Zi aus den USA im Jahr 1930 angesehen werden. Huang, der in den USA als erster der frühen Liedkomponisten eine umfassende professionelle Ausbildung in westlicher Musiktheorie und Komposition erhalten hatte, komponierte chinesische Kunstlieder auf herausragendem Niveau, in denen er chinesische Stilelemente und die Merkmale der chinesischen Sprache in bis dahin unerreichter Perfektion mit den Charakteristika des deutschen Lied-Genres verband. Darüber hinaus war er acht Jahre lang als Professor für das Fach Komposition an der Staatlichen Hochschule für Musik Shanghai tätig, in denen er eine systematische Ausbildung in westlicher Musiktheorie und Komposition einführte, zahlreiche bedeutende Musiker und Komponisten ausbildete und viele von ihnen für das Kunstlied begeisterte. Er ermutigte seine Schüler zur Weiterentwicklung des chinesischen Kunstlieds durch ihren individuellen Stil und begründete damit eine zweite Generation chinesischer Kunstliedkomponisten.

Die 1930er Jahre bis zum Tode HUANG Zis 1938 können daher als Höhepunkt und Blütezeit des modernen chinesischen Kunstlieds angesehen werden. Vor dem Hintergrund der instabilen Lage in China, die einerseits vom Kampf für Selbstständigkeit und gegen die Unterdrückung durch ausländische Mächte und andererseits vom innerchinesischen Konflikt zwischen der Guomindang und der Kommunistischen Partei Chinas geprägt war, entstand eine Vielzahl von Kunstliedern mit gelungener Integration chinesischer Stilelemente und reifer Kompositionstechnik, in denen Themen von Aufbruch und Patriotismus, aber auch Sehnsucht, Verlust und Sorge um die Zukunft verarbeitet wurden.

Dabei gibt es in China aufgrund der jeweiligen Lebensumstände der Liedkomponisten oder des frühen Todes einiger wichtiger Vertreter keinen einzelnen Liedkomponisten, der alleine eine große Anzahl von bedeutenden Kunstliedern komponiert hat (wie etwa ein Franz Schubert in Österreich oder Robert Schumann in Deutschland), aber in Summe dennoch eine signifikante Anzahl gelungener moderner chinesischer Kunstlieder, da sich viele chinesische Komponisten für diese neue Kunstform interessierten.

Nach dem Ausbruch des zweiten Japanisch-Chinesischen Kriegs 1937 und dem frühen Tod von HUANG Zi (1938) und XIAO You-Mei (1940) war der Höhepunkt des chinesischen Kunstlieds überschritten. Die zweite Generation chinesischer Liedkomponisten hatte zwar eine umfassende und qualitativ hochwertige Ausbildung genossen, sie war auch inspiriert durch Werke und Lehre der Kunstliedpioniere, allerdings wandelte sich durch die anhaltenden Kriege und den zunehmenden Einfluss des Kommunismus der soziale und kulturelle Hintergrund. Das Umfeld des gebildeten und gut situierten Bürgertums nahm ab, viele Bürger und Intellektuelle waren gezwungen, sich auf die Flucht zu begeben. Die Keimzelle des chinesischen Kunstlieds um die Hochschule für Musik Shanghai löste sich zeitweise auf, und Lehrer und Schüler flohen vor der japanischen Invasion nach Chongqing oder in andere Landesteile.

Trotz der schwierigen politischen und sozialen Umstände waren viele der chinesischen Kunstliedkomponisten während des zweiten Japanisch-Chinesischen Krieges noch aktiv, und es entstanden zahlreiche neue Kunstlieder, welche sich schwerpunktmäßig mit Inhalten wie Flucht, Verlust und der Sehnsucht nach der Heimat beschäftigten. Die Kunstform entwickelte sich auch durch Einflüsse moderner westlicher Kompositionsansätze weiter, insbesondere durch TAN Xiao-Lin, der Paul Hindemiths Theorien in seinen Kunstliedern einsetzte und in ganz China bekannt machte. Dennoch wurde das Kunstlied mehr und mehr durch Lieder für das breite Volk, insbesondere Bauern, Soldaten und Arbeiter, abgelöst, welche die Massen ansprechen sollten. Insbesondere die Kommunistische Partei Chinas setzte mit großem Erfolg auf Massengesangsbewegungen, um die Unterstützung der Armee durch das Volk zu fördern und die Produktion in Industrie und Landwirtschaft zu steigern. Die konkurrierenden Machthaber beider Seiten nutzten das Talent und die gute Ausbildung vieler Komponisten, gaben Lieder und andere Musikwerke für ihre Zwecke in Auftrag und vermittelten ihnen Lehrtätigkeiten an Schulen und Hochschulen in der Absicht, weitere Musiker zur Unterstützung ihrer politischen Kampagnen auszubilden.

Mit dem Sieg der Kommunistischen Partei Chinas im Bürgerkrieg und der Gründung der Volksrepublik China geriet das Kunstlied als so bezeichnete »Kunstform kapitalistischer westlicher Eliten« ins Abseits. Einige der bedeutendsten Liedkomponisten, unter ihnen z. B. HUANG Zi oder LIU Xue-An, wurden wegen ihres früheren Schaffens diffamiert oder sogar verfolgt, andere konnten sich den veränderten Machtverhältnissen anpassen und als Verwalter, Musiker oder Pädagogen weiterhin tätig sein. Bis zur Reform und Öffnung

Chinas 1978 entstanden nur noch sehr wenige Kunstlieder nach der engen Definition des Begriffs, zumeist Vertonungen von MAO Zedongs Gedichten. Allerdings wurden sie der geltenden Auffassung entsprechend nicht mehr als solche bezeichnet.

Dennoch überlebte das Genre des chinesischen Kunstlieds die Kulturrevolution. Dies wurde zunächst durch diejenigen Musiker und Liedkomponisten gewährleistet, die ins Ausland, etwa nach Taiwan, Hongkong oder in die USA emigriert waren und so der Ächtung in Festlandchina entkommen waren. Einige von ihnen kehrten nach der Öffnung Chinas wieder in die Heimat zurück und konnten nun auch dort die Pflege und Weiterentwicklung der Gattung ebenso vorantreiben wie deren Erforschung.

Heute hat das moderne chinesische Kunstlied wieder einen hohen Stellenwert in der chinesischen Musikkultur. Gefördert von der chinesischen Regierung beschäftigen sich zahlreiche musikwissenschaftliche Forschungsgruppen mit Entstehung und Entwicklung des chinesischen Kunstlieds sowie mit dem Leben und Lebenswerk der frühen Liedkomponisten. Es werden weiterhin Wettbewerbe für neue Liedkompositionen ausgeschrieben. Die bekanntesten chinesischen Kunstlieder aus der Zeit der 1920er bis 1940er Jahre, unter ihnen beispielsweise *Dajiang dong qu* und *Wo zhu Changjiang tou* von Qing-Zhu, *Wen* von XIAO You-Mei, *Jiao wo ruhe bu xiang ta* von ZHAO Yuan-Ren, *Hua fei hua*, *Meigui san yuan*, *Chun si qu* und *Si xiang* von HUANG Zi, *Jialing jiang shang* von HE Lu-Ting und *Bieli* von TAN Xiao-Lin, sind bis heute Teil der akademischen Musikausbildung in China (z. B. im Pflichtrepertoire für Gesangsstudierende) und werden bei Liederabenden zur Aufführung gebracht.

7.2 Ausblick

Die vorliegende Arbeit stellt die Entstehung und Entwicklung des modernen chinesischen Kunstlieds vor dem Hintergrund der weltgeschichtlichen Ereignisse sowie der individuellen Lebensgeschichten der ersten chinesischen Kunstliedkomponisten in den 1920er bis 1940er Jahren in den Mittelpunkt. Neben diesem zentralen Thema stießen die Recherchen auf eine Reihe interessanter weiterer Aspekte, welche im definierten Rahmen der vorliegenden Arbeit nicht in allem Umfang ergründet werden konnten, aber einen wichtigen Beitrag für zukünftige musikwissenschaftliche Forschungen darstellen können.

1. Qing-Zhus deutsche Frau Hua-Li-Si (Irmgard Heinrich)

Nach heutigem Stand der Forschung im Rahmen dieser Arbeit gibt es keine tiefgreifenden Recherchen zu Hua-Li-Si, ihrem direkten Beitrag zur Entwicklung des chinesischen Kunstlieds, Analysen ihrer in China veröffentlichten Kunstlieder, während ihr Ehemann Qing-Zhu als Komponist des ersten modernen chinesischen Kunstlieds der Geschichte im Fokus zahlreicher Forschungsarbeiten steht.

2. Die Entwicklung des chinesischen Kunstlieds nach der Gründung der Volksrepublik China

Ein weiteres interessantes Thema für weiterführende Forschungen ist die Geschichte des modernen chinesischen Kunstlieds nach Gründung der Volksrepublik China, insbesondere zu Zeiten der Kulturrevolution. Auf welche Weisen hat das Genre des chinesischen Kunstlieds, insbesondere Noten und Manuskripte, trotz Ächtung und Verfolgung bis zur Reform und Öffnung Chinas überlebt? Welche Kunstlieder wurden in China und außerhalb Festlandchinas in dieser Periode geschrieben und wie hat sich die Kunstform in dieser Zeit weiterentwickelt? Das Thema umfasst die weitere Lebensgeschichte und das weitere künstlerische Schaffen der frühen Kunstliedkomponisten, Analysen von Kunstliedern, z. B. auf Basis von Maos Gedichten, sowie die Umstände und Musikausbildung der dritten Generation chinesischer Musiker und Komponisten während der Anfangszeit des Kommunismus in China.

Anhang

Abbildungsverzeichnis

Abbildung	Inhalt	Seite
1	LIAO Shang-Guo mit Irmgard Heinrich im Grunewald, Berlin 1920	43
2	Portrait von »Mrs. E. Liau-Valesby« im Dozentenverzeichnis der Staatlichen Hochschule für Musik Shanghai	46
3	LIAO Shang-Guo mit seiner Frau Irmgard, Tochter Yüki und Bruder LIAO Fu-Shu vor dem Haus in der Französischen Konzessionszone in Shanghai um 1930	47
4	Formanalyse des Liedes *Da jiang dong qu*	59
5	Harmonische Analyse des Liedes *Da jiang dong qu*	60
6	Spektrale Tonhöhenalyse des gesprochenen Textes der ersten Phrase von *Da jiang dong qu* in der Software Wavesurfer und Vergleich mit den vier verschiedenen Tönen der chinesischen Sprache	63
7	Relative Tonhöhe der Sprach- und der Liedmelodie von Qing-Zhus Lied *Da jiang dong qu* der ersten zwei Takte der Periode A–a	61
8	Relative Tonhöhe der Sprach- und der Liedmelodie von Qing-Zhus Lied *Da jiang dong qu* in der ersten Phrase der Periode B–a	64
9	Übersicht der bekanntesten chinesischen Kunstlieder von Hua-Li-Si	83
10	Abschlussfoto von XIAO You-Mei mit einem japanischen Kommilitonen und drei Professoren des Pädagogik-Institutes der kaiserlichen Tokyo	93

Abbildung	Inhalt	Seite
	Imperial University, Sommer 1909	
11	Promotionszeugnis von Dr. XIAO You-Mei, handschriftlicher Lebenslauf von XIAO You-Mei zur Anmeldung seiner Dissertation, vergrößerter Ausschnitt aus dem Lebenslauf, Anmeldeformular von XIAO You-Mei an der Universität Leipzig	95
12	XIAO You-Mei im Kreise chinesischer Studenten in Berlin um 1915. Ebenfalls im Bild ist LIAO Shang-Guo, der später unter dem Künstlernamen Qing-Zhu in China als Liedkomponist bekannt wurde	96
13	Portrait des jungen XIAO You-Mei aus Studienzeiten	100
14	Gruppenfoto mit chinesischen und westlichen Dozenten und Studenten der Staatlichen Hochschule für Musik Shanghai anlässlich des 70. Geburtstags des Schulgründers CAI Yuan-Pei im April 1936	103
15	Vergleich der Sprach- und der Liedmelodie von XIAO You-Meis Lied *Wen* in der ersten bzw. zweiten Phrase: Noten von Takt 1–4 und 5–8; jeweils darunter: relative Tonhöhe der Sprach- und der Liedmelodie	115
16	Titelseiten der ersten Ausgaben des von XIAO You-Mei im Jahr 1930 gegründeten Fachmagazins *Yue yi* [Musik-Kunst] mit den Portraits bekannter westlicher Komponisten	126
17	ZHAO Yuan-Ren an der Harvard University aus dem Jahr 1916	131
18	ZHAO Yuan-Ren (1892–1982)	134

Abbildung	Inhalt	Seite
19	Erstausgabe von ZHAO Yuan-Rens Liedsammlung *Xin shige ji* [Liederalbum der neuen Gedichte] aus dem Jahr 1928; Titelseite und Liedverzeichnis	137
20	ZHAO Yuan-Ren 1944 mit seiner ersten Tochter ZHAO Ru-Lan am Klavier	139
21	Form und Harmonik des Liedes *Jiao wo ruhe bu xiang ta* von ZHAO Yuan-Ren	152
22	Gemeinsamkeiten und Variationen in den vier Strophen von *Jiao wo ruhe bu xiang ta* von ZHAO Yuan-Ren	154
23	Tonhöhenverläufe von Sprache und Musik am Beispiel der Takte 5–8 des Liedes *Jiao wo ruhe bu xiang ta* von ZHAO Yuan-Ren	156
24	Portrait des jungen HUANG Zi aus seiner Studienzeit in den USA	162
25	HUANG Zi und XIAO You-Mei mit Studenten und Lehrpersonal der Staatlichen Hochschule für Musik Shanghai anlässlich der Semestereröffnungsfeier im September 1932	164
26	HUANG Zi in seinem Arbeitszimmer in Shanghai	166
27	Musikwissenschaftliche Veröffentlichungen über HUANG Zi in China	168
28	Statue von HUANG Zi auf dem Campus der heutigen Staatlichen Hochschule für Musik Shanghai mit dem Titel: *Großmeister und Urvater der Musik – HUANG Zi 1904–1938*	169
29	Melodik von Sprache und Musik am Beispiel des dritten und vierten Taktes aus dem Lied *Hua fei hua* von HUANG Zi	174

Abbildung	Inhalt	Seite
30	Rhythmus und Betonung anhand einer typischen Phrase von *Chun si qu*	183
31	Form und Harmonik des Liedes *Chun si qu* von HUANG Zi	184
32	HE Lu-Ting, Preisträger im »Wettbewerb für Kompositionen im chinesischen Stil«, mit Dozenten und Professoren der staatlichen Hochschule für Musik Shanghai im November 1934	192
33	Portrait von TAN Xiao-Lin aus Studienzeiten an der Staatlichen Hochschule für Musik Shanghai	203
34	TAN Xiao-Lin bei einem Auftritt mit der chinesischen Laute Pipa anlässlich einer internationalen Studentenfeier in Boston, USA (1944)	205
35	Tabelle zur Akkordbestimmung nach Hindemith	217

Verzeichnis der Notenbeispiele

Noten-beispiel	Inhalt	Seite
1	Vergleich der Lieder (a) *Yu hou Xihu* [Der Westsee nach dem Regen] und (b) *Xifeng de hua* [Das Wort des Westwinds] von HUANG Zi	24–25
2	Das Qin-Lied *Gu yuan* von JIANG Kui aus der Song-Dynastie (ca. 1155–1221 n. Chr.)	35
3	Das Qin-Lied *Gu yuan* von JIANG Kui aus der Song-Dynastie (ca. 1155–1221 n. Chr.) im westlichen Notensystem	36
4	Harmonische Analyse der Takte 1–7 von Qing-Zhus Lied *Da jiang dong qu*	61
5	Klavierbegleitung im zweiten Teil von *Da jiang dong qu* am Beispiel der Takte 22–25 der Periode B	66
6	Klavierstimme im Zwischenspiel von *Da jiang dong qu* am Beispiel der Takte 8–13	67
7	Klavierbegleitung in der Coda von *Da jiang dong qu*	68
8	Qing-Zhus Lied *Da jiang dong qu*	69–71
9	Klavierbegleitung in den ersten 16 Takten von *Wo zhu Changjiang tou*	77
10	(a) Originalnoten der Gesangsmelodie von *Wo zhu Changjiang tou*, Takte 37–39; (b) Noten mit der von ZHANG Quan eingefügten Verzierung zur Vermeidung des »Dao zi«-Problems	80
11	Anfänge von XIAO You-Meis *Wen* und Beethovens *Ich liebe dich*	111
12	XIAO You-Meis Lied *Wen*	113
13	Gesangpart des Liedes *Nan fei zhi yan yu* von XIAO You-Mei	118

Noten-beispiel	Inhalt	Seite
14	Die ersten fünf Takte von ZHAO Yuan-Rens Lied *Mai bu yao* (oben) und die ersten drei Takte von Schuberts Lied *Gretchen am Spinnrade* (unten)	142
15	Die ersten sieben Takte von ZHAO Yuan-Rens Lied *Ting yu*	143
16	Die ersten neun Takte von ZHAO Yuan-Rens Lied *Qiu zhong*	144
17	Schriftbild des Liedes *Jiao wo ruhe bu xiang ta* von ZHAO Yuan-Ren in der Originalveröffentlichung von 1928	150–151
18	Melodie für den Ausruf »啊!« [Ach!] in Takt 12–14 und die Ende der ersten Strophe »教我如何不想他« in den Takten 16–18 des Liedes *Jiao wo ruhe bu xiang ta* [Sag' mir, wie ich ihn nicht vermissen soll] von ZHAO Yuan-Ren	149
19	Takte 53–58 des Liedes *Jiao wo ruhe bu xiang ta* von ZHAO Yuan-Ren	155
20	Takte 62–66 des Liedes *Jiao wo ruhe bu xiang ta* von ZHAO Yuan-Ren	155
21	Das Lied *Hua fei hua* [Blumen im Nebel] von HUANG Zi	172
22	HUANG Zi, *Chun si qu*	180–182
23	Partitur von TAN Xiao-Lins Lied *Bieli*, mit englischem Text und harmonischer Analyse	210–211
24	Melodie des Gesangsparts in *Bieli* am Beispiel der Takte 4–6 und 13–19	212
25	Pentatonische Elemente der Hauptmelodie in den Phrasen 1–4 von *Bieli*	212
26	Harmonisches Gefälle in den Takten 13–16 von *Bieli*	219

Noteneditionen

Hua-Li-Si und Qing-Zhu: Liedsammlung *Yin Jing*, Shanghai 1931

HUANG Zi: *Hua fei hua*, in: MO Ji-Gang, *Zhongguo yishugequ yanchang zhinan*, S. 49

HUANG Zi, ZHANG Yu-Zhen, YING Shang-Neng und WEI Han-Zhang: *Yinyue – Fuxing chuji zhongxue yinyue jiaokeshu*, S. 56 und S. 28

HUANG Zi: *Chun si qu*, in: MO Ji-Gang: *Zhongguo yishu gequ yanchang zhinan* [Handbuch für Gesang chinesischer Kunstlieder], Shanghai 2003, S. 42–44

JIANG Ding-Xian: *Minge jiushou* [Neue Volkslieder], Beijing 1955

LUO Xian-Jun, LI Bin-Sun, XU Lang (Hrsg.): *Shengyue qu xuanji – Gaodeng shifan yuanxiao shiyongjiaocai* [Ausgewählte Gesangsstücksammlung – Probelehrmaterial für pädagogische Akademien], Bd. 1, Beijing 1986

Schubert, Franz: *Gretchen am Spinnrade* D 118 (op. 2), in: Franz Schubert, *Neue Ausgabe sämtlicher Werke*, Serie IV: Lieder, Bd. 1a, hrsg. von Walther Dürr, Kassel u. a.: Bärenreiter, 1970, S. 10

Qing-Zhu: *Da jiang dong qu*, in: ZHANG Chou und MAO Kuang-Ping (Hrsg.), *Zhongguo yishu gequ xuanji*, S. 120–123

Qing-Zhu: *Wo zhu Changjiang tou*, in: MO Ji-Gang, *Zhongguo yishu gequ yanchang zhinan* [Handbuch für Gesang des chinesischen Kunstlieds], Shanghai 2003, S. 24

TAN Xiao-Lin: *Bieli*, in: ZHANG Chou und MAO Kuang-Ping (Hrsg.), *Zhongguo yishu gequ xuanji*, Bd. 1, S. 183–184

XIAO You-Mei: *Wen*, in: ZHANG Chou und MAO Kuang-Ping (Hrsg.), *Zhongguo yishu gequ xuanji*, Bd. 1, S. 101

YU Yuan-Cong (Hrsg.), *Baishi Daoren gequ* [Sammlung der Qin-Lieder von Baishi Daoren], Bd. 1, Beijing 1939

ZHAO Yuan-Ren: *Jiao wo ruhe bu xiang ta*, in: ZHAO Ru-Lan, CHEN Yuan, YANG De Yan usw. (Hrsg.): *ZHAO Yuan-Ren quan ji* [Gesamtwerk von ZHAO Yuan-Ren], Bd. 11, Beijing 2005, S. 74–75

ZHAO Yuan-Ren: *Mai bu yao*, in: ZHAO Ru-Lan, CHEN Yuan, YANG De-Yan usw. (Hrsg.): *ZHAO Yuan-Ren quan ji*, S. 27

ZHAO Yuan-Ren: »Shi shi shi shi shi« [Die Geschichte vom löwenfressenden Herrn Shi], in: ZHAO Ru-Lan, CHEN Yuan, YANG De-Yan usw. (Hrsg.), *ZHAO Yuan-Ren quan ji*, S. 121

ZHAO Yuan-Ren: »Ting yu«, in: ZHAO Ru-Lan, CHEN Yuan, YANG De-Yan usw. (Hrsg.), *ZHAO Yuan-Ren quan ji*, S. 35

Literaturverzeichnis

Bahr, Hermann: *Expressionismus*, München 1916

Büden, Ernst: *Das deutsche Lied – Probleme und Gestalten*, Hamburg 1939

CHEN Jing: »Qiantan Huang Zi de yishu gequ ›Chun si qu‹« [Analyse des Kunstlieds *Chun si qu* von HUANG Zi], in: *Journal of Nantong Teachers College* 7 (1997), H. 4, S. 40

CHEN Ling-Qun und LUO Qin (Hrsg.): *XIAO You-Mei quan ji* [Gesamtwerk von XIAO You-Mei], Bd. 1, Shanghai 2004

CHEN Ling-Qun und LUO Qin (Hrsg.): *XIAO You-Mei quan ji* [Gesamtwerk von XIAO You-Mei], Bd. 2, Shanghai 2007

DAI Peng-Hai: »HUANG Zi nian pu« [Chronik von HUANG Zi], in: *Yinyue yishu* [Kunst der Musik, Journal der Staatlichen Hochschule für Musik Shanghai] 3 (1981), H. 2, S. 16–29

DOU Man-Li: »Theoretical and practical fusion between western and Chinese music in the early 20th century – The case of TAN Xiao-Lin's art songs«, in: *Zhongguo yinyue xue/Musicology in China* 22 (2006), H. 4, S. 110

Gimm, Martin: Art. »Jiang Dingxian«, in: *MGG2*, Personenteil 9 (2003), Sp. 1041

Gottschewski, Hermann und Machiko: »›Poesie und Musik‹. Das japanische Klavierlied um 1920«, in: Hermann Danuser (Hrsg.): *Musikalische Lyrik* (Handbuch der musikalischen Gattungen 8), Laaber 2004, Bd. 2, S. 364–383

GUO Ke-Jian: »Kunstlied / Art song kao bian« [Forschungsdebatte über das »Kunstlied«], in: *Renmin yinyue/People's Music* 57 (2006), H. 12, S. 68–71

GUO Mo-Ruo: *Bieli*, in: *Nüshen* [Göttinnen], Teil 3, Shanghai 1921, S. 203

HAN Guo-Huang: »HUANG ZI Liu mei ziliao de yanjiu« [Forschung über HUANG Zis Zeit in den USA], in: *Yinyue yishu* [Kunst der Musik, Journal der Staatlichen Hochschule für Musik Shanghai] 5 (1983), H. 1, S. 54–69

HAN Guo-Huang: *Liu mei san yue ren: HUANG Zi, TAN Xiao-Lin und YING Shang-Neng liu mei ziliao zhuanji* [Drei in den USA studierte Musiker: HUANG Zi, TAN Xiao-Lin und YING Shang-Neng, Album der Daten in den USA], Taipei 1984

HAN Hua: »Zai tan zhongguo yishu gequ de dingyi yu tezheng« [Neue Forschungen über die Definition und Merkmale des chinesischen Kunstlieds], in: *Yinyue yu yishu* [Musik und Kunst] 30 (2009), H. 12, S. 143–144

HE Lu-Ting: »HUANG Zi yi zuo ji zong xu« [Vorwort der Sammlung von HUANG Zis hinterlassenen Werken], in: *Yinyue yishu* [Kunst der Musik, Journal der Staatlichen Hochschule für Musik Shanghai] 7 (1985), H. 2, S. 1–3

Hindemith, Paul: »Vorwort von TAN Xiao-Lins Werksammlung«, in: *Yinyue yishu* [Kunst der Musik, Journal der Staatlichen Hochschule für Musik Shanghai] 2 (1980), H. 3, S. 7 (Übersetzung ins Chinesische durch YANG Yu-shi)

Hindemith, Paul: *Unterweisung im Tonsatz*, Mainz 1940

Hua-Li-Si: »Guanyu Zhongguo yinyue de jinzhan wenti« [Über die Entwicklungsprobleme der chinesischen Musik], in: *Yinyue zazhi* [Musikmagazin] 1 (1934), H. 3, S. 46

HUANG Xu-Dong und WANG Pu: »XIAO You-Mei liu Ri nianfen, huiguo riqi ji canjia Qing ting kaoshi shijian kao bian jiu ziliao chong du yu xin shiliao chu tan« [Untersuchung zu XIAO You-Meis Studium in Japan, seiner Rückkehr nach China und seiner Teilnahme an der Qing-Hof Prüfung anhand alter und neuer Dokumente], in: *Yinyue Yanjiu/Music Research* 50 (2007), H. 3, S. 56–61

HUANG Zi: »Bo la mu si / Johannes Brahms«, in: *Yinyue zazhi* [Musikmagazin], 1 (1934), H. 1,S. 21–27; H. 2, S. 1–7 und H. 3, S. 16–20

HUANG Zi: »Dian jiang chun – Fu deng lou«, in: *Yinyue zazhi* [Musikmagazin] 1 (1934), H. 2. S. 10–11

HUANG Zi: »Diaoxing de biaoqing« [Der Ausdruck der Tonarten], in: *Yinyue zazhi* [Musikmagazin] 1 (1934), H. 3, S. 24–29

HUANG Zi: »Jieshao gei yiban tingzhong de wu zhang shengyue changpian« [Empfehlung von fünf Schallplatten mit Vokalmusik als Einführung für normale Hörer], in: *Yinyue zazhi*, 1 (1934), H. 4, S. 3–7

HUANG Zi: »Xiyang yinyue jinhuashi de niaokan« (Part I und II), in: *Yue Yi* [Musik-Kunst] 1 (1930) H. 2, S. 1–8 und H. 4, S. 9–15

HUANG Zi: »Yinyue de xinshang«, in: *Yue yi* [Musik-Kunst] 1 (1930), H. 1, S. 26

HUANG Zi: »Zenyang cai keneng chansheng wuguo minzu yinyue« [Wie können wir eine nationale Musik schaffen], in: *Shanghai Chenbao* [Zeitung], 21.10.1934

HUANG Zi, ZHANG Yu-Zhen, YING Shang-Neng und WEI Han-Zhang: *Yinyue – Fuxing chuji zhongxue yinyue jiaokeshu* [Musik – Lehrbuch für die Neubelebung der Mittelschule], Bd. 1–6, Shanghai 1933–1935

JI Xian-Lin: »Vorwort«, in: ZHAO Ru-Lan, CHEN Yuan, YANG De-Yan usw. (Hrsg.): *ZHAO Yuan-Ren quan ji* [Gesamtwerk von ZHAO Yuan-Ren], Bd. 11, Beijing 2005, S. 1

JIANG Ying: Art. »Deguo yishu gequ« [Das deutsche Lied], in: *Zhongguo da baike quanshu – Yinyue wudao juan* [Die große chinesische Enzyklopädie], Bd. Musik und Tanz (1989), S. 116–119

Jost, Peter: Art. »Lied«, in: *MGG2*, Sachteil 5 (1996), Sp. 1259–1307

Klein, Tobias Robert: »Lied und musikalische Lyrik in Afrika«, in: Hermann Danuser (Hrsg.): *Musikalische Lyrik* (Handbuch der musikalischen Gattungen 8), Laaber 2004, Bd. 2, S. 385–408

Kong-Zi, *Lun yu*, Tai bo VIII, 8 (Die Analekten des Konfuzius VIII, 8), um 500 v. Chr.

LI Lan-Qing: »Zhongguo yishu gequ chuangzuo de xianfeng – Qing Zhu« [Pionier der chinesischen Kunstlied-Komposition – Qing-Zhu], in: *Nanfang ribao* [Nanfang Tageszeitung], Guangdong 04.06.2008

LI Shu-Ming (Hrsg.): *Zhonggou yishu gequ lun* [Artikel zur Diskussion des chinesischen Kunstlieds], Shanghai 2009

LI Xi-An: »Xin shiqi yishu gequ huigu« [Rückblick auf die modernen Kunstlieder], in: *Renmin yinyue/People's Music* 53 (2002), H. 1, S. 6–19

LI Yan: »Confront and Unresolved – To Face and Analyse the Historical Complicated Legal Case between Ellinore Valesby, Qing-Zhu and Yi Wei-Zhai«, in: *Zhongguo yinyue xue/Musicology in China* 25 (2009) H. 1, S. 77–84

LIAO Chong: *Der deutsche Chinese – Das wechselvolle Leben des Komponisten Qing-Zhu*, Augsburg 2009

LIAO Fu-Shu: »Cong lao huangpu dao xin huangpu – Qing Zhu zai Guangdong«, in: LIAO Chong-Xiang (Hrsg.): *Yue yuan tan wang – LIAO Fu-Shu wenji* [Sammlung der Artikel von LIAO Fu-Shu], Beijing 1996, S. 229–242

LIAO Fu-Shu: »Cong yishu gequ de dingming shuoqi« [Diskussionen ausgehend von der Begriffsdefinition des Kunstlieds], in: *Renmin yinyue/People's Music* 50 (1999), H. 9, S. 14–15

LIAO Fu-Shu: »Lue tan Qing-Zhu de shengping«, in: LIAO Chong-Xiang (Hrsg.): *Yue yuan tan wang – LIAO Fu-Shu wenji* [Sammlung der Artikel von LIAO Fu-Shu], Beijing 1996, S. 42–48

LIAO Fu-Shu: *XIAO You-Mei zhuan* [Biografie von XIAO You-Mei], Zhejiang 1993

LIAO Nai-Xiong: »Cong wuwo, gujin, zhongwai de jiaohui yu chongtu kan Qing-Zhu« (Qing-Zhu as seen in the conflict and the crossing of world and self, now and old times, China and foreign countries), in: *Journal of the Central Conservatory of Music* 22 (2001), H. 4, S. 6–10

LIAO Nai-Xiong: *Yi Qing Zhu – Shiren zuoqujia de yisheng* [Erinnerungen an Qing-Zhu – Sein Leben als Dichter und Komponist], Beijing 2008

LIU Ching-Chih: *Zhongguo xin yinyue shi lun* (A Critical History of New Music in China), Hongkong 2009

LIU Cong: »Dui woguo yishu gequ chuangzuo xianzhuang ji xiangguan wenti de sikao« [Meine Gedanken über den Status und die Probleme chinesischer Kunstliedkompositionen], in: *Renmin yinyue/People's Music* 52 (2001), H. 9, S. 17–19

LUO Qin und QIAN Ren-Ping (Hrsg.): *Guoli yinyue yuan • guoli yinyue zhuanke xuexiao tujian (1927–1941)* [Illustrationen der Staatlichen Hochschule für Musik Shanghai und Staatlichen Musikfachhochschule Shanghai (1927–1941)], Shanghai 2013

LUO Zhong-Rong: »Tan Xiao-Lin yishu gequ de hesheng« [Harmonie der Kunstlieder von TAN Xiao-Lin], in: *Yinyue yishu* [Kunst der Musik, Journal der Staatlichen Hochschule für Musik Shanghai] 11 (1989), H. 3, S. 41–48

MENG Wen-Tao: »My Opinion About Xiao Youmei's Art Songs«, in: *Huangzhong* (Journal of Wuhan Conservatory of Music, China) 19 (2005), H. 2, S. 26–30

Meyer, Andreas: »Musikalische Lyrik im 20. Jahrhundert [1920–2000]«, in: Hermann Danuser (Hrsg.): *Musikalische Lyrik* (Handbuch der musikalischen Gattungen 8), Laaber 2004, Bd. 2, S. 225–318

Mittler, Barbara: Art. »Zhao Yuanren«, in: *MGG2*, Personenteil 17 (2007), Sp. 1442

Mittler, Barbara: Art. »Luo Zhongrong«, in: *MGG2*, Personenteil 11 (2004), Sp. 613

Mittler, Barbara: Art. »Chen Tianhe«, in: *MGG2*, Personenteil 4 (2000), Sp. 832

Mittler, Barbara: Art. »He Luting«, in: *MGG2*, Sp. Personenteil 8 (2002), Sp. 1130

Mittler, Barbara: Art. »Huang Zi«, in: *MGG2*, Personenteil 9 (2003), Sp. 430

MIU Tian-Rui: Art. »Yishu gequ« [Kunstlied], in: *Yinyue baike cidian* [Enzyklopädisches Lexikon der Musik], 1998, S. 706

MO Ji-Gang: *Zhongguo yishugequ yanchang zhinan* [Handbuch für Gesang des chinesischen Kunstlieds], Shanghai 2003

Müller, Günther: *Geschichte des deutschen Liedes – Vom Zeitalter des Barock bis zur Gegenwart*, Bad Homberg vor der Höhe 1959

QIAN Ren-Ping (Hrsg.): *TAN Xiao-Lin bainian danchen yanjiu wenji* (Essays for Commemorating the Centenary of Tan Xialin's Birth), Shanghai 2011

QIAN Ren-Ping: »Feng zhong de huai nian – Tan Xiao-Lin dui zhongguo xin yin yue fa zhan de gong xian«, in: *Yinyue aihaozhe/Music Lover* 24 (2002), H. 11, S. 29

QIAN Ren-Ping: »On the Research of Tan Xiao-Lin«, in: *Huangzhong* (Journal of Wuhan Conservatory of Music, China) 18 (2004), H. 2, S. 29

QIN Xi-Xuan: »Hui yi tan xiaolin xiansheng« [Erinnerungen an TAN Xiao-Lin], in: *Zhongguo yinyue/Chinese music* 1 (1981), H. 4, S. 51–52

Qing-Zhu: »Zui lianghao de yishu juan shu« [Ein qualifizierter Artikel über Kunst], in: *Shi qin xiang le* [Gedichte und Musik erklingen], Shanghai 1931, S. 75

Qing-Zhu: »Zuo qu he tian ci« [Über Komposition und das Ausfüllen einer vorhandenen Melodie mit einem Text], in: *Yue yi* [Musik-Kunst] 1 (1930), H. 1, S. 58

Qing-Zhu: Vorwort der Liedersammlung *Qing ge ji*, Shanghai 1928, o. S.

Qing-Zhu: *Yinyue tong lun* [Allgemeiner Überblick über Musik], Shanghai 1933

Qing-Zhu: *Yue hua* [Diskurs zur Musik], Shanghai 1930

Randel, Don Michael (Hrsg.): *The Harvard Dictionary of Music*, 4. Edition, Cambridge 2003

Seeger, Horst (Hrsg.): *Musiklexikon*, Bd.1, Leipzig 1966, S. 79

SHEN Xuan, GU Wen-Xian und TAO Xin: *Xifang yinyueshi jian bian* [Kompendium der westlichen Musikgeschichte], Shanghai 1999, S. 69–70

SHEN Zhi-Bai: »Tan Xiao-Lin xian sheng zhuan lue«, in: *Yinyue yishu* [Kunst der Musik, Journal der Staatlichen Hochschule für Musik Shanghai] 2 (1980), H. 3, S. 6–7

SU Xia: »Shi de yinyue – guanyu yishu gequ yu gequ de taolun« [Musikalische Lyrik – Diskussionen zu Kunstlied und Lied] in: *Renmin yinyue/People's Music* 50 (2002), H. 2, S. 14–16

SUN Hai: »XIAO You-Mei liu de shi liao xin tan« [Neue Entdeckungen aus geschichtlichen Dokumenten von XIAO You-Meis Studienzeit in Deutschland], in: *Yinyue yanjiu/Music Research* 50 (2007), H. 1, S. 33

SUN Ya-Hong: »Yishu gequ de jieshuo, jiaoxue yu yanchang chu tan« [Über die Definition, die Lehre und den Gesang des Kunstliedes], in: *Jingji yu shehui fazhang/Economic and Social Development* 3 (2005), H. 7, S. 156

TAN Xiao-Lin: *TAN Xiao-Lin gequ xuan ji* [Liedersammlung von TAN Xiao-Lin], Beijing 1982

Valesby, Elinor (Hua-Li-Si): »Lang tao sha‹ zuoqu dayi« [Erläuterungen zur Komposition des Liedes *Lang tao sha*], in: *Yue yi* [Musik-Kunst] 1 (1930), H. 1, S. 69–70

WANG Chieh: »Qing-Zhu song – ›River of no return‹ analysis«, in: *Journal of Tainan University of Technology in Taiwan* 28 (2009), S. 97–98

WANG Guang-Qi: *Xiyang yinyue yu shige* [Westliche Musik und Poesie], Shanghai 1924

WANG Gui-Lin, GUO Da-Jun (Hrsg.): *Zhongguo xiandai shi* [Moderne Chinesische Geschichte], Dritte Ausgabe, Bd. 1, Beijing 2010

WANG Qi-Zhang: Art. »Gequ« [Lied], in: *Zhongguo da baike quanshu – Yinyue wudao juan* [Die große chinesische Enzyklopädie], Bd. Musik und Tanz, Beijing 1989, S. 209–211

WANG Qi-Zhang: Art. »Yishu gequ« [Kunstlied], in: *Zhongguo da baike quanshu – Yinyue wudao juan* [Die große chinesische Enzyklopädie], Bd. Musik und Tanz, Beijing 1989, S. 210–211

WANG Yu-He: »Guanyu yishu gequ zhi wo jian« [Meine Meinung über das Kunstlied], in: *Renmin yinyue/People's Music* 50 (1999), H. 9, S. 11–12

WANG Yu-He: *Zhongguo jin xian dai yinyue shi* [Die Musikgeschichte des modernen China], Beijing 2009

Rathert, Wolfgang: »Musik und Lyrik in der Musikgeschichte der USA«, in: Hermann Danuser (Hrsg.): *Musikalische Lyrik* (Handbuch der musikalischen Gattungen 8), Laaber 2004, Bd. 2, S. 331–363

XIAO You-Mei: »Jieshao ZHAO Yuan-Ren xiansheng de xin shige ji« [Vorstellung des Liederalbums der neuen Gedichte von ZHAO Yuan-Ren], in: *Yue yi* [Musik-Kunst] 1 (1930), H. 1, S. 114

XIAO You-Mei: »Wo duiyu X shudian yue yi chu pin de piping« [Kritik der Musikveröffentlichungen der Buchhandlung X], in: *Yue yi* [Musik-Kunst] 1 (1930), H. 1, S. 76

XIAO You-Mei: *Putong yue xue* [Allgemeine Musiklehre], Shanghai 1928, S. 127

XIAO You-Mei: *Yinyue jia de xin shenghuo-xu lun* [Das neue Leben der Musiker], Nanjing 1934

XIAO You-Mei: »Jieshao ZHAO Yuan-Ren xiansheng de xin shige ji«, in: *Yue yi* [Musik-Kunst] 1 (1930), H. 1, S. 114

XIAO You-Mei: »Xiari Yuan You«, in: *Yue yi* [Musik-Kunst] 1 (1931), H. 6, S. 11–12

YE Lin: »Yishu gequ de fazhan wenti« [Die Entwicklungsprobleme des Kunstlieds], in: *Renmin yinyue/People's Music* 51 (2000), H. 8, S. 5–7

YI Wei-Zhai: »Ge yu zi sheng« [Lied und Wortklang], in: *Yinyue zazhi* [Musikmagazin] 1 (1934), H. 2, S. 21–24

YU Yuan-Cong (Hrsg.): *Baishi Daoren gequ* [Sammlung der Qin-Lieder von Baishi Daoren], Bd. 1, Beijing 1939

ZENG Jin-Shou: *Chinas Musik und Musikerziehung im kulturellen Austausche mit den Nachbarländern und dem Westen*, Bremen 2003

ZHANG Qian: *Zhong Ri yinyue jiaoliu shi* [Musikaustausch zwischen China und Japan], Beijing 1999

ZHANG Que: *Akkulturationsphänomene in der gegenwärtigen Musikkultur Chinas*, Hamburg 1992

ZHAO Ru-Lan (Hrsg.): *ZHAO Yuan-Ren. Yinyue zuopin quanji* [Musikalisches Gesamtwerk von Zhao Yuan-Ren], Shanghai 1987

ZHAO Ru-Lan: »Wo fuqin de yinyue shenghuo« [Das Musikerleben meines Vaters], in: *Yinyue yishu* [Kunst der Musik, Journal der Staatlichen Hochschule für Musik Shanghai] 2 (1980), H. 3, S. 18–19

ZHAO Ru-Lan, CHEN Yuan, YANG De-Yan usw. (Hrsg.): *ZHAO Yuan-Ren quan ji* [Gesamtwerk von ZHAO Yuan-Ren] Bd. 1, Beijing 2002

ZHAO Ru-Lan, CHEN Yuan, YANG De-Yan usw. (Hrsg.): *ZHAO Yuan-Ren quan ji* [Gesamtwerk von ZHAO Yuan-Ren], Bd. 11, Beijing 2005

ZHAO Xin-Na, HUANG Pei-Yun (Hrsg.): *ZHAO Yuan-Ren nian pu* [Chronik von ZHAO Yuan-Ren], Shanghai 2001

ZHAO Yuan-Ren: »Anmerkungen zur Komposition«, in: ZHAO Ru-Lan, CHEN Yuan, YANG De-Yan usw. (Hrsg.): *ZHAO Yuan-Ren quan ji* [Gesamtwerk von ZHAO Yuan-Ren], Bd. 11, Beijing 2005, S. 81

ZHAO Yuan-Ren: »HUANG Zi de yinyue-wei 5.9 yinyue jie er zuo«, in: Dagongbao [Zeitung] 09.05.1939 Hongkong. Zit. nach: ZHAO Ru-Lan, CHEN Yuan, YANG De-Yan usw. (Hrsg.), ZHAO Yuan-Ren quan ji [Gesamtwerk von ZHAO Yuan-Ren], Bd. 11, Beijing 2005, S. 517–518

ZHAO Yuan-Ren: Einleitung und Vorwort der Liedsammlung *Xin shige ji* [Liederalbum der neuen Gedichte], Shanghai 1928, o. S.

ZHAO Yuan-Ren: »Shi shi shi shi shi« [Die Geschichte vom löwenfressenden Herrn Shi], in: ZHAO Ru-Lan, CHEN Yuan, YANG De-Yan usw. (Hrsg.), ZHAO Yuan-Ren quan ji, S. 121

ZHENG Yang: *Qianxi Zhang Quan de gechang yishu* [Analyse von ZHANG Quans Gesangskunst], Tianjin 2010

ZI Yin: »XIAO You-Mei Huang-Zi liu xia le shenme – Liang an san di xue zhe yanjiu zongshu« [Die Hinterlassenschaften von XIAO You-Mei und HUANG Zi – Zusammenfassung der Forschungsergebnisse von Wissenschaftlern aus Festland-China, Hongkong, Taiwan und Macau], in: *Beifang yinyue/Northern Music* 25 (2005), H. 12, S. 7

www.ingramcontent.com/pod-product-compliance
Lightning Source LLC
Chambersburg PA
CBHW051610230426
43668CB00013B/2051

TO

SIR WILLIAM HAY MACNAGHTEN, BART.,

ENVOY AND MINISTER AT THE COURT

OF

HIS MAJESTY, SHAH SHOOJA OOL MOOLK;

IN GRATITUDE

FOR

THE CONFIDENCE WHICH INDUCED HIM

TO EMPLOY THE AUTHOR

IN VARIOUS

IMPORTANT POLITICAL AND MILITARY DUTIES,

AS WELL AS FOR

THE UNIFORM PARTIALITY WITH WHICH

HE HAS APPRECIATED HIS SERVICES,

THESE PAGES

ARE INSCRIBED.